本书是以下基金项目成果：

2009年国家社会科学基金"文艺美学的语言论重建——后期维特根斯坦的文艺美学思想研究"（项目号：09CZW015）

2008年教育部社会科学基金"后期维特根斯坦的文艺美学思想"（项目号：08JA751012）

2008年上海市社会科学基金"后期维特根斯坦与文艺美学"（项目号：2008BWY001）

本书受到华东师范大学中文系出版基金的资助，特此鸣谢！

美学语法

后期维特根斯坦的美学与艺术思想

王峰 著

诗学与美学研究丛书

北京大学出版社
PEKING UNIVERSITY PRESS

图书在版编目(CIP)数据

美学语法：后期维特根斯坦的美学与艺术思想 / 王峰著. —— 北京：北京大学出版社，2015.7
（诗学与美学研究丛书）
ISBN 978-7-301-25870-5

Ⅰ. ①美… Ⅱ. ①王… Ⅲ. ①维特根斯坦，L.（1889~1951）—美学思想—研究 Ⅳ. ①B83 ②B561.59

中国版本图书馆CIP数据核字（2015）第109127号

书　　名	美学语法：后期维特根斯坦的美学与艺术思想
著作责任者	王　峰　著
责任编辑	张文礼
标准书号	ISBN 978-7-301-25870-5
出版发行	北京大学出版社
地　　址	北京市海淀区成府路205号　100871
网　　址	http://www.pup.cn　　新浪微博:@北京大学出版社
电子信箱	pkuwsz@126.com
电　　话	邮购部62752015　发行部62750672　编辑部62767315
印刷者	北京大学印刷厂
经销者	新华书店
	650毫米×980毫米　16开本　18.5印张　257千字
	2015年7月第1版　2015年7月第1次印刷
定　　价	43.00元

未经许可，不得以任何方式复制或抄袭本书之部分或全部内容。
版权所有，侵权必究
举报电话：010-62752024　电子信箱：fd@pup.pku.edu.cn
图书如有印装质量问题，请与出版部联系，电话：010-62756370

目　次

序　言 1
　一、后期维特根斯坦美学研究简单回顾 1
　二、语言论转向的困境与必要性 3
　三、后期维特根斯坦美学思考的示范性 7
　四、语言分析美学的建构方法 12
　五、语言论美学的功用 15

总　论　美学语法：后期维特根斯坦的美学旨趣 1
　一、美学语法的说明 2
　二、对美的质疑 5
　三、可疑的审美意识：内在美与外在美 8
　四、理想美学的消解 11
　五、艺术类型与家族相似 13
　六、艺术规则与审美训练 16
　七、指向治疗的美学语法 21

上　诊疗篇

第一章　美学是一门错误的学科？
　　——维特根斯坦对传统美学的批判及对新美学的启示 27
　一、美的普遍本质与作为语词的"美" 27
　二、语言使用的原初语境 30
　三、"美"的概念的误用 35

四、"美"作为超级概念 …………………………………… 40

五、小结：美作为艺术行动 ……………………………… 42

第二章　私有语言命题与内在心灵
——维特根斯坦对内在论美学的批判 …………… 46

一、内在心灵世界的形而上假设 ………………………… 46

二、内在心灵与私有语言命题 …………………………… 49

三、私有语言（内在心灵）的翻译误区 ………………… 52

四、内在感觉的不确定性 ………………………………… 54

五、区分内在心灵与外在世界的谬误 …………………… 57

六、一个诊治：去除神秘主义 …………………………… 62

第三章　维特根斯坦反弗洛伊德
——心理学美学的问题所在 ……………………… 64

一、无意识层面的性心理与美感的由来 ………………… 65

二、生理—心理模型与深度解释 ………………………… 68

三、心理动机与审美因果 ………………………………… 71

四、精神分析的解释魅力与理论误区 …………………… 75

第四章　无限与审美神秘性
——康德美学批判 ………………………………… 79

一、无限：数的飞跃？ …………………………………… 80

二、无限是一种飞跃？ …………………………………… 84

三、作为事实的"无限"的断裂与无限的意义"在别处"
（概念使用） …………………………………………… 87

四、对"无限"的意指：心灵的机制还是概念误用 …… 92

五、愉悦：情感的重负或另一种游戏 …………………… 98

六、方法反思：先验及其批判 ………………………… 103

下　建构篇

第五章　艺术本性、家族相似与艺术类型 …… 111
一、艺术本性的时间溯源 …… 112
二、艺术本性的先验溯源 …… 115
三、先天基础的无限悬搁 …… 119
四、先天之物作为反思的经验界限及推论剩余 …… 122
五、非先天亦非经验的家族相似 …… 124
六、艺术类型作为艺术本性的替代 …… 137

第六章　艺术规则与契约
——在艺术训练中习得规则 …… 153
一、被抛入的艺术实践 …… 153
二、艺术游戏与遵行规则 …… 157
三、艺术标准与超级机制 …… 160
四、艺术之规无处不在 …… 164
五、艺术类型与规则习得 …… 168
六、艺术灵感的误区 …… 176
七、艺术制度还是艺术契约？ …… 180
八、杜尚与艺术试验 …… 184

第七章　文学伴随论
——论"真实"作为文学的伴随因素 …… 188
一、类型与情节的合理性：一个例子 …… 188
二、真实（reality）在文学中的地位 …… 191
三、"真实"之为文本解释的功能 …… 194
四、一个独特的例子：诗如何成就生活事实 …… 197

五、文本内的"真实" ······ 201
　　六、"真实"作为文学的伴随要素 ······ 203
第八章　虚构与语言行动
　　——论塞尔的假装的以言行事观 ······ 206
　　一、文学与虚构的关系 ······ 206
　　二、区分三个概念：虚构、说谎与假装 ······ 210
　　三、虚构：意向还是惯例？ ······ 215
　　四、文学虚构如何与世界相关 ······ 222

总结论 ······ 226

附　录　维特根斯坦论美与美学 ······ 229
　　第一部分 ······ 229
　　第二部分 ······ 239
　　第三部分 ······ 247
　　第四部分（摘自里斯的笔记） ······ 256

参考文献 ······ 264
后　记 ······ 269

序　言

一、后期维特根斯坦美学研究简单回顾

一般认为，维特根斯坦的思想分为以《逻辑哲学论》为代表的前期思想和以《哲学研究》为代表的后期思想，从已出版的著作和笔记来看，维特根斯坦前期较少思考美学问题，后期美学和艺术才进入他的视野，成为集中思考的主题。本书将致力于梳理维特根斯坦后期思想中的美学与艺术观念，力求将维特根斯坦后期的美学与艺术思想的来龙去脉呈现出来，并吸收国际上最新的研究材料以推动其美学与艺术观念的分析。

目前，国际上维特根斯坦研究越来越兴盛，已经成为一门显学。进入21世纪，这种研究热潮依然不减，维特根斯坦已经被公认为20世纪最伟大的思想家之一，他的思想深度远未被我们完全认识，还有待于进一步开掘。从研究的领域来看，国际上维特根斯坦研究主要集中在语言哲学、数学哲学、伦理学、宗教、政治哲学、社会学等方面，与之相比，美学与艺术方面的研究则显得较为薄弱，远远没有充分展开，作为一个具有创新性的美学家的地位还没有被充分认识，但国际维特根斯坦研究界已经开始重视其美学与艺术思想，主要表现在两个方面，一是美学与艺术思想的阐发，一是美学与艺术思想的借鉴、发挥。前一个方面最重要的例证就是1983年8月15—21日第八届维特根斯坦研究大会在奥地利的基尔希堡召开，会议专门以维特根斯坦美

学与艺术观念为议题，讨论热烈，并于会后出版了论文集，由维也纳的 Hoelder-Pichler-Tempsky 出版社出版，收录了 44 篇重要论文，论题涉及美学与艺术方法、审美创造、美学与诠释学、语义学与虚构概念、艺术制度等几个方面。① 其后关于维特根斯坦美学与艺术问题的论文逐渐多起来，但集中研究的专著却很少见，只有寥寥数部，重要的著作主要有美国巴德学院（Bard College）的盖博·海博格（Garry Hagberg）教授的《艺术作为语言》（Art as Language）② 和《意义与解释》（Meaning and Interpretation）③，而其他方面的研究却以数十部乃至上百部计，这说明对维特根斯坦美学与艺术问题的研究并没有受到应有的重视，还有较大的拓展空间。

　　后一个方面的影响主要体现在 20 世纪 60 年代以来的美学与艺术的发展上。莫里斯·魏茨（Morris Weitz）的艺术无本质论、乔治·迪基（Gorge Dickey）的艺术制度论都直接受到维特根斯坦的启发，目前在中国影响巨大的艾伦·丹托（Allen Danto）的艺术相关性观点间接地受到维特根斯坦的启发。西方现代美学与艺术不谈维特根斯坦几乎是不可想象的。

　　国内维特根斯坦研究也有渐渐兴盛之势，前期维特根斯坦思想研究以韩林合为代表，后期维特根斯坦思想研究以陈嘉映为代表，研究领域主要集中在语言哲学和数学哲学方面，其他方面的研究较为少见，美学与艺术方面的研究更是凤毛麟角，目前只有四十余篇专题论文、一部专著、一部博士论文，大多集中在家族相似、语言游戏、生活形式以及美学之死等方面，有一定的启发性，也有助于填补此方面的空

---

① Rudolf Haller(ed.), *Aethetik*, Wien: Hoelder-Pichler-Tempsky, 1984.
② Hagberg G L. ,*Art as Language: Wittgenstein, Meaning, and Aesthetic Theory*, Cornell University Press, 1998.
③ Hagberg G.L. ,*Meaning and Interpretation: Wittgenstein, Henry James, and Literary knowledge*, Ithaca & London: Cornell University Press, 1994.

白,但就维特根斯坦思想的重要性而言,这些成果还远远不够,甚至在很多方面都存在着误解。在这些研究成果中,赵汀阳的论文《维特根斯坦美学:划界问题》[①]和刘程《语言批判:维特根斯坦美学思想研究》[②]是质量较高的,能够把握到维特根斯坦美学思想的核心进行阐述。从思想的宏观把握上较为准确,但结构和细节阐发还有很多需要增强之处,与英文研究成果比较还有较大的提高空间。刘悦笛《分析美学史》[③]虽非专门研究维特根斯坦美学的著作,但在专论维特根斯坦美学的章节里,显示出对维特根斯坦相当准确的理解。

从总体上,国内外对后期维特根斯坦的研究还处于起步阶段,对其后期美学思想的阐发还留有巨大空白,由于维特根斯坦的美学与艺术思想与其整体思考密切相关,所以必须深入理解和把握其后期整体思想才能较好地进行阐释。

二、语言论转向的困境与必要性

不须讳言,在当代中国学术环境中,语言分析美学境地尴尬。一方面,作为一种当代西方学术流派,分析美学已经处于衰退的境况,西方学界已经从分析潮流中摆脱出来,对语言分析方法进行了深入反思,这也给中国学界带来重大的影响,因为一种学术潮流在西方的落潮往往使中国学界的跟随愿望降低,这是一种正常的学术观念反应;另一方面,中国美学和文化思维惯性又不甚喜欢语言分析这一看似琐碎的分析方式,认为这一方式不去解决大的整体性宏观的问题,只关注小的问题,而且用严格的分析态度来对待人文学问题,这也让习惯于宏观把握和诗性思维的中国学界不太喜爱。两者结合在一起,就形

[①] 赵汀阳:《维特根斯坦美学:划界问题》,《哲学动态》1990年第8期。
[②] 刘程:《语言批判:维特根斯坦美学思想研究》,武汉:华中师范大学出版社,2009年。
[③] 刘悦笛:《分析美学史》,北京:北京大学出版社,2009年。

成了合乎情理的拒斥态度。

语言分析美学的这一困境可以理解。20世纪90年代以来，随着西学大量涌入中国，语言分析美学曾一度受到过关注，当然它不可能像法兰克福学派、后现代、后殖民等流派那样受到重视，甚至也不及符号学、新批评等流布并不广泛的学术观念的影响，但毕竟进行了一些研究，尤其是新世纪以来，一些学者对当代影响大的一些分析美学家做了介绍分析，也翻译了一些相关著述，但从整体上看，语言分析美学还属于不太受重视的学术流派，其学术方法也未取得更广泛的支持和追随，语言分析美学在西方学界取得的巨大成就在中国学界似乎是不可复制的。相比较而言，另外一种具有严格分析精神的学术流派现象学在中国学界似乎幸运得多，当然意识分析与语言分析还不一样，意识分析有一种精神方面的强度，它带给研究者一种强大的精神幻想，仿佛我们能够凭借意识的力量像做精密手术一样对意识进行分析，这对意识自身的间离感要求很高。相比较而言，语言分析与现象学分析就不一样，现象学依然存在一种整体感，一种普遍性的要求，而语言分析却放弃了这一普遍性要求，将其归入语词误用的范围，走向语境化的语言分析，这就不免降低了对渴求普遍魔力的学者的吸引力。

语言论美学在中国的困境是否就意味着这一学术路径的没落（不适应）呢？其实不然。我们经常认为一种思想的水土不服就意味着这一学术思想与中国语境不合拍，不接中国的"地气"，其实，这一观念未免过于简单化和凡庸化。一种学术思想不能仅仅看它的一时发展，而要看这一学术思想是否具有真正价值，是否能深刻地改造中国的学术思考。我认为语言论转向是可以做到的。一种学术思想的价值并不以持有此种见解的人数多寡来断定，而是依照其真正的学术思考深度为基础，只要具有真正的学术思考深度，它必须会在某个时间被大多数研究者接受，成为所谓的热潮，但在此之前，守住清冷的研究岁月却是必要的，也是学术研究最自然的经历。

以维特根斯坦思想为起点之一的语言分析美学在西方得到了充分的发展，它的方法从哲学界泛滥至美学、文学、法律、社会学、宗教、艺术等各个学科，几乎成为一种普遍的学术分析方法，语言分析方法作为一种美学浪潮的确退潮了，但作为一种基本的学术分析方法却更加普遍化了，它已经成为基本学术训练的一部分，内化在基本的学术观念中。相比而言，中国学界从未经历过这一普遍化和内化，只是看到语言分析美学的没落就将其抛在一边，这就不是出自理性反思，而是一种盲从。从学术惯性的角度看，沿着同一种学术观念发展自然具有优势，因为走上这一条道路的学者人数众多，理解者也多，而转到人数少的道路上理解者自然就少，中国学术界较少经历这种看起来琐碎的学术分析方法的锤炼，自然产生先天的抗拒，从学术发展的角度来讲，这是一种从学术惯性演化来的学术惰性。从整体观之，中国的人文学术研究较之西方学术还有比较大的追赶空间，在某些方面我们已经赶上或超过了西方学术研究水准，但在语言分析上来看，我们无疑还是小学生。虽然语言分析美学看起来不太亲近中国学术研究的个性，但是一来，缺之当补之，二来通过用汉语来表述、思考分析美学观念，这本身就是扩展汉语的一种方式，也是一种具有普泛效力的学术思想在不同的语言和文化中发挥作用的方式。

从最根本的方面来说，将语言分析美学彻底地思入汉语之中，是提升中国人文学术研究质量的最基本方式。这一方式存在于每一个研究者的具体研究活动之中，但我们却往往忽视它的存在，把这一最基础地吸收西方学术的方式简单地外化为中国思想与西方学术的二元对立，并且连篇累牍地探讨中国学术怎样学习西方，怎么吸收西方学术，而看不到这一吸收本来就已经在所有的介绍、陈述、评判、批驳、运用、变化等等之中了。正是运用汉语这一语言进行思考，语言分析美学才真正会成为中国学术思想的有机组成部分，而研究者的责任不仅在于为这一吸收借鉴做出宏观上的、整体性的辩护，更在于将这一学术思想的每一个细节内化在自身的思考当中，自觉乃至自然地运用好每一个语言学观念，使之成为自己的基础观念，进而成为中国学术的一个部分（无论是以并立、对立还是以融合的方式）。两者相较，后者更应该成为基础性的工作，因为没有细节上的纯熟应用，不能解决具体的问题，就没有整体接受；只有后者才具有辩护的力量，而前者是一种前导性的观念，它引人注意，开辟道路，但道路坚实与否却由铺设道路的一个个具体细节来保证。

语言学无疑是文论和美学研究的一件利器。20世纪60年代，人文研究领域的语言论转向①基本成为共识，理查·罗蒂所编的同名论集《语言论转向》②引起了极大反响，也成为语言论转向的标志。20世纪80年代以来，西学涌入中国，语言论转向的观念也开始产生影响，有一批研究语言论转向的专著和论文出现，一批学者自觉关注各个人文学科的语言问题，在语言论转向的翻译、介绍、整理以及运用上都取得了一定成绩。但我们依然遗憾地看到，语言论转向在中国没有生根，只是一种知识性的介绍和了解，没能成为学术界的一种普遍性思考方法，在这方面，它远不能跟现象学、解释学相比，更比不上其后的文化研究，更不用提一直占据统治地位的社会历史研究模式。一般的学术观念认为，虽然语言论转向在西方人文社科研究领域产生了巨大影响，但中国接受的时间延后了三十年，时世异也，自然需要有保留、有选择地吸收；更重要的是，文化研究作为一种更新的学术潮流，

---

① Linguistic turn 的意思很明白，但翻译到汉语里却有三种译法：语言学转向、语言论转向、语言转向。从字面意思来看，语言学转向最接近英文，但语言学转向容易让人误以为这是一种基于语言学的人文研究，相对来说，语言转向所涵盖的范围更广泛，但它有些超出 linguistic turn 所涵盖的范围，容易抹掉与语言学的联系，相对而言，语言论转向更恰切一些，它指出语言学的渊源，但更倾向强调语言分析这一转化方式，与语言学转向比较，摆脱了语言学这一专业学科的依赖性，故此，本文采用"语言论转向"来对应英文中的 linguistic turn。
② Rorty, Richard, ed. *The Linguistic Turn: Recent Essays in Philosophical Method*. Chicago and London, The University of Chicago Press, 1967.

已经覆盖了语言论转向的影响，压缩了语言论转向的空间，并消减了语言论转向的必要性，所以，我们应该追随最新的学术潮流，跨越相对陈旧的语言论转向，直接进入文化研究转向，这才能与世界学术站在同一个起跑线上。可以说，这一观念是很有代表性的，也是必须要警惕的。其重要原因在于，语言论转向不只是一种学术潮流的转向，而是学术方法的更新，一种学术方法如果没能在一个国家的学术研究领域产生大量的研究者，没有将这一研究方法吸收入各个学术门类，那么这一方法很难说生根发芽，很难说批判的吸收，更何况我们还没有吸收，就已经生产出铺天盖地的批判了。语言论转向作为一种基本的学术研究方法，没能在中国学术领域生下根来，这既是学术发展的遗憾，也导致了学术发展的缺环。

三、后期维特根斯坦美学思考的示范性

要想深入了解后期维特根斯坦美学思考所蕴涵的方向，我们必须明了后期维特根斯坦美学观念是以什么为起点的。

（一）本体性的转变

后期维特根斯坦的美学思想可以视为一种语言实践型的美学。这是一种反对本体性建构的美学观念，首先，它反对艺术符合现实论，认为艺术并非生活的反映，也非真理的反映，说到底，它不反映什么，但它与生活联系极其紧密，正是在生活中，在语言实践中形成其独有的规则，艺术与现实生活不是谁符合谁的问题，而是伴随的问题，即艺术规则与现实相伴随，在有些体裁中，比如现实性的体裁，生活方面的东西重要，而在有些体裁中，比如强调形式的体裁，形式方面的因素更重要。我们谈及艺术，不能抽象地谈艺术，必须在某种艺术类型的范围内谈艺术，不同的艺术类型与现实的关系也不一样，忽视这一点，就是空泛地谈论艺术与现实的关系。

其次，反对审美情感决定论。艺术不是内在美感的抒发，而是艺术表述与美感一起产生；没有一种内在的审美力量告诉我们该如何表述艺术，而是我们选择艺术表达方式的同时也塑成我们的美感；无论是言尽意，还是言不尽意都是对艺术语言与审美意象关系的误读，审美意象只能在艺术语言中成型。

总之，在这一本体性转变中，艺术规则才是艺术的关键。艺术规则与大量的艺术文本捆绑在一起的，没有艺术文本，即没有艺术规则，艺术规则就是具体艺术文本的运用，没有抽象的艺术规则。一个有经验的读者在进入艺术文本的时候，总是能够根据艺术文本的展开潜在地调动艺术规则，同时建构艺术文本，所以艺术规则不是抽象的，而是实践的。艺术不断在实践中给自身规定界限，也不断在实践中突破界限。

（二）以美学诊治为手段，以瓦解为特征

后期维特根斯坦的美学论述与其哲学论述是一致的，即都以概念的诊治为基本方式。在《哲学研究》中，维特根斯坦树立了一种新的哲学风格，即哲学诊治，维特根斯坦认为，既有的哲学观念以巨型概念为基础，脱离具体的语言使用，做不恰当的普遍性归纳，并将局域性的概念上升为全局性的概念，导致概念与实际使用之间产生了脱离，并导致形而上学错误。要想解决形而上学错误，必须从清理巨型概念入手，把概念放回到语言使用当中，放回到实践当中。要达到这一目的，必须进行概念的清理工作，因此，后期维特根斯坦的工作以诊治为手段，做的是在清除障碍中进行建设，这一建设性是相当新颖的。美学研究同样应该以概念诊治为基础，分析既有的美学概念中产生的概念误用，从而中止不适当的美学概念，将美学思考真正拉回到语言使用、语言实践当中。这是以美学诊治为基础的新建设，同时也是一种新的建构方法。

从表面上看，既然以诊治为手段，自然包含着对既往哲学、美学观念的瓦解，这看起来像是德里达所做的解构工作。这也从某种角度响应了后期维特根斯坦与后现代主义的亲缘关系。但这样的理解只能视为一种误解。后期维特根斯坦看起来的确是在做一种解构性工作，他力主摧毁以往的哲学思考方式，重新建立一个新的哲学思考方式，而这一方式乍看起来像是德里达的解构工作，但其不同却是显而易见的。德里达的解构破解了一切可能的共相或本性，但除了解构方法，似乎并没有一个稳固的立脚点。他解构掉了形而上学共相，破解了系统性理论的建立可能性，但同时为了解构的彻底性，拒绝提供一个可能的出发点。后期维特根斯坦与之不同，虽然在破除系统性理论建构上两者是一致的，但维特根斯坦并没有走向彻底的解构，相反，维特根斯坦并不完全排斥建构，只是他的方法中蕴涵的建构不是建基于反思的系统性建构。他认为传统形而上学之所以是错误的，原因在于不适当地使用语词，将日常语词做了抽象处理，将语词从其具体使用中隔离出来，建造了一系列形而上学大词，这些大词脱离了语境，进行抽象的运用，如此就假先假定了一种抽象存在的可能性，这是错误产生的根源，所以当务之急是进行语词使用的治疗，对语词的语法进行探析，以清除误用及由之而来的错误理解。所以维特根斯坦所做的解构性工作带有清碍性质，清除错误的地基，从而敞开真正建设的空间，并规划正确地基的可能方式。如果做一个简单的对比，德里达像拆迁队，只管拆房子，而维特根斯坦更像一个城市规划师，讨论各类房屋存在的合理性，以及新设计应该如果与既有建筑形成和谐呼应。德里达具有与传统形而上学同样的宏伟气魄，虽然是反面的，否定的，但工作的姿态是一致的，而后期维特根斯坦却完全脱离了传统形而上学的工作氛围，他尊重语言使用的实际情况，反对进行抽象的、宏大的理论阐述，主张回归到语言实践当中。从方法和达到的成效来说，这是一种全新的理论建构方式。

（三）非整体性的建构方法

语言分析美学的一个工作前提是拒绝普遍性判断。什么样的普遍性判断？指的就是那种形而上式的关于世界整体的先验式的判断，在这种判断中出现的是世界的基础性的解释，在美学上是美的本性的判断。

我们完全可以想见一种怀疑的观念：语言分析美学拒绝了普遍性判断，但它依然留下一个难以自圆的普遍性判断：拒绝普遍性。这种怀疑观念相当有市场，而且具有相当大的迷惑性。

其实，中止形而上学的普遍性判断，但并没有中止判断，判断一直是语言的基础功能，离开判断就没有人类行为，只是判断并不是越趋于形而上越具有概括力，抽象的判断也不等同于形而上判断，如康德所说的纯粹先验的判断并非是一种最基本的判断，而是一种要警惕的判断方式。海德格尔说，我们不是去选择存在，而是被抛于存在之中，我们首先存在，然后才发现"在存在中存在"这回事，而这一发现是需要反思能力的。同样，我们可以说，我们不是去选择语言，而是被抛于语言，我们使用语言，才发现语言这回事，并通过语言发现我们存在，同时世界存在。如果从反思的层面看，语言甚至比存在更基底，虽然我们也知道，无论从存在层面，还是从语言层面，语言与存在在实际的活动中，都是同时出现的。

那么，语言分析美学的工作是什么？简单地说，就是离弃传统形而上学追寻本质的工作方法，彻底将形而上学本质观从方法上阻隔在美学探讨之外，转而进行多点、多层面的美学探询，如此一来，语言分析美学既防止了本质主义观念，也防止了解构主义观念，从具体方式上说，就是将美或艺术的本质探询转变为美学语法研究。

（四）更深层的理论一贯性

维特根斯坦在进行各种问题讨论的时候，总是采取非常简短的方式进行，无论是前期的《逻辑哲学论》还是后期的《哲学研究》，或者其他的笔记、手稿，都采取段落式甚至箴言式的写作方式，在不了解维特根斯坦思考的人看来，这些笔记往往跳跃性太大，缺乏相应的理论推导，而段落与段落之间似乎形成错综复杂的呼应关系，没有一个条理清晰的系统性体系来保障各个层面、各个概念间的明晰关联。可以说，这些初步观感的确是有道理的。维特根斯坦采取的箴言式写作的确增加了理解的难度，这跟维特根斯坦本人的态度也有关系。他选择这样的方式有其独特的考虑，实际上，这样的写作方法是一种写作策略上的考虑，可以说，维特根斯坦在寻求理解上是颇为苛刻的，他不希望普通人来了解自己的哲学，他也认为普通人理解不了，所以他只给那些他认为能够理解的人写作。甚至在听课学生上，他也要亲自挑选，只有极少数他认为可以理解他的学生才能进入他的课堂听课。

虽然维特根斯坦有这样的写作特点，但这并不影响他的理论具有一种内在的逻辑性。表面上他的论述很跳跃，但他总是回应最深层的困惑或误解，而无暇顾及一般阅读者能否理解他的观念。即使是罗素，他曾经的老师，也常常误解维特根斯坦。比如罗素给《逻辑哲学论》写的序言就被维特根斯坦批评为曲解了自己的观念，而维特根斯坦重回剑桥大学申请学位的论文正是《逻辑哲学论》，在座的答辩委员基本没有能就论文内容提出问题。最终是维特根斯坦提议论文答辩结束。[①]

按照陈嘉映的说法："维特根斯坦不是哲学专业出身，哲学史的造诣不深，在哲学方面，维特根斯坦熟悉叔本华的著作，并通过叔本华对康德和佛教有所了解。在哲学和宗教邻近的领域，维特根斯坦熟悉克尔凯郭尔和詹姆士的一些著作。他特别钟爱陀思妥耶夫斯基和托尔斯泰的作品。维特根斯坦不是一个学者型人物，但他具有极为深厚的文化素养。他对人类生存本质的深刻感知，以及他在理智上的特殊天赋，使他在哲学上达到了其他哲学家难以企及的深度。"[②]

由于维特根斯坦思想的深刻性和表述特点，为理解维特根斯坦带来巨大困难，幸好有维特根斯坦的再传弟子贝克（Baker）和哈克（Hacker）对《哲学研究》做的完美注疏，可以让我们一窥维特根斯坦

---

① 参见雷·蒙克：《维特根斯坦传：天才之为责任》，王宇光译，杭州：浙江大学出版社，2011年，第272页。
② 陈嘉映：《语言哲学》，北京：北京大学出版社，2003年，第138—139页。

思想的秘奥，这一注疏主要以哈克为主，哈克与贝克合写了第一、二卷，三、四卷由哈克独力完成，并且哈克还整理了《哲学研究》第四版并译为英文。这一注疏展示了维特根斯坦《哲学研究》理论上的一贯性和深刻性，解决困难问题的技巧和勇气。虽然在维特根斯坦之前并没有人提出这些问题，但维特根斯坦对问题的解决方法却获得了学术界的公认，同时维特根斯坦所指出的问题也被普遍接受，他本人创立的日常语言分析方式成为欧美学界的主流。虽然在本书中有多处引用该注疏，但这些引用根本不足以展现 Hacker 对我的影响，可以说，能够深入到《哲学研究》之中，细致入微地理解维特根斯坦，而不是粗线条、大枝叶地理解他，没有此注疏是不可能的。我更愿意把我写就的此一后期维特根斯坦美学研究作品当作维特根斯坦本人的巨著《哲学研究》、其弟子记录的《美学讲演录》、贝克和哈克合作的八卷本《哲学研究注疏》和其他论著、论文，以及本人的相关理解的结合体，以《哲学研究注疏》为引导来理解后期维特根斯坦思想（不限于《哲学研究》），并将其转化到美学思考上。目前，这样的研究在英语文献中也并不多见。

四、语言分析美学的建构方法

（一）文本细读与精义阐发相结合

由于维特根斯坦并无明确的美学思想，所以要想阐发他的美学观念必须借助于相关文献和基本观念的梳理。比较幸运的是，维特根斯坦有专门谈论美的课堂笔记，由他最信赖的学生整理发表，这弥补了维特根斯坦美学论述上的不足。在维特根斯坦《美学讲演录》里，他涉及诸多美学观念，也做出了大致回答，只是展开得过于简单，还有很多细节需要弥补，因此，要想阐释清楚后期维特根斯坦的美学观念，必须结合代表其后期思想的重要著作《哲学研究》来进行，因此，结合着维特根斯坦的一些美学阐述,并运用在《哲学研究》中展现出来的整体性思考,以推展建构符合后期维特根斯坦思想的美学设计就成为一条可行的途径。在《哲学研究》中,"语言游戏"和"家族相似"是其表层观念,这两个观念被提及得最多,但往往只是触及一些皮毛,未及精髓,若想深入阐释理解后期维特根斯坦的哲学设想,必须深入到他的关键思考当中去,这就是"遵行规则"和反对"私有语言"。在本书中,"语言游戏"演化为基础性的语言论美学特性,"家族相似"演化为艺术类型及艺术类型之间关联的思考,"遵行规则"演化为艺术规则,反对"私有语言"演化为对内在论美学的批判。通过这些阐发,《哲学研究》中的基础性思考落实在美学中就演化为一种语言论美学的建构方法。

(二)澄清误解与理论建构相结合

后期维特根斯坦语言哲学思想非常复杂,与一般的哲学、美学思考完全不同,在某些方面甚至处于对立面。维特根斯坦认为,既往的哲学思考往往是错误的,其最大的错误就是滥用大词,在需要考察实际细微差异的地方,却使用大概念将差异掩盖掉,这导致了既往的哲学在概念上看起来很周密,但若仔细考察实际应用却充满了断裂,在理论与实际情况之间存在着巨大的鸿沟。这是实际情况与大概念之间的矛盾,也是实践对巨型理论的不言的反抗。所以,当务之急,是清除一般的哲学大概念,将哲学放回到实际的语言运用和实际情况中去,由之,澄清既有的误解就成为基础性的工作。可以说,本研究涉及维特根斯坦思想阐发的部分都是以消解性工作为基础的,必须先做清障工作,我们才能找到得以前行的道路。在后期维特根斯坦的语言哲学观念中,这一清障工作已经进行得很充分,随之,建构性的工作也同步进行。而在美学中,这一工作尚只是初步的,还没有充分展开,即使是英语研究界,这一工作也展开得很不充分,这就给本研究留下了巨大的空间。可以说,此处所做的工作,与英文文献比对,也是新颖的,富有新意的。

（三）维特根斯坦美学思想阐述与中国当代问题相结合

相对于其他20世纪伟大的哲学家而言，中国美学界对维特根斯坦思想接受程度并不高，大约有三个原因，其一是语言哲学的工作方法太过精细，与中国美学、文论传统喜好宏大观念和诗性思维的倾向背道而驰，这造成了接受的困难。其二是维特根斯坦的论述方式。无论是前期的《逻辑哲学论》还是后期的《哲学研究》，维特根斯坦的书写风格都具有简洁的文风，他无法忍受长篇累牍的论述性书写方式，而喜欢用简洁的段落和较短的句子来表述，尤其是《哲学研究》的风格，表述更加日常化，放弃精确概念（在维特根斯坦看来，这种所谓的精确概念不过是哲学语词误用的表现，所以他不可能使用那样的表述），而深入到语言使用的各种语境中进行探讨，用他的术语说，进行日常语词使用的语法探讨，而这样的风格比之学院式学术论述体来说，显得过于跳跃，以致难以把握。这样一来，无法避免的结果就是少有人理解，甚至难以让人理解。其三，作为语言论转向的代表人物的维特根斯坦，随着中国学界对西方学界语言论转向过时论的接受，也被当作一种过时的思想放弃了，这实在是一大遗憾。与维特根斯坦大致同时代的海德格尔同样注重语言，海德格尔在中国学界的接受程度非常高，这与他所倡导的诗思方式密不可分，而海德格尔对语言的强调相对于其诗思来说受到一定程度的忽视。

当然维特根斯坦在中国受到忽视的原因还可以列举很多。不论原因为何，语言一维受到最大误解却是显而易见的。但正因为如此，反而为语言论美学留下了广阔的发展空间。从人文学术阐发角度来说，任何一种西方或东方理论的阐述都与中国当代问题或显明或潜在地连接在一起。我们不可能像做生意一样，一桩生意不赚钱，马上就改弦易辙，人文学术研究需要一直不计较功利的精神，即使一时甚或很长时间得不到关注，未能与所谓的"中国问题"挂上钩，只要研究者深深肯认其价值，就应该坚持下去。学术研究要坐冷板凳指的就是这个意思。在语言论美学看来,所谓的"当代中国问题"其实是一种被误解遮蔽的言说,所以必须对各种当代问题进行语言分析,清除虚假问题,高扬真正具有核心意义的当代问题,才能达成对中国当代问题的真正解决。而无疑,这些当代问题都与语言使用和分析密不可分。

正是在这样一种层面上,我们才看到理论的"用处",它澄清问题域,让各种虚假问题退场,使真正问题彰显,在这一过程中,它也完成了自身的理论表述,同时也达到解决问题的目的。

五、语言论美学的功用

(一)反对既有的美学逻辑,建立新的美学语法

20世纪以来,美学研究逐渐对之前的形而上学式研究产生了怀疑,对形而上学本质论逐渐远离,60年代,这一远离演化为一场看似深刻的革命,即后现代的解构式的观念。后现代的解构和传统形而上学的建构形成直接尖锐的对立,相比较而言,后现代的解构更受到关注,拥护者也多,但后现代解构的弊端同时也是学界不断探讨的话题。那么如何在反对传统形而上学的先验建构的同时又不走向后现代的解构之维呢?语言论美学是一个相当有影响力的方向。虽然语言论美学在中国学界的影响力还不够,但在欧美学界,这却是一种影响广泛的学术研究方法。相对于传统形而上美学和后现代解构美学,语言论美学既不走先验建构的道路,也不走解构本质的道路,不如说,它另辟蹊径,从形而上本质的预设与反对中脱离出来,将事质性探究转变为语言探究,语言成为美学研究的基础,但并不表明语言是一个先验的基础,不如说,任何在概念和体系上的研究都是语言性的,没有脱语言的概念,也没有脱语言的理解。这并不是在建立以语言为基石的形而上美学体系,这里的"语言"不是一个纯粹的存在,而是一种指向,它同样是一个语言中的概念,但它同时又是一个最特别的语言

概念，因为它既是一个概念，又作为一个存在，将概念指向自身。从整体上看，语言论美学是反体系的，但不反对概念的一贯性，或者说，这种一贯不是形而上的一贯，而是在语词使用中保持一致，这个一致不依靠定义或某种基石来达到，而依靠具体语境的探究与语词在其他语境中使用之间的关联来揭示，从来不存在纯粹的语言本性，我们依赖它达到对所有语言使用的认识，这样的从基础到具体使用的思考方向潜存着传统形而上美学思考的控制。语言论美学是一种在具体使用不断探究使用方式的动态美学，它瓦解了传统形而上美学的先验基石，但并不走向完全无本质论的后现代解构美学，而是将目光聚焦在具体的美学判断和美学语境中，探究在语境中语词使用的语法关联，这一语法关联既非先验，亦非经验，既非本质，亦非无本质。从形态上看，它处于两者之间，但这只是一种表象，并不表明它是两者的中介，因为从方法来说，它完全脱离了本质论和解构论的窠臼，创造了一种新的美学方向。

（二）强调语言实践的美学

语言论美学重建了什么？如果它依然是一种客体论或主体论的美学，它如何能脱离传统美学的窠臼？无论是客体论美学还是主体论美学，都属于认识论美学之列，强调主体和客体在审美这一认识性活动中的基础作用，并依此展开各种建构模式，而语言论美学必须摆脱认识论美学，才能离开传统形而上美学的路径。语言论美学不是要建立纯粹语言基础上的美学模式，而是在语言使用中分析使用语境和使用方式，这是一种充满实践品性的美学，与生产实践、意识实践等具有相近的特点，只是语言实践更强调在语言中人才能为人，美才成为美，生产实践和意识实践是语言实践的表现形态。在这一点上，语言论美学与实践美学有一些关联，在实践美学那里，实践与语言是分开的，实践是意义生产本体，语言是意义传递中介，实践是人与世界关系的本体性关联，语言只是辅助性的。物质实践论并不是单纯的物质客体论，而是一种具有现代因素的理论观念，它把本体放在关系上，而不是放在主体或客体上，这就弥合了主客之间的鸿沟。在这一理论视野中，实践成为生产意义的动力，同时，实践本身就指明人在世界中的重要性，没有实践即无世界，也无自然界的呈现，因此，假设一个无人世界中的自然界既无意义，也完全是先验的假定，这一命题内部存在着明显的悖论：它是一个由人做出的无人假定，无论怎样都打上人的印迹。但我们并不由此转向主体实践美学，仿佛任何实践都不过是主体的实践，所谓的客观性不过是尽量去除主体性而言，而从根本上说，既然实践都是人的实践，而人是主体，所以任何实践都去不掉人的因素，也就是主体因素，由此，实践是主体的，精神性的。在这种主体论实践美学的论调里，人等同于主体，人的实践等同于主体实践，客体性不过是主体借以展现自身力量的外表而言，而这样一来，人的丰富性和复杂性就被认识论框架限制住了。何为人，曰实践。但这一实践指的是主体实践吗？我们如何能够知道进行的是"主体"实践，而不是别的？如果没有语言参与其中，我们如何能知道进行的是何种实践？依靠意识吗？根本不可能。没有语言，意识也丧失存在的基地（参见第二章对内在论美学的批判）。语言实践不是单纯的语词运用，它还包含着一系列的因素，没有这些因素，也就没有语言使用的可能。但我们不能说其中某些因素是语言的基础，或语言是这些因素的基础，因为没有语言与这些因素同时参与，就没有语言出现，这些因素也无法在语言中得以成型，无法成为它们自身。语言实践美学摆脱了客体性和主体性的困扰，客体性依然存在，只是它不再是脱语言的绝对的意识客体，而是在语言使用中出现的稳定对象，主体不再是纯粹意识，而是在语言使用中凸显出的语言实践行为的发出者。无论是主体还是客体，都与语言结合在一起，密不可分，在语言实践活动中，它们与语言一道出场，成为语言实践行动中最为重要的因素。

可以说，我们从来不能脱语言思考，脱语言思考的假设同样是在语言中做出的，但它是语言自身中存在的误导性因素，因此不断进行语言批判是非常重要的，语言并不是把什么东西都准备好了，供意识享用。语言批判如同理性批判一样，是一个艰巨的、不断进行的工作，一有松懈，我们就会被语言中存在的误导力量所欺骗。所以，语言实践除了各种实际情况以外，还包括语言分析。

（三）语言分析优先于存在分析

对于语言论美学的工作方式不熟悉的研究者，往往会觉得语言论美学过于注意细枝末节，过分计较语词不影响美学大义的细微用法，而忘记了对于美学整体性问题的把握，毕竟语词不过是展现美学大义的手段，是表述大道的桥梁，如果过于计较语词，而不是关注最深刻、最具一般意义的道理，那么就犯了肤末支离的弊病。可以说，这样的观念或明或暗地存在于当今中国美学研究界中，其实这里存在着理解的错位。非语言论美学更倾向于把语言看作对象的符号或能指，"美"这个词指的就是美的事物，"美"这个语符如何与美的实质达成一致成为基础问题，而在语言论美学看来，"美"从来都不只是一个词，它同时包含着"美"这一语词对"美的事物"的塑造，没有语词，即没有存在对象。

非语言论美学往往把美学研究对象当作是一种存在来看待，无论这一存在是实存或抽象属性，还是意识或理性建构物，与这一存在相符合的概念必须以存在为基石，概念的意义来自于存在，只有概念与存在之物形成对应关系，概念才获得真实的含义，所以，在非语言论美学观念中，语言与对象两者的重心在对象上面，意义来源于存在，如何达到概念与存在的一致是至关重要的。从这一观念出发，就会认为语言论美学只关注概念语词的分析，而遗忘了存在之维，就完全丧失了意义之源，切断了与意义的真正联系，而单纯研究概念语词，最终只会迷失在能指的滑动中，把握不到真正的意义。这一理解完全是概念的错位，非语言论美学所理解的语言与语言论美学理解的语言完全是两回事。在语言论美学看来,概念从来不是单纯语词,从来不是语符能指,概念与所指对象之间也绝不是相符关系,而是相互成型的关系。语言与对象并没有一个明显重心,因此,相较于非语言论美学来说,语言的地位提高了,语言不再只是表述,而是塑造,当然这是双向塑造,是同时成型,而这一点,在非语言论美学中虽然常常是承认的,但其理论重心的偏移已经决定了不可能将语言提高到基础地位上。如果我们冒一点理论风险,可以这样说:语言论美学是语言与对象平行双重的二元论美学,而非语言论美学则是一种一元论美学,无论这一元指的以对象为中心还是以语言为中心——后者看起来接近于语言论美学,比如后结构主义和德里达式的解构主义,但其实质完全不同。后结构主义和解构主义走在对象一元论的反面,达成的是语言一元论,而语言论美学其实是一种二元论美学,外貌上的相似并不能掩盖实质精神的差异。

只有在基础建构的层面上,我们才可以为语言论赋予一种二元论的外观,但在实际分析的角度,语言分析包含了存在分析。当我们面对具体的问题时,存在分析预先暗示了某一存在,而分析是对存在的语言性行动,语言仿佛是手术刀,存在仿佛是机体,这一图像先行为存在分析拟定了基本的结构和方式,在这一图像中,存在被脱语言预先规定了,但语言的刀锋只能分解机体,却无法触及机体的内在灵魂。存在为什么就如此呈现出来?语言分析如何真正与存在一致?存在(或存在的某些精魄)是否在分析中躲避开语言的接触?如果预先假定存在的优先性,这些都将成为无解的难题。只有将存在看作语言的存在,语言看作存在的语言(存在论分析只关注后者,忘记了前者),语言与存在才真正是一体的,分析存在同时也是分析语言,而分析语言同时也是分析存在,两者是不可须臾离之的。当我们出于某种具体的需要,只对存在进行分析的时候,那已经是把语言当作存在的基本结构来对待了,只有这里,存在才展现出其物质性的一面,而这一物质性，同时也是在语言中成型的物质性。一旦出现存在方面的难解纷争，我们不是继续坚持存在的坚固性，而是退回到语言中去，看看在语言中成型的存在物在纷争中是否出现了扭曲，这时语言分析就成为最基本的分析，也正是在这一层面上，我们确立了语言分析的优先性。

总　论　美学语法：后期维特根斯坦的美学旨趣

维特根斯坦是20世纪最伟大的哲学家之一，他的思想几乎横空出世，突然之间把我们带到一个语言的深渊旁边，指给我们看：这是深渊，而我们此前却一直以为这是坦途。维特根斯坦奠定了20世纪两条杰出而矛盾的语言哲学思路：逻辑语言学派和日常语言学派。维特根斯坦前后期的思想与这两个学派有密切的联系，特别是后期关于日常语言观念的思考，更是对其后的哲学、美学产生了巨大的影响，理查·罗蒂所标举的"语言学转向"就指认维特根斯坦为主要奠基人。

维特根斯坦手稿甚多，但在他生前却只出版了《逻辑哲学论》，这是他早期代表作，晚期代表作《哲学研究》是其身后出版的。在这里，我们将主要以《哲学研究》所代表的思想为基础，对维特根斯坦后期的美学和艺术思考进行系统性的把握和梳理，进而给出自己的理解和建构。

一般的现代美学史在谈到维特根斯坦的时候，总是会把他当作美学学科的瓦解者来看待，认为他主张取消美学这一学科。这一观点的直接来源是《逻辑哲学论》，其中第七个大命题就是，对于不可说的我们要保持沉默。不可说的东西是神秘的东西，是我们无法通过语言进行分析的东西,美就是这样不可说的东西①,所以研究美的美学也是不成立的一个学科。

维特根斯坦的入室弟子里斯等人编辑的《美学、心理学和宗教讲演谈话录》可以在相当程度上改变我们的印象。这是一本言论集,基本上是维特根斯坦的几个弟子记下来的上课笔记,维特根斯坦在做这些问题讲授的时候,并不希望弟子们记录下来,发表出来,因为他觉得自己对这些问题的思考还不成熟。不过就最后出版情况来看,里斯作为维特根斯坦的重要弟子及主要思想陈述者和研究者,对问题的把握基本是可靠的。这些问题大都是在维特根斯坦晚期传授,在此之前的一系列著作中,维特根斯坦也不断涉及美学和艺术问题,只是没有这么集中地进行讨论,从思想脉络上看,这个集子与他之前的一系列想法是一致的,所以这也可以视为维特根斯坦本人的思想。西方维特根斯坦研究者专门召开过维特根斯坦美学问题的研讨会,也说明学界对维特根斯坦关于美学问题论述的重视。

一、美学语法的说明

首先要区分维特根斯坦的语法概念与平常所说的语法概念。平常的语法概念是对语言使用的形式规则的说明,它有一系列的概念,并形成一定的体系,有严格的规定,以清除错误的或不规范的语言使用。这主要是从形式上着眼的。而维特根斯坦所说的语法则是哲学语法,我们不妨称之为深层语法。它不研究形式规则,而是研究在语境中的

---

① 对于为什么美是不可说的,一般都是这么理解的:美是一种感受,我们每个人都有美的感受,但是大家都无法达成一致,比如什么样的花美?我说红的美,你说粉的美,他说白的美,每个人的喜欢都不统一,感觉也不一样。于是,有各种各样的哲学论述,证明美这种感受无法达成一致,进行推论出,美根本是不可说的,一说就错,一说就有歧义,它有神秘的因素,或者说它根本就是神秘的。由此推导出,美是神秘的,不可说的,维特根斯坦是否定美的存在的。也许维特根斯坦说过字面上大致相似的结论,但与上述推理过程完全不同。

语言使用，它更侧重语言使用的语境分析和逻辑分析，不过多牵扯形式语法。或者说，形式语法在很大程度上以哲学语法为基准，但哲学语法没有形式语法那种体系性，重点在语言使用的概念分析。"语法不说明语言必须怎样构造才能达到其目的，才能如此这般对人起作用。语法只描述符号的用法而不以任何方式定义符号的用法。"① 相对而言，哲学语法是一种深层语法，而形式语法是一种表层语法。维特根斯坦说："在一个词的用法里，我们可以区分表层语法和深层语法。作用一个词时直接给予我们印象的是它在句子结构里的使用方式②。"

什么是美学语法？从语词上看，这是对哲学语法的移用，这一移用有其合理性，维特根斯坦说："某种东西是哪一类对象，这由语法来说。（神学之为语法。）"③ 按照维特根斯坦的看法，伦理学、神学、美学都是关于不可说之物的言说，那么它们也具有自身独特的语法。对美学的语法研究就是可行的，只是美学语法不是哲学语法的简单移用，美学语法与日常语言语法之不同是极显著的。首先，也是最重要一点，美学语法是对日常语言的剥离。因此，我们应该把美学言谈当作一种奇特的语言游戏，这一游戏往往在日常语言的角度上看是不合适的，而且也充满舛误，但从美学语法上看也许是合理的，重要的是，我们发现什么样的语法。比如维特根斯坦说美学是误解中产生的，这样的论断从日常语法的角度是正确的，但从美学语法的角度也许还包含着其他维度。我们正是要从中发掘出合理的维度，扩而论证之。维特根斯坦在《哲学研究》第371条中说："本质在语法中道出自身。"我们以往以为本质超出语言之外，语言无法抓住真正的本质，所以人类的语言是无能的，必须通过人的心灵来体验本质，才能用语言把心灵中

---

① 维特根斯坦：《哲学研究》，陈嘉映译，上海：上海人民出版社，2005年，第496条。《哲学研究》内容上分为两大部分，如果未加注明，则皆取自第一部分。
② 同上书。
③ 同上书。

的体验说出来。这样的思路根本就是错误的。本质在语言中出现，但不在平常的语言中出现，而在语法中出现，我们进行语法分析，本质在其中显形。

为了强调深层语法的重要性，戈登·哈克（Gordon Hacker）甚至对第 371 条做了修改，他说，本质在"深层语法"中道出自身。① 维特根斯坦更进一步提到深层语法和浅层语法，他说，"在一个词的用法里，我们可以区分'表层语法'和'深层语法'。使用一个词时直接给予我们印象的是它在句子结构里的使用方式，其用法的这一部分——我们可以说——可以用耳朵摄取。——再来拿例如'意谓'一词的深层语法和我们会从其表层语法推想的东西比较一下。难怪我们会觉得很难找到出路"②。当然，这并不代表维特根斯坦就主张使用深层语法来分析语言。对于深层语法问题，有两种不同见解，陈嘉映明显认为，"维特根斯坦从来没有发现过什么深层语法结构，他通过对我觉得疼和他觉得疼这两个句子的分析所揭示的，是关于我和世界的深层误解，或从正面说，揭示关于我和世界的深层理解"③。我们也看到有学者认为深层语法是存在的，除了上面的哈克，还有马乔里·帕洛芙（Marjorie Perloff）认为这一语法无疑是一种发展的语法，我们不可能穷尽，但可以不断思考其内容。④

我们在此表达的不是建立一种语法结构，以此来解释各种语言现象，就像一般意义上的语言学语法所主张的那样——如果真是这样，除了重新走向形而上美学的逻辑结构别无他途；而是表明一种美学分析方式，这一方式进入美学问题深处恳谈，研究美学问题中的遵行规

---

① "Essence is expressed by 'depth grammar'", Cf. Gordon Hacker, *Wittgenstein's method*, edited and introduced by Katherine J. Morris, 2004 by Blackwell Publishing Ltd, p.73.
② 维特根斯坦：《哲学研究》，陈嘉映译，上海：上海人民出版社，2005 年，第 664 条。
③ 陈嘉映：《说理》，北京：华夏出版社，2011 年，第 107 页。
④ Cf. Perloff, M, "From Theory to Grammar: Wittgenstein and the Aesthetic of the Ordinary", *New Literary History*, 1994, 25(4): 899–923.

则和违反规则的情况,指出一些问题的错误。美学语法不是普遍性的,而是根据一个个具体的美学问题进行概念分析,这些美学问题间具有一些关联,但并不产生必须的结构,就像一个语言游戏与另一个语言游戏的关系一样。而我在此处所做的不过是一些美学语法的描述,并不是所有美学语法的描述,从实际的层面上讲,后者也是不可能的,它反映了一种系统性的形而上学要求,而维特根斯坦是坚决反对这种观念的。

我们必须明确的一点是,这里的美学不是建基于某个逻辑原点上的美学,如果是那样,美学就是一门错误的学科。其实,美学不过是一些话题的组合,美学这一学科名称不过是一个大的帽子,为这些话题提供一个容纳的场所,一定有某些话题看起来溢出学科,但学科的疆界是变动的,它或者能够继续容纳,或者无法容纳溢出。如果用一个比方,我们不妨说,维特根斯坦的美学语法就像本雅明的星丛(Stellations)概念,不同的恒星组合在一块儿,形成一组星丛,我们不可能给星丛一个本质描述,但可以从不同组合中看出一些面相,比如我们可以把一组星丛命名为"小熊星座""射手星座""北斗七星"等。美学语法就是这样的星丛,它构成的面目会随着我们的分析而改变,所以,重要的不是命名和赋义,而是对重要的问题进行语法分析。

二、对美的质疑

关于美的讨论已经持续两千年了,它经历了各种质疑,不断改变自己的面貌,自鲍姆加登创立现代美学以来,两百余年间成为学者们喜爱的学科,一系列伟大的名字厕身其间,康德、席勒、黑格尔、尼采、海德格尔……这个名单可以拉得很长。康德之后的大部分哲学家都在美学领域开疆辟土,成就一番伟业。但像维特根斯坦这样偶一涉足,将美学击得粉碎,随即高蹈而去者却仅此一人。难道说维特根斯坦不喜欢美学吗?回答是肯定的,他认为美学完全是一门源自误解的学科。那么,是不是因为维特根斯坦对美的事物无动于衷,缺乏鉴赏力?回答是否定的。维特根斯坦具有极高的艺术鉴赏力,也堪称艺术家,他为他的姐姐设计建造的豪宅可称得上极简艺术的代表作。他音乐天赋极好,两个哥哥都是钢琴家,他自己也对古典音乐浸淫甚深,在论及文化和艺术时,音乐是常举的例子。在文字风格上,他的哲学著作一直保持着一种极简洁明快的风格,具有诗一般的节奏,但其内在理路却极其严密,在最深刻的层次上保持着一致性。

那么为什么维特根斯坦艺术鉴赏能力很高,但是却反对美学这门以艺术为重心的学科呢?这要从维特根斯坦整个哲学取向说起。维特根斯坦一生致力于哲学纠错,他认为我们的哲学存在很大的问题,不是因为没有发现事实,而是因为用来谈论哲学的概念出了问题。反对概念的误用,诊治各种哲学错误,几乎是他后半生的工作。从某种意义上讲,维特根斯坦的哲学是一种防御性的哲学,希望通过澄清语言的使用来达到哲学的真正推进。

在维特根斯坦看来,"美"这个概念就是一种误用。它用得太广了,几乎在我们想表达某种心情的时候就会用"真美啊"这样的说法。比如看到一幅画,说"真美",听到一支曲子,也会说"真美",自然的山水也会引来"真美"的感叹,这样的情况很多很多,几乎覆盖生活中的各个方面。我们总会忍不住问这样一个问题:这些让我们感叹"真美"的那些东西是不是有什么潜在的结构或本性在背后起作用,让我们发出美的感叹。如果是这样,那么我们对美的寻找就不能仅仅停留于表面现象,应该深入发掘美的本质,也许这一本质在某种纯粹的理念中,也许它在某种形式之中,也许它就在生活本身,或者其他的地方。不管怎样,它在某处,哪怕是隐匿的、不会被我们知晓的某处。沿着这条思路,我们会努力寻找它,至少它应该是一个被悬置的目标,哪怕我们一时找不到,也假设它以后有可能找到,至少我们在寻找的路上。这几乎是美学的一个梦想。但维特根斯坦提醒我们,这一梦想其实不过是一场梦魇,美根本没有什么本质，它不过是一个我们使用的概念，而且还是错误使用的概念。"这个论题（美学）太大了，就我所见，它完全被误解了。如果你看看句子的语言形式，你就会发现'美'这个词的使用极易被误解，它比大多数词用得频繁。'美'[①]（或'好'——里斯注）是一个形容词，因此，你倾向说：'确实有一种性质，美的性质。'"

在维特根斯坦看来，"美"之所以是误用，就在于"美"这个词不是名词，更多的时候是形容词，名词有一个对象与它对应，但形容词就不一定，它只是表达某种附属性质存在，而不是对象的存在。如果从更原初的情况来考究，"美"实际上是一个感叹词。幼儿学习语言是标准的原初语境。当成人指着一个东西发出"好"或"美"这样的词的时候，他说，儿童决不会直接理解某个词的含义，这一点与我们平常的认识相反，而是先理解赞同的语气和手势，"美"这样的感叹慢慢会替换那些赞同的语气和手势。

这一思路将我们从词与物的对应中引开，"美"这个词根本不是因为有"美"这个对象而产生的，它不过是对赞同的某种替代物而已，这样一来，我们费尽心力寻找的"美"那个对象就落空了，与此相应的美的本质论或者美的符合论就失效了。"美"不是必要之物，它不过是日常语言游戏中起辅助作用的因素，它只是保障我们在对一些使我们感到愉快的东西发表泛泛之谈时还算可用的工具而已，一旦认真考究就应该抛在一边。如果我们把这个在泛泛之谈中可用的工具当作事物的某种本质，那我们就犯了大错。

按照维特根斯坦的观点，"美"是一个超级大词（super word），是一个超级概念（super-concept），它几乎无所不包，又力图为这个集合找一个共同的性质，这就不能不是一件徒劳的工作。"语言游戏"这个观念可以解超级概念之毒。"美"这个超级概念把很多种不同的游戏都

[①] "beautiful"，我们一般译为"美的"，但这里译作"美"，是为了指出"美"这个词本身就是一个形容词，我们平时在使用"美"这个词的时候就应该将其视为形容词，而不是名词。

放到一块儿,以为它们是一样的,并且要为它们找到一个共同的本性。而语言游戏概念则让我们认识到,这种努力不过一种超级概念的迷梦,只有放弃这一整体性的迷梦,我们才能在语言游戏中找准语言的意义,即语言的使用。

三、可疑的审美意识:内在美与外在美

美是一个奇怪的东西,诸种美学观点都力图把美定位在某处,或者客体,或者主体,或者主客关系,但无论是哪种观点都要面对着现象无比丰富,而定性却总是差强人意的窘境。

一般的审美理论观念会预设一个审美意识的存在,它决定了我们如何产生各种审美经验以及审美现象的呈现。康德表面上说,"一切知识都从经验开始"[1],但如果我们注意到康德是在他所贬抑的时间空间之内用"开始"这个词,就会发现,"开始"的东西不具有先验基础地位,反而是使经验得以可能的人的内在感受能力是经验得以如此呈现的基础。在康德看来,人的先验能力应该放在意识层面这是自明的,在鉴赏中,所有的美的判断都在审美的意识层面展开,这也是一个先验定理。正是这种先验的审美意识,使得一切与鉴赏相关的行动展开在我们面前。伽达默尔对审美意识的反对折射了一种对审美意识的反思诉求,但是,这一反思明显还只是启示性的,不能从根本上审美意识观进行彻底摧毁。[2]只有从后期维特根斯坦对日常语言的思考中,我们才看到破除审美意识神话的真正可能性。

如果我们认为存在一种审美意识,那么就是在预设一种内在的审美能力,我们从内心知道何为美的,何为美的对象,正是审美意识将一种普泛的模型发射到对象上去,才将一般的对象改造为审美对象,

---

[1] 康德:《纯粹理性批判》,邓晓芒译,北京:人民出版社,2004年,第1页。
[2] 参见伽达默尔:《真理与方法》,洪汉鼎译,上海:上海译文出版社,1999年,第114—129页。

审美意识作为一个改造的平台，就成为美之为美的根本基础，而这样的思路，就将"美"变为一种内在主观的存在，所以，才会有这样的话：趣味无争辩。

从实际的程序上看，对内在审美意识的确认是极端可疑的。如果我们认为具有一种内在审美意识，那么如何确认哪一种意识是审美意识呢？我们如何能够在内心中先认准一种意识，再把这一意识外化到外部对象上？维特根斯坦认为，对内在意识先行确认，再进行描述，这完全是一种误认。这里有两个层次的误认。第一个层次是指物定义式的误认。指物定义法先假定一个对象的存在，然后对这一对象进行名称指认。指物定义只在最初级的实指学习中才存在，比如幼儿学会认识苹果。但是对象并不是先行确定的，而是词语与对象同时得到确认。如果不经词语而先行确定对象，只依靠内在的确认，这是完全错误的。没有词语，我们根本不知道一个幼儿确认是什么。第二个层次是混淆内在、外在的确认。我们如何拿出一段情感，就像拿出一块石头？一块石头是固定的，但一段情感呢？是固定的吗？一个人如何能够像确认一块石头一样确认他的情感？

一般认为，内在的情感或意识是最容易确认的，但如果我们想确认情感是一种什么样的行动就会发现它的悖谬：我们首先要把情感固定下来，然后有一个东西（我们假定是意识）来识认它。这一过程似乎并无疑义。但仔细考察这一程序，我们就会发现，达到什么标准才能完成意识对情感的识认呢？这一标准来自哪里？这一标准的准确性或正确性何在？只要我们沿着这条道路推论下去，就会发现这是没有止境的。最终只有一个办法来解决这一困境，就是相信。只有相信才是确认的标准的基础。但这样一来，相信就成了意识与对象的一致的基础，而这一基础却带有（从词语上讲的）先天的不稳定性。

如果没有一个稳固的对象作为意识的相对物，意识也就成了随意变化而难以固定下来的东西，这就走向了内在意识的反面：本来，我们期望通过它获得最牢靠的稳定性，结果发现它不过是变化多端、无法确定的东西，这一悖论实际上反对了内在意识的基础地位。

从彻底反思的语言使用观出发，必然要反对审美意识决定论。艺术不是内在审美意识的抒发，不是先有审美意识再有语言，而是语言与审美意识一起产生；没有一种内在的声音告诉我们该写什么，而是我们选择语词来塑成我们的审美意识；无论是言尽意，还是言不尽意都是对语言与意象关系的误读，意象只能在语言中成型。

某种来自传统美学观念的思路认为，我们可以借助传统的意向观念建构起现代的意象论。这样的观点无论进行了怎样的现代理论改造，都保留了与传统意象观共同的理论设想：内在意识是内在的最真实的存在，因为它离我们最近，而我们要想将这内在之意呈现出来，一定要在头脑中形成一个内在的意象，这一内在意象将内在之意具体化，并被我们自己认识到。如果说，内在之意还只是一种潜在的存在的话，那么内在意象就已经把这潜在的东西明确地呈现给主体，而主体要想被其他人理解，就要通过语言将内在意象传达给其他人，其他人通过语言理解到这一内在意象。从这一过程中，我们将看到一个意义传送过程，同时也是一个在传送中的意义。损耗过程，每一步的转化都产生意义的遗失，所以才有这样的感叹：言不尽象，象不尽意。传统的意象论在现代中国获得相当多的同情者。而意象作为一个传统的概念，能够在现代学术体系得到保存转化，这一方面是学术发展的自然之理，也受到古代文论现代转化的吁求的鼓舞。但我们不得不指出这样的转化存在着根本性的问题，乃至于不可能，特别是从语言学的思考方式出发，我们看到的是一种将要被放弃的理论景观，无论我们对这一理论景观保持多少尊敬和怀念。

四、理想美学的消解

我一直认为,虽然康德不是维特根斯坦经常提起的哲学家,但后期维特根斯坦的思想矛头所向之一无疑是康德,通过将康德美学旨趣与后期维特根斯坦美学旨趣对立并置,可以让我们发现更多维特根斯坦的美学性向。"理想""无限"这两个关键词无疑是美学中最深层的概念建构,通过对以"无限"为基的理想美学的破解,可以让我们更清晰地发现后期维特根斯坦美学思想的向度。

康德美学观念的意义就在于提供了一种理想美学的机制,提供了一种从有限感性向无限的理想上升的机制,这在康德对"无限"这一概念的解释和使用中看得相当清楚。康德的"美学"(如果我们认为康德有一个美学的话,毕竟他没有这样来命名自己对判断力的批判研究)从来没有认定美的对象的存在。美不是实体,也不是实体的属性,而是一个单一判断中所展现的普遍性关系。本来,在认识领域中,单一判断要想获得经验上的普遍赞同必须服从机械律,但机械律不能达到对自然整体的把握,也就是说,这一普遍赞同是有局限的,不能从自然领域进入人的领域;在理性领域,没有单一判断的问题,只有概念的普遍性,那么单一判断是否可能以及如何可能就成为《判断力批判》的主要任务。为此,康德在情感中寻找帮助。在《纯粹理性批判》中情感本是一个不受重视的领域,在《判断力批判》中,情感却成了独特而突出的部分。情感是虚的,不是实的,这本来是短处,但康德恰恰在这一特性当中发现了独特价值,在他的新解释中,情感成为沟通两个实在领地(认识、理性)的一块"飞地",它没有自己的领地,但可以借助另外两块领地暂时憩足,但它不能安顿下来,必须立刻离去,以免自己被同化。它是信使,并且传递的消息都是隐喻,而不能明示,否则就失去了自身。

鉴赏判断中的情感机制将一个经验对象与目的理念通过情感这一

中介关联到一块儿，情感只是触媒，但通过先验的论证，这一触媒具有了先天合法性，由此，情感在鉴赏判断机制中的抢先僭越就得到了追认。在鉴赏判断机制中，"无限"是一个重要的构件。如果说，主观合目的性是连接感性与理性的桥梁，那么"无限"就是这一桥梁的钢铁构架。"无限"执行的功能在于将这一桥梁的裂缝掩盖得无踪无迹，不管怎样，谁也不会怀疑"无限"是一种诡计，就像信徒不会怀疑神，党徒不会怀疑领袖，幼稚园的孩童不会怀疑老师，威权社会中的普通百姓不会怀疑任何机构，如此等等。

康德说过，即使没有一个神，我们也必须建构出来。康德的审美建构术同样如此。"美"作为一个随同鉴赏判断建构出来的一种对象，其特殊在于它不是实存，而只在鉴赏的判断中闪现。但是，这种美的建构至少还许诺了一种建构出来的存在，并通过这一建构，我们可以将美固定下来，作为一个对象来对待，而实现它的机制就是美的理想，是趋于无限的理想。康德美学究其根本是一种理想美学，是研究理想在美的建构中的作用的美学形态。

什么是美的理想？最简洁的回答：一个标准的大词，无论怎样解答都走在错误的方向上。大词就是建构一个无所不包的概念，这一概念作为一个理想型被它所覆盖范围内的所有对象或事例分有，内涵无限之维。美学研究无论是把美当作一个物质性或形而上学性对象，还是当作一个在判断过程中建构起来的拟像，都在树立起某种美的对象，并以为美的概念扎根于这一美的事实中（其实是一种臆断的事实），研究美的概念就是研究一个事实或关于事实的判断的实际运行情况。但这是引人误入歧途的道路。因为并没有确定的美的事实，没有美的某种理念，所谓美的事实是不存在的。这种做法实际上是操演一个超级概念，并且认为有一个超级事实与这一超级概念相对应，一旦无法为这一超级事实准确定位的时候，我们就以为超级事实中存在着神秘的因素，但实际上，这一神秘不是事实的神秘，而是概念的神秘，是概念误导我们，而不是事实躲开我们。

五、艺术类型与家族相似

从这里开始是一个转折，从美学误区的诊疗转向语言论美学的建构。

艺术本性问题是一个不断被探讨的难题，传统艺术理论以及部分现代艺术理论坚持进行艺术本性问题研究，各种方法也不断用来尝试保持艺术本性的实在地位。这一努力也的确存在着迷人的魅力，我们从中得到一种许诺，就是艺术本性问题的解决可以让我们真正认清艺术到底是什么，可以划定艺术的范围、界限以及艺术的走向。不可否认，这一许诺让从事艺术理论研究的学者怦然动心，但随着各种艺术本性的理论路径不断走入困难，相反的声音渐渐高昂起来。研究者们逐渐发现，对艺术本性的探讨并不能把我们带入澄明之境，却无端地增加了困扰。不同的艺术具有不同的性质，如果把所有的艺术形式放在一块儿找它们的结合点，就只能找到"美"这一声感叹。传统美学费尽周折地为美的本性划定界限，杜撰内涵，最后证明是一种徒劳。现代美学对本质美学的摒弃已经从行动上证明了这一点。但现代美学对美的抛弃与驱逐只是把美这个东西悬置起来了，并没有完全否定美依然可能重新成为本质之物，其立场依然还不彻底。也许最好的做法就是抛弃这一问题，直接走上艺术无本质的道路，反而能够开拓出更广阔的天地。维特根斯坦就给我们一个明晰而且说服力强的思路，"美"从此不再是重要的，它完全可以抛在一边，不用再提起它。这在西方现代派艺术实践和理论中得到全面的表述。受到维特根斯坦思想影响的莫里斯·魏茨就是这样设计的，同样受到维特根斯坦深刻影响的乔治·迪基和阿瑟·丹托也采取了一些变通的理论设计，可以说，目前的艺术理论研究界有相当部分的学者受到维特根斯坦思想的影响，受到维特根斯坦语言观的启发，将语言论运用到艺术理论研究中，为艺术理论研究开辟了新的境界。

此处从家族相似入手,讨论概念内涵,并力图探讨艺术活动中家族相似现象:艺术类型,以达到用艺术类型问题来替代艺术本性问题的目标。家族相似概念来自于维特根斯坦《哲学研究》中这样一段话:

> 我想不出比"家族相似"更好的说法来表达这些相似性的特征:因为一个家族的成员之间的各式各样的相似之处就是这样盘根错节的:身材、相貌、眼睛的颜色、步态、脾性等等,等等。——我要说,各种游戏构成了一个家族。①

可见,家族相似就是语言游戏的一个基本特征。海博格(Hagberg)把语言游戏与艺术类型联系起来思考,而我认为这一联系未免有些宽泛,语言游戏只是对语言使用的一般性说明,就好像艺术游戏是对艺术的一般性说明一样,而家族相似是语言游戏的一种特征,如果我们说家族相似就是对语言游戏的一种功能或者是最根本的特征,那么家族相似无疑要比语言游戏要狭窄一些,语言游戏还具有其他更广泛的方式。同样,艺术类型也是艺术活动最基本的功能,在很多方面可以深挖艺术之源,但艺术活动也同样可以有其他更广泛的应用。因此,当海博格说明语言游戏的策略:

> (1)识认语词的目的和功能;(2)展现给我们语词目的和功能的细微语境;(3)系统地防止产生关于语词意义的一般性迷雾;(4)防范问题流离出语言游戏细微而精密的语境,比如,对话者的问题与店员使用"五"的规则密切相关,即使不是直接的;并且(5)让我们对语言游戏的界限及对这一界限的言语、概念僭越保持敏感。出于同样的原因,语言游戏策略的使用可以让我们对

---

① 维特根斯坦:《哲学研究》,陈嘉映译,上海:上海人民出版社,2005年,第67条。

语境的全称性话语扩张保持敏感。①

我们看到的是，除了第一点，基本上指的是家族相似的功能，其中第五点是最重要的，即防范全称性扩张和界限，这些都是家族相似的游戏中展现得最明显。以家族相似为基本理论框架的艺术类型中，首先防范的就是全称性的艺术本性论，无论是哪一种艺术本性论，都是一种以全称判断形式进行的语言越界或误用。但我们是否就此直接得出艺术根本无法进行判断，艺术只能鉴赏、品味，而不能思考呢？并不是这样。我们平常所称的艺术是由各种不同的艺术类型组成，有些艺术类型相近，有些艺术类型距离很远，类型与类型之间边界模糊，但并非不存在。相似的艺术形式形成艺术类型，但这个艺术类型是开放的，它在实践中开放边界，没有一个封闭的圈子。如果我们划定类型之后就此故步自封，为这个类型赋予一个抽象的本质，以表明它与其他类型的不同，那就又犯了本质论的错误。类型同样是开放的，类型包括中心样本和边缘形态两种，类型的中心样本是历史形成的（这句话可能定会引起误解，这里的"历史形成"指的是层累的造成的），边缘形态同样如此，中心样本比较稳定，而边缘形态则比如游移，它会随情况的改变而改变。② 在同一艺术类型内部，存在着一些亲缘关系，这些亲缘关系保证了类型的内部结合力。我们可以对这些亲缘关系做出一些思考。同样，我们也可以对艺术类型本身做出一些思考，而这些思考，相对就超出了家族相似概念的界限，这与艺术活动这一特殊的语言游戏形式密切相关的，它有它自己的活动语法，不同于日

---

① Hagberg G.L, *Meaning and Interpretation: Wittgenstein, Henry James, and Literary knowledge*, Ithaca & London: Cornell University Press, 1994, p.12.
② 现代艺术哲学已经从维特根斯坦出发走得更远，魏茨的无本质论直接受维特根斯坦影响，迪基的艺术制度论与维特根斯坦有直接的联系，而丹托的相关性观点综合了前两者的观点，也与维特根斯坦有密切的关联。可以说，现代艺术哲学从维特根斯坦出发，又超出了单纯语言学，走向了语言学与社会学相结合的境界。本书第七、八章就是一种新发展。

常语言的语法。

这也是为什么艺术类型观同时强调了界限的重要性,正是界限,让我们意识到某一艺术类型的表现力边界和局限。需要说明的是,只有在以载体形式来划分的艺术类型中,界限才是最直接的,因为它直接与艺术的表现方式结合在一起。在其他类型分法中,界限可能不具备这么明显的位置。而且我们也不可以把界限理解成消极的、限制性的东西,而要理解成一种积极的、促进的因素,正是艺术界限的存在,打破艺术界限的努力也同时存在,这也正是艺术发展的动力和源泉之所。现代艺术直接把艺术界限的冲毁摆在具体的作品中,而不像传统的艺术界活动那样由艺术理论来执行,由此,我们看到,现代艺术是一种特殊的艺术形式,它以牺牲艺术类型边界为代价,获得新的艺术况味。这在此前的传统艺术那里是不可想象的。

艺术类型与类型间的关联是什么样的?这是一个非常麻烦的问题,可以说,连维特根斯坦也没有过多论及家族相似的游戏之间具有哪些关联,不同的家族相似游戏之间是否就是断裂。但是艺术类型之间明显具有关联性,这又是可以看到的,每一艺术类型都是一种艺术的观看方式,这种艺术观看是整体性的综观之看,能够看到的东西与看的方式密切相关,那么转换了一种看的方式,我们通过另一种观看方式,就可能看到同一件艺术活动中的不同属性,如果我们停留在一种观看方式中,在它之上形成一种艺术类型,那么另一种观看方式(形成的艺术类型)在这里往往成为一种可供描绘的属性。比如,绘画的色彩在雕塑中不过是一种表现手法,而雕塑的立体特性在绘画中不过是一种视像。因此,所谓艺术关联,即不同艺术类型的交叉合集。

六、艺术规则与审美训练

艺术无本质,但有规则,这一规则是在艺术类型中展现出来的。

艺术规则论来自于维特根斯坦的"遵行规则"的思想。所谓遵行规则，指的是教师教给学生知识，学生照样执行。知识中有规则，学生能够把握这些规则，理解就在遵行规则的照样执行当中出现，它不是某种心意机能。在遵行规则中，有两个方面是交织在一起的：一是评估理解规则的标准，二是规则与符合这一规则的行动间的语法联系。① 所谓语法联系，含义接近于我们平时所说的内在联系，只是内在联系在语言哲学范围内是一个很可疑的词汇，如果它不是一种内在心意机能的错误方向，那么就是一种内在机制的神秘因素，所以还不如像语言哲学那样，把它当作一种语言中的自明性好些。

艺术中有标准，但这一标准不是外在的，而是与艺术实践本身结合在一起的。在标准方面，维特根斯坦举过一个著名的例子，巴黎标准米。② 我们一直以为巴黎米是最标准的长度米，如果其他地方的一米长度出现了问题，只要拿出巴黎米进行核对校正就可以了。巴黎米就像是一米长度的标准一样。但是我们可以问判断巴黎米的标准是什么吗？根本不可以。巴黎米的标准就在它自身，或者说巴黎米就是一米长度的规定，我们不能再问巴黎米的标准，而只能把巴黎米当作标准。那么艺术与此相同吗？也不尽然。巴黎米是一个科学的规定，它执行了一个科学系统的衡量功能。而艺术标准却不出自规定，而是在艺术实践中自发地呈现出来的，它当然还出自艺术选择，是艺术选择机制将某一自发的艺术作品选择出来作为艺术典范，并用它来衡量其他艺术创作。艺术的标准在于艺术的典范，我们把什么样的艺术活动树立为艺术典范就树立了什么样的艺术标准。但无论是什么样的艺术标准，都遵行艺术之规。

我们从来不是事先已经有了一套解释的理论，事先掌握了一套艺术的规则，在进行艺术实践的时候随时对照一下手里的规则，看看是否与

---

① Baker & Hacker, *Wittgenstein: Rule, Grammar and Necessity*, Basil Blackwell, 1985, p.25.
② 例见维特根斯坦：《哲学研究》，陈嘉映译，上海：上海人民出版社，2005年，第50条。

规则一致。可以说，我们从来不用这样做。我们都是直接进行艺术实践，在艺术创作的时候，有时会想起一些规则，并且照着做或有意地违犯，但大多时候根本意识不到，而是直接就做，并且全部符合规则。

我们怎样判断在遵行规则的时候做的是正确的？是规则决定了什么是正确吗？正确是遵从规则的结果吗？不是的。正确是遵从规则的一部分。正确是使规则进行下去的一个部分，我们能够照着老师教的做下去，做同样的东西，就是正确。也就是说，是艺术训练保障学生正确地执行了艺术规则，也正是在艺术训练中，学生才能掌握艺术规则。

"正确"还有一个角色，就是在拿不准是否做得一样时，老师会用"正确"这一判断来鼓励学生做下去，或用"错误"这一判断反对学生做下去。"正确"、规则是同一类语言游戏。

你会在"正确"这个词的例子下发现许多与之有关的例子。首先它让你学会了规则。裁缝学会上衣应该多长，袖子有多宽，等等。他学习规则——他被反复灌输——就像你学习音乐，练习和声与对位一样。假设我学裁缝，我首先就得学习所有规则，大体上我可以有两种态度：（1）利维说："它太短了。"我说："不，这正好，这是根据规则来的。"（2）我对这些规则有了感觉，我解释这些规则，我会说："不，这不对，这不是根据规则来的。"（你看到了吗？一旦我们扩大范围，就犯错误，不再遵守规则。——里斯注）在第（1）种意义上，我是对遵从规则的东西做了一个审美判断，另一方面，假设我没学过这些规则，我就不能做审美判断。通过学习规则，你的判断越来越精微，学习规则的确改变了你的判断。（然而，假设你没有学会和声，没有一双好耳朵，你就永远不可能察觉一串和弦中的不和谐音。）[1]

---

[1] Wittgenstein, *Lectures and Conversations on Aesthetics, Psychology and Religious Belief*, Berkeley and Los Angeles: University of California Press, 1966, p.5.

相对于数学理解来说，基于艺术规则的理解要复杂一些，但基本方向是一致的。艺术的规则当中有品味的位置。什么是正确地运用艺术规则？什么是艺术的标准？如果说日常语言分析当中这个规则就是正确运用语词，那么艺术之中还包括一般艺术规则以及对一般规则的突破。正确地运用规则就是品味的表现。

艺术中有生活场景，但这一生活场景绝不是所谓的现实，而是经过儿童选择后保留下来的一些生活形式。从这一层面上讲，艺术里存在着对生活的模仿没有错，但这一模仿没有模仿论那样高深莫测。模仿论要把模仿做成一个普遍的模型，并且认为所有艺术都遵照这一模型。这种普遍性断言是问题所在。如果摆脱这一普遍断言的影响，我们来看一个儿童游戏这一原初情况，就会发现，其中有模仿，但并不是说模仿就成了游戏之为游戏或艺术之为艺术的判断标准，而是说，在做模仿游戏的时候到底在模仿什么，有什么东西实际上没有必要进入模仿的。艺术也同样如此。

比如，儿童玩一个布娃娃，问它痛不痛，会让它吃药，等等。但如果她的父母要把布娃娃送到医院里，她一定会很不高兴，也很不理解，因为这样一来，她就被剥夺了喂药的乐趣！在这儿，模仿对象是次要的，重要的是儿童中保留下来的形式。我们不会认为儿童问它痛不痛因为它真的痛，她只是从父母和医生对她的询问取下来这个形式，然后在她与布娃娃的游戏中保留下来。她可能也会给布娃娃送到医院里，但那一定是她的游戏中的医院，不是我们去的医院！她也会给布娃娃打针，但是为了问她痛不痛，就像她的父母问她的一样。所以，儿童的模仿性游戏中只是保留模仿对象的某些形式。[①]

这种儿童游戏方式与艺术的游戏方式是一样的，在艺术中也只是

[①] 参见维特根斯坦:《哲学研究》，陈嘉映译，上海：上海人民出版社，2005年，第282条。

保留下来模仿对象的一些形式，我们当然也模仿，但模仿对象本身并不是最重要的，它只是第二位的，重要的是在这个艺术游戏中留下的某些生活形式，而与那种生活形式相结合的语境或相关情况却可能被剥离出去。至于到底剥离出去哪些形式，以及为什么如此剥离，单从一种剥离情况来看是无法给出答案的，但是当这样剥离的例子足够多，或者说，形成了一个（属于某一艺术类型的）艺术文本的时候，我们就能判断这种剥离的合理与不合理了。当然，这一判断并不是时刻需要的，只是在这种剥离可能出问题的时候，我们才去查看一下这一剥离的情况。需要强调的是，"剥离"不是一个形而上的概念，而是与实践类型结合在一起的行动。只有在样本里，我们才可以考察"剥离"情况，而不能凭借着先验推论，建造一个剥离的理论。

　　远离了艺术本质论，并不代表对于艺术我们已经一无可说。艺术无本质，但有契约。契约不是规则，规则是语言的事情，而契约就很混杂。契约也不是制度，制度暗示一种塑型的力量，而契约强调协议的达成。根据艺术的存在方式不同，具体契约的缔结也不相同。一般来说，艺术契约有三种可能方式：一是艺术类型内的契约，这是契约的主体部分。如上一小节所谈到的艺术类型就是在探讨缔结契约的方式。这种契约类似迪基所说的艺术制度论所论及的内容，包括艺术机构、艺术家、鉴赏者、作品等。只是迪基的艺术制度论将这些契约放在艺术界这一更广泛的层面来论述，而这里则将其放在艺术类型中来讨论，范围狭窄一些，目的是为了第二点区分。二是艺术边界作为一个范畴进入契约，但艺术边界一方面以艺术类型的边界出现，另一方面以艺术界这一整体出现，前者往往在传统艺术中被更多实践和思考，而后者更多在现代艺术中被实践和思考。三是艺术反思进入契约。艺术观念是艺术契约的深层关联，这在迪基的艺术制度理论中却并未得到揭示，在某种程度上，艺术理论在艺术界中被排除了，这样就解释不了艺术界到底是以什么样的方式被塑造的。其实无论哪种契约结成，往往是以潜在或明显的理论形态得到揭示的，有艺术而无理论是不可想象的，同样不可想象的是有理论而无艺术。

契约有强契约和弱契约，强契约类似制度，而弱契约则倾向于文化惯习，往往引向变化。强与弱不能用时间长短来衡量，并不是说强契约（制度契约）一定比弱契约（惯习契约）维持的时间长，强与弱只是从缔结契约的方式来区分的，并不是从时间上区分。

七、指向治疗的美学语法

的确，维特根斯坦否定美学的正当性，但是他所反对的美学是那种把个人的审美心理当作"美"的基石的美学，或者说，维特根斯坦反对的是主体论美学，他希望向我们说明，（传统）美学是一个过于随意的学科，"美"这个词的滥用导致了我们在谈论美的时候完全是误入歧途，所以，以往的美学探索是错误的，无法得出有益的结论。他所要做的是治疗，这也是维特根斯坦整个哲学的旨趣，他认为真正的哲学是一种治疗，是治疗以往哲学所犯下的原则性错误，放在美学上也同样如此，他的《美学讲演录》就是这种治疗。如果我们把这种治疗也称为一种新的美学形式的话，那么，维特根斯坦就具有一种不同寻常的美学旨趣，他清除了缭绕于词语之中的迷雾，把我们引出误解的密林，虽然我们暂时还没看到引人入胜的景观，但至少我们不再羁绊于误解之中，我们被维特根斯坦重新引领回罪案的源发之地，重新勘测地形，研究罪案的现场，这为我们解决问题提供了基础性的保障。

既往的哲学和美学都存在一个最大的弊端，就是喜欢用普遍性的词汇来思考问题，这叫作哲学的大词。大词指的是将某一经验词汇处理为普遍性词汇，并以此来思考问题，用这种词汇进行表述，比如自我、本体、心灵、意识、审美，等等。所有的大词都是无法证明的，只能进行自我循环论证。大词的缺陷是明显的，但我们此前并不把这一缺陷视为缺陷,相反,却把它当作思考的必然特征,这样就让我们在歧路上越走越远,反以为走在正确的道路上。维特根斯坦向我们指出,这种运用大词的思考不过是在建造起一种超级概念,对一个超级概念的操演就被当作是对一个超级事实或超级机制的描述,当我们无法为这一超级事实准确定位的时候,我们就误以为超级事实中存在着神秘的因素,它逃脱人的理智的把握,躲藏在世界中神秘的某处。这实际上是混淆了事实探究和概念探究的区别。在需要进行概念探究的地方,使用了事实探究。实际上,我们所以为的神秘根本不是事实上的神秘,而是概念的神秘,而概念的神秘是由概念误用所产生的,是概念误导我们以为存在一种神秘,而不是某种神秘的事实躲开我们。因此,最重要的是做概念考察,用维特根斯坦的术语说,语法考察。"我们的考察是语法性考察。这种考察通过清除误解来澄清我们的问题;清除涉及话语用法的误解;导致这类误解的一个主要原因是,我们语言的不同区域的表达形式之间有某些类似之处。——这里的某些误解可以通过表达形式的替换来消除;这称作对我们表达形式的一种'分析',因为这一过程有时像是拆解一样东西。"[①] 只有对某类语言游戏进行语法考察,我们才能发现这类语言游戏是如何进行运作的。

美学的语法同样是这种批判的反思性语法,当然,美学语法不是美学的学科结构,那种"语法"充其量是一种浅层语法。美学的(深层)语法指的是研究各种既有的美学概念的边界和适用范围,考察以这些美学概念为支架建构起来的体系中存在哪些根本性的概念误用,清除错误的美学地基,虽然这样会导致整个美学体系大厦的崩毁,但也只有摧毁错误的机制,摆脱歧路的诱惑,我们才能更好地前行。

维特根斯坦一向被看作美学的否定者、瓦解者,那么,在维特根斯坦这里,美学已经死亡了吗?并非如此。美学语法分析去除了存在

[①] 维特根斯坦:《哲学研究》,陈嘉映译,上海:上海人民出版社,2005年,第90条。

于传统美学中错误的、僵化的部分，却留下了充满活力的部分，甚至发现了新的可能性，开启了新美学的方向。从维特根斯坦思想对美学观念的影响来看，如魏茨开创的艺术无本质论，如丹托、迪基等人对艺术界和艺术制度论的论述和发展，如舒施特曼身体美学的延伸，等等，都与维特根斯坦的美学思想有密切的联系，可见，其美学思想是具有建设性意义的。可以说，作为治疗的美学语法既是对疾病的清除，在清除的同时也扫清了障碍，重建了地基，将美学放在一个新的基础上开拓发展，这又可以视为一种建构。只是这一建构不再像前此的美学那样为某种现象提供一劳永逸的解释模型，也不是从人的内心中挖掘出某种共同的情感作用机制，而是从某些位于共同的艺术游戏或审美游戏中的实践出发寻找到一些稳定的规则，这些艺术规则或审美规则都是带着语境的，而不是超语境的，有适用范围或作用方式，不具有抽象的本质性特征。

美学语法作为治疗的语法正是如此这般地对诸种美学概念进行诊疗，在不断的概念反思和理性批判（两者实为一者）中开拓着美学的疆界。

上 诊疗篇

第一章 美学是一门错误的学科？
——维特根斯坦对传统美学的批判及对新美学的启示

维特根斯坦对美学的批判是从日常语言使用的角度进行的，他认为"美"这个词是一种误用，最初它是感叹词，是对表示喜爱的动作、表情的替代，这是语言的自然功能，但是在使用中被当作形容词，进而被当作名词，假定了美是一种存在物，由此产生了美的本性等形而上学问题，但这些都是语词误用产生的假问题，是一种虚假的超级概念，清理这些超级概念可以导向行动美学的道路。

一、美的普遍本质与作为语词的"美"

我们在很多情况下遇到"美"，比如到一个风景秀丽的景点旅游，下了车，忽然看到明镜般的湖泊，湖畔柳叶轻拂，我们会忍不住脱口而出，真美啊。听音乐演奏，看绘画作品，欣赏雕塑、建筑等都会让我们发出美的赞叹。浮士德临终前听到挖土的声音，以为是人民在填海造田，感叹说"真美啊，你停一停"。这是个很著名的例子。"美"这个词用得如此频繁，让人不由自主地认为存在一种东西，一种普遍的东西，它隐藏在某个隐秘的地方，我们虽然是因某个具体的事物发出"真美"的感叹，其实它只是一个现实的触媒而已，让我们如此感叹的根本原因还是那个普遍的、隐藏起来的东西。这样的观点非常普遍，也是传统美学的主导观念，目前为止，还具有巨大的影响。沿着这一思路，我们就会想方设法去抓那个隐藏的东西，但它又总好像是在和我们玩捉迷藏游戏，切之则近，又倏忽远逝。

既然有各种各样的"美",就必然有一种研究"美"的科学,这一思路看来如此正确,但在维特根斯坦看来,却是错误的。"你会认为美学是一门告诉我们什么是美的科学——光看用词就很可笑。我建议它应该包括哪种咖啡味道好的问题。"[1] 在这儿,重点还不在"什么是美"这个问题上,即使我们认为"什么是美"是一个错误的问题,但"美学"被称作一门研究美的现象的"科学",在某种程度上却显得还挺有道理。其实重点在"科学"这个词的用法上,它涉及两个谬见。一个是浅薄的谬见,即真的认为有一种研究"美"的科学,通过发掘这种科学的运作模式,就可以将美的本性、美的规律、美的结构等进行完善的定义和分析,并建立起严整的美学大厦。这一谬见通过对"科学"一词的澄清就可以消除。科学是一种经过严密定义和约定的系统,它主要是研究物质性对象的,如果我们说有一个关于"美"的科学的话,我们就会发现其中的悖谬,"美"恰好不能成为一门"科学",因为"美"与人的心理反应密切相关。当然,我们也可以不用"科学"这个词,而使用"理论"这个词,即我们认为可以有一种研究"美"的"理论",比如在我们大学课程设置中也有一门"美学理论"课。然而不幸的是,理论一词与科学是在同一个层次上,它也指一种系统性的规定,至少,我们说理论的时候,要达到各定义和原理之间的自洽。因此,美学理论就是一种关于美的系统性规定。这么说应该会获得较大程度的赞同。于是就会涉及第二个谬见,这是一个较深入的谬见,也是维特根斯坦着力破除的:我们倾向于认为哪怕不知道美是什么,也可以通过谈论哪些东西是美的来建立起一种美的科学(理论),这种理论背后有一种机制,这个机制保障美学理论的成立,但我们没有注意到的是,哪些东西可以算作美的东西?从实际的情况来看,美的东西好像是无所不包的,所以维特根斯坦开玩笑地建议美学研究"应该包括哪种咖啡味

---

[1] Wittgenstein, *Lectures and Conversations on Aesthetics, Psychology and Religious Belief*, Berkeley and Los Angeles: University of California Press, 1966, p.11.

道好的问题",维特根斯坦的学生里斯对此解释说,美的范围"很难找到边界"。

其实想想在美学课程中学到的东西,就会知道美学的对象到底有多不确定。比如我们学到美的东西要分几个类型:优美、崇高、悲剧、喜剧、滑稽、丑等等,且不说这些类型之间的交叉和重叠,划分这些类型的标准又是多么混乱不堪,只要想一下丑为什么就成了美学研究的对象,我们就会觉得这里面颇有意味。为什么一个本来与美相对的范畴成了它自身之内的东西呢?通常可以给出两个理由:一个是时间上的理由,即由于历史的发展,我们的审美能力有了进一步的发展,丑也能够被我们的审美意识所接纳,成为审美的对象。这个理由如此平庸,因为几乎什么也没说,只能作为一个结论而已。在需要给出理由的地方反而给出结论是一种无效的回答,虽然这样的回答很常见。另一个理由听上去要好得多,这是形式上的理由,即我们关心的不是丑的内容而是丑的表述方式,只要表达丑的方式很美,我们就认为它可能是一种美。但这样一来就要面对一个奇特的情况:一方面,我们忍不住对内容反感,另一方面,我们又得承认表达的方式让我们喜欢。要做到这一点,就得忽略内容,只关注形式,从形式上去寻找美的共性,同时认为,这种美的共性存在于所有美的类型中。

大凡有点儿经验的研究者就会发现,如果我们为一些类型寻找共性,随着范围的扩大,共性会越来越抽象,以至成为完全与具体类型无关的东西。一旦我们尽可能地搜寻可称之为美的例子,我们就会发现自己已然迷失在大量的例子中,这些例子没有任何共有的东西,只不过某些例子具有相近之处,一些例子与一些例子相勾连,就像是一把锁套着一把锁,各种各样的锁结成长长的锁链,但第一把锁与最后一把锁之间没有任何共同之处,它们之所以能放在一起是因为它们都叫作锁。美学也是如此。因此,传统的美学研究法不得不抛弃在实例中寻找本性的道路,就是因为无法找到在各种实例中都存在的那个"本质"。当然还有一条抽象的道路可以走,那就是乞灵于"内在形式",虽然谁也看不到这种"内在形式"在哪儿,但是至少人们会想,既然我们把这些美的东西放在一起,那么一定有一种内在的一致性决定了我们能把它们放在一起。于是,我们看到历来的美学研究者都在殚精竭虑地寻找这个内在的一致性,却没人觉察到这一预设方法倒果为因,缘木求鱼,本身就很荒唐。所以,现代美学对它的质疑和抛弃,就很可以理解了。然而,现代美学依然没有质疑美学研究的起点,即为什么要把这些"美"的东西放在一起,现代美学悬置乃至抛弃了一致性问题或本质问题,其理由就并不充分,那个最根本的核心依然没有被摧毁:即到底为什么能够把那些"美"放在一起,在哪个层面上,这些"美"的东西能够放在一起讨论,而且又不必乞灵于"内在形式"?维特根斯坦从语言分析的角度给出了一个颇具说服力的理由。

二、语言使用的原初语境

要说清楚维特根斯坦对美学的批判,必须先解释维特根斯坦的语言哲学观念。维特根斯坦对哲学最重要的革新就是将真理符合论观念转化为语言游戏论。简单地说,所谓真理符合论,指的是存在与语言相符合,语言指称存在(包括物质性存在和内在情感、精神),存在是语言的基石,语言用各种方式同存在发生关联,以达到与存在的符合一致,从而形成(真正的)意义。维特根斯坦则主张语言与存在共同游戏而产生意义,没有语言,就没有任何存在的意义;没有所谓符合的真理,只有语词使用的意义。存在必须在语言使用中才有意义,它单独不能形成任何意义,更不用说成为真正意义的保证。

维特根斯坦把伟大的圣奥古斯丁列为靶子,他在《哲学研究》的开篇第一节就引用了《忏悔录》中的一段话作为真理符合论的标本。奥古斯丁说:"当成年人称谓某个对象,同时转向这个对象的时候,我会对此有所觉察，并明了当他们要指向这个对象的时候，他们就发出声音，通过这声音来指称它。而他们要指向对象，这一点我是从他们的姿态上了解到的；这些姿态是所有种族的自然语言，这种语言通过表情和眼神的变化，通过肢体动作和声调口气来展示心灵的种种感受，例如心灵或欲求某物或守护某物或拒绝某事或逃避某事。就这样，我一再听到人们在不同句子中的特定位置上说出这些词语，从而渐渐学会了去理解这些语词指涉的是哪些对象。后来我的口舌也会自如地吐出这些音符，我也就通过这些符号来表达自己的愿望了。"①

这里面有三个问题：一是语言与对象的指称关系，这叫作指称论；二是语言习得；三是我们怎样理解别人。

这些都是大问题，在此我们只讨论奥古斯丁式和维特根斯坦式的回答，并大致说说维特根斯坦是怎样反对奥古斯丁式的语言观的。

奥古斯丁的观点是语言与对象相符合，对象在我们的外面，我们的心灵感受到各种外物，形诸语言，把它表达出来。对象是固定不变的，语言与对象相符合，形成指称关系。在语言习得上，儿童先对对象有所理解，然后再观察成人对对象的称谓，将这些称谓与对象联结起来。我们之所以能够理解别人，是因为把握到语言对对象的指称，发现不同人对对象的理解是相同的，所以可以通过字词来理解别人，其中关捩之处在对象的共同理解上。听话人通过语言、表情和动作理解到（到底是理解还是猜测？）说话人内心的意思，并把自己内心所想的东西通过语言表达出来，让别人理解。这和我们习以为常的观点几乎一致，但维特根斯坦反对这样的观点。他认为奥古斯丁完全错了，原初的语言不是这样的。没有语言使用，就根本没有对象的理解。儿童不是先观察到对象，然后再把字词与对象联结起来，而是直接在语言游戏中将字词与对象相联结，在字词的使用中才有对象的呈现，根

---

① 维特根斯坦：《哲学研究》，陈嘉映译，上海：上海人民出版社，2005年，第1条。

本不存在内心中一个对象的先行呈现或对对象的先行理解。

维特根斯坦认为，我们对语词意义的理解不是来自于内心对对象的把握，而是来自于将语词与对象结合在一起的语言训练，"训练的一个重要部分是，教师用手指着对象，把孩子的注意力引向这些对象，同时说出一个词；例如，指着板石形状说出'板石'一词。（我不想把这称为'指物定义'或'定义'。因为孩子还不能够对名称发问。我将把它称作'指物识字法'。我说它会构成训练的一个重要部分，因为人们实际上是这样做的，而非因为无法设想另外的做法）"①。当然，从奥古斯丁语言观的角度也可以反问，"但若指物识字法会产生这种［唤起意象的］效果——我该不该说它产生对语词的理解呢？难道不是听到喊'板石！'就如此这般有所动作的人才理解了这个词吗？"这种理解依然把我们引向内在意象决定语言使用的途径上。维特根斯坦会对此回答："指物识字法的确有助于这种理解；但它必须同一种特定的训练结合才有这种作用。如果采用的是另外一种训练，同样的指物识字法就会产生一种完全不同的理解。"②维氏把这些语言活动的整体称作"语言游戏"。③

维特根斯坦的观点往往让我们觉得很奇怪，但如果深想下去，就会发现是我们自己原本想得太轻易了，我们得到的结论往往忽略了一些我们认为不重要的东西，而那才是关键。维特根斯坦最伟大的地方就是将这些被忽略的关键所在重新展现出来，带我们回到最初混沌而复杂的状况中，引导我们利用语言理清语言与事物的真正关联。对维特根斯坦而言，没有任何一个具体观点能够成为他思考的绝对基础。进入语言，观察语言的使用，是维特根斯坦思考每一个问题的方式。

我们是如何习得语言的？这个问题可以转换为，儿童怎样学会语言？

---

① 维特根斯坦:《哲学研究》，陈嘉映译，上海：上海人民出版社，2005年，第6条。
② 同上。
③ 同上书，第7条。

在讨论哲学问题的时候，维特根斯坦总是回到语词使用的原初状况中，他总是会问，我们最初是怎样用这个词的？原初状况可以让我们看清楚很多被各种论述遮蔽的真实情况，而最恰切地展现这种原初状况的一种方式，就是观察儿童学习使用某个语词的方式。儿童学习语言就是一种原初的语言游戏。在原初的语言游戏中，语言本身的用法才显得鲜明而且清晰。

讨论一个词的时候，我们常做的一件事是问我们是怎样被教会这个词的。这样做一方面可以摧毁一系列概念误解，另一方面可以直接面对原初语言的语词使用。虽然这种语言不是你20岁时使用的那种，但你可以大致领会你所做的是哪种语言游戏。例如，我们如何学会"我如此这般做梦"？最有趣的一点是我们并不靠展示一个梦来学会它。如果你想一下儿童如何学会"美""美妙"这些词，你会发现他大致把它当感叹词。（"美"是一个很古怪的词，因为几乎用不到它。）儿童一般先把"好"这个词用到食物上。教的过程中最重要的事情是夸张的手势和面部表情，词是作为面部表情或手势的替代被学会的。这种情况下，手势、声调等就是表示赞同的。是什么使这个词变成了赞同的感叹？是它出现其中的[语言]游戏，而不是词的形式。（原注：儿童理解我们教他时使用的手势，如果他不理解，那么他就什么都不理解。）[1]

理解在语言游戏中产生，但它不是语言游戏的基础，我们并不是先有一个内在的理解，然后才在语言中展现出来；恰恰相反，没有语言游戏，就没有任何理解的可能。所谓的"理解"，就是按照训练的方式正确地使用语词。有人可能会说，学会使用语言指的是某一天突然

---

[1] Wittgenstein, *Lectures and Conversations on Aesthetics, Psychology and Religious Belief*, Berkeley and Los Angeles: University of California Press, 1966, pp.1–2.

对字词产生了恍然大悟的感觉，同时心里伴随着强烈的感情，这就是理解，所以理解总是内心的事情。维特根斯坦却会提醒我们说：这种感情可靠吗？如果恍然大悟之后依然不能正确地使用字词怎么办？这难道可以说理解了字词的意义了吗？其实所谓的理解，根本不是内心的感受，至于在使用的时候内心到底发生了什么变化其实也不重要，我们把理解放在内心中，不如放在使用上。判断学习者是否理解了语词的意义，就看他能不能在合适的场合使用语词，如果他能经常用对，那么就可以判断出他理解了语词的意义。对理解与否的判断没有某种抽象原则做依据，也没有某个点为标志，而是以一组使用为基准的。

还是回到儿童的理解上来。儿童能够理解我们的手势，这是先天的。维特根斯坦没有否认这种先天理解，在他看来，如果没有这种先天理解，那我们就无法理解任何东西。这种先天理解在任何语言中都是存在的，如果没有这种将行动和语言联系起来的先天形式，我们就无法懂别的国家的语言，也根本无法理解别人，甚至也无法"理解"自己。①

维特根斯坦认为，语词的意义是在使用中形成的，而不是先在脑子里想好了以后再说出来的。圣奥古斯丁的观点虽然显得很有道理，而且也跟我们日常的感觉比较接近，但这并不能证明他的观点正确。其实很多日常观点都是在各种各样的传统观念中逐渐筑成的，我们现在之所以会认为先有思想再有语言，跟诸多理论家的观念的传播大有干系。我们为什么会去想先有思想再有语言这样的哲学问题？因为诸多理论家曾做过这样的思考，我们也就逐渐被这样教会了。从一种日常的感觉来看，我们的确是先想到什么东西然后再说出来，但这种感

---

① 有观点认为维特根斯坦的后期思想是语境论，其实这是一种误解。维特根斯坦并不拒绝先天的东西，只是这种先天的东西不像康德那样指完全先于经验的认识能力，而是指人的一些基本实践能力，比如能够顺着手指的方向看，能够识别他人的情绪，更进一步的，他能够进行综观（uebersehen）。如果人没有这些能力，就谈不上使用语言和理解他人。

觉与先有思想再有语言这样的普遍性质的抽象不一样。维特根斯坦认为，我们普通人在生活里的想法是不会错的，因为在生活里这些想法是足够用的，这么想不会给我们的生活带来不便。但是这些生活中的东西一经理论家纯化抽象，提升为一种普遍的性质，并试图把所有的现象都归入其中，问题就出来了：我们在日常使用中归入不同类型使用的语词居然被赋予了同一种性质！当我们问，品尝美食与欣赏绘画有什么相同之处？是不是它们都有一种美的性质？这种问法终于完全把我们引入了歧途。

三、"美"的概念的误用

维特根斯坦认为美学这个学科之所以有着少见的混乱，原因就在于"美"这个词用得太广泛。我们在很多地方都用"美"这个词，但我们从来没有想过为什么用它。"美"是一个极大的词，它可以无所不包，也可能什么都不包含。"美"这个词的使用就是一种误用。维特根斯坦分三个步骤分析了为什么"美"是一种误用。

第一步，beautiful 本来是个感叹词。

美是一个感叹词，就像为了表达某种感觉，我们总是说"啊"一样，当然，"美"这个词比"啊"要明确一点儿，它包含了喜爱或赞赏，用了这个感叹词，我们就知道某人心中有一种激越的情感，但这对我们判断对象并没有多大的帮助。

美的感叹与喜爱的动作哪个更根本呢？比如一个不会说话的幼儿对于他喜爱的东西会发生"啊，啊"的大叫，并伸手去拿，而会说话的儿童就不会仅仅发出这样声音，并做出相应的动作，而是直接说"美啊"。从语言发展的角度，我们也许会说，美的感叹晚于喜爱的动作，儿童应该是先有一种喜爱的动作和表情，然后再找到语言的替代。我们倾向于问这样的问题："什么时候美的感叹代替了喜爱的动作？"如此一来，好像赞赏的动作和叫喊就更原初、更根本了，要研究美，就要深入到儿童心理中去。这种思路看起来有道理，其实不然。

维特根斯坦提醒我们，喜爱不是一种内在的情感，动作或语词的责任不是将这种内在情感表达出来。如果没有"美"这个词，我们就无法确定这种情感到底是什么；要学会在适当的地方使用"美"这个词，必须结合着喜爱的动作和表情一块儿学习。只有在语言系统里，我们才能找到具体语词的位置，所以"美"的用法，是在把"美"这个词不断与其他对象相联系的语境中学会的，同时也是通过把"美"与自己的喜爱感结合起来学会的，两者缺一不可。与此类似，我们在受伤的时候会发出一声大叫，或者会大叫一声"痛"。这种"痛"的用法就是通过痛的时候说"他痛"以及自己疼痛时也说"痛"学会的。[1] 所谓替代的问题，其实不仅是语词替代了表情和动作，更是语词让我们认出了相关的表情和动作。一般来说，当我们学会使用"美"这个词以后，就可以自然地使用了，只有在某些情况下，"美"的赞叹发生了偏移，我们才会去考察喜爱的动作和表情。比如本来是在让人厌恶的语境里，儿童却使用了"美"的感叹，那么我们就会怀疑他用错了词，就会去观察他是否做出了表示喜爱的动作和表情。

儿童发出"美"的赞叹是对表情和动作的替代，这种替代在语言中是自然发生的，这是语言的本性，无法逃避。但是这并不是说替代过程可以忽略不计，相反，维特根斯坦认为，如果我们在使用日常语言时发生错误，最好的办法就是回到日常语言使用的原初语境——即儿童使用语言的语境——进行澄清，这样可以解释很多误用之处。

第二步，从感叹词转换为形容词，错误的开始。

语词替代表情和姿势的过程不是一下子完成的，从作为感叹词的"美"转到作为形容词的"美"是一个很大的转变。对于感叹词来说，

---

[1] P. M. S. Hacker, *Wittgenstein: Meaning and Mind*, part I, Oxford: Blackwell Publisher Ltd., 1993, p.89.

"美"是对表情和动作的部分替代,从喜爱的动作和表情直接转到语言的表达。但这一替代并没有就此完结。替代的第二步是一种词类的转换,用形容词替代感叹词。与"美"的感叹替代喜爱的动作相比,词类的转换是比较潜在的,不太显著,但它却是一个比较重要的步骤,错误主要发生在这一步。

当"美"这个字频繁的使用时,我们倾向于说,我们之所以发出"美"这样的赞叹一定是因为被赞叹的对象之中存在着一种共同的、刺激我们发生如此赞叹的性质,这种性质就是"美"的性质。从形式上看,"美"(beautiful)这个词是一个形容词,① 如果我们被这一形式所迷惑,没看出它的原初语境是感叹词,那么我们就会心安理得地认为这是对某种性质的描述,一定有一个名词是这个形容词的基础,由此就推论出有一个 beauty 的存在。但 beauty 基本不适用,beautiful(美的)才是一个频繁使用的词。在日常语言使用中,可以观察到的是,beautiful 可以与任何对象联结在一起,beauty 却往往是对人的描述。The beauty 只有在美学(正经八百儿的美学)中才指一种抽象的性质,被所有 beautiful 的东西所分享。此处之所以使用英文进行区分,是因为汉语里没有这么细致的区分,汉语里,"美"本身就有形容词的性质,但从词形上看,"美"又具有名词的形式,一词兼两职既有好处(汉语进行词义和词类澄清后可以直接使用,"美"看似名词,实际是形容词,而英语就没有这一便利),又有易于混淆的问题。在英语里 beautiful 可以一直保持着形容词的形式,但在现代汉语里我们会说,既然有一个"美的"东西,那么就一定有"美"存在。我们被引诱说,"美"不是一个形容词,而是一个名词,它的形容词"美的"是名词的修饰形式。其实"美"并不因它加了一个形容词词尾"的"而从形容词变为名词,它只不过确定了形容词词性而已。

---

① "美"(beautiful)、"好"(good)、"可爱"(lovely)、"美妙"(fine)这样的词维特根斯坦称之为"美学形容词"(aesthetic adjectives)。

第三步，从形容词向存在（名词）的转换，形而上学美学误解的诞生。

从词向存在的转换是一个巨大的转换，是错误产生的关键。但这一步骤是通过词类转换的形式完成的，即从形容词向名词的转换。形容词是一种对属性的确定，而名词则是对对象的确定，即对存在之物的确定。作为形容词的"美"与作为名词的"美"，在词形上是一体的，这一点在现代汉语中更显著，混淆也更易发生。

如果你想一下儿童如何学会"美""美妙"这些词，你会发现他大致把它当感叹词（"美"是一个很古怪的词，因为几乎用不到它）。维特根斯坦的观点是，我们只是在不知道该怎样表达感情的时候，才说美，美这个词实际上是感叹词，是"美"（beautiful），它不是描述词，不是对一个对象的描述，而是在面对一个对象的时候发出的一声感叹。但是词义总是会改变的，我们说着说着就把这个感叹词用成描述词了，并且把"美"这个形容词用作名词。面对一个作品时，我们油然而生一种激动的情感，我们想表达它，但一时找不到一个合适的词，我们就用一个很普遍的词"beautiful"，一旦我们懂得了怎样来描述一件作品，我们很少用"美"这样的大词来表达我们的感情。如果某人只会这样表达对艺术品的感觉，对任何一幅画、一首诗都说"好美啊"，而不会说别的，我们往往会认为他可能并不太懂艺术，一个懂艺术的人会说出这件作品到底哪儿美。但一般的观念会把这件事弄颠倒，认为对艺术品的理解就是把握到艺术之美，有了这个抽象之美，我们就理解了艺术，同时也理解了诸多艺术品。这样做无非是给一堆物品扣一顶大帽子，并认为给这顶帽子命名就把握住了帽子下面物品的实质。与此相类，我们也会说"beautiful"这个词很好，很合用。如此则错误丛生。

> 我们语言的一个特点就是一大堆在语境中使用的词都是形容词——"妙""可爱"等，但你知道这决不必要。你已经看到它们

首先用作感叹词,如果我们不说"这很可爱",而是笑着说"啊!"或者揉我的肚子,这是不是就不一样了呢?就原始语言而论,这些词是什么的问题,"它们真正的主语"的问题根本没有出现过。[①]

美作为一个感叹词不过是一种表现内在情感的方式,它并不表明这个情感是什么样的,当它转换为形容词和名词的时候,语言的使用就发生了变化,特别是当"美"成为名词,本来只有感叹的意义就转变为对某种存在物的肯定,通过名词这种用法,我们在语言使用中就假定有一种存在物(或形而上形式),美就是对这个存在物的描述。这样的语言使用驱使我们寻找这个存在物,它应该是所有我们能称之为美的东西的"真正的主语",它仿佛如神的光辉,流溢到每个美的东西上面去,现实的事物因为分享了这一光辉就呈现出美的形象来。

这种美学观念是传统形而上学观念,现代美学对此做出了严厉批判,认为这是本质主义作祟的表现;美不应该是一种抽象的本质,它应该与实际的审美感受结合在一起的,它应当存在于主体与客观之间。这种不彻底的二元论在面对后现代主义的攻讦时自然显得捉襟见肘,力不从心。毕竟本质主义的幽灵依然徘徊在这种二元论调之中。后现代主义对美学的彻底否定,其真正意图就是瓦解这种本质论,但是由于它同样把"美"当作一个存在来攻击,在语言使用中就不得不假定一种不在的存在物,这就使它的攻击成为寄生性[②]的论断。由于维特根斯坦同样对美学强烈质疑,因而被当作后现代主义的同路人,这是一个彻底的误解。实际上,维特根斯坦更有力地批判了本质主义美学观,从语言使用的层面上瓦解了对美的本质性寻求,而后现代主义只

[①] Wittgenstein, *Lectures and Conversations on Aesthetics, Psychology and Religious Belief*, Berkeley and Los Angeles: University of California Press, 1966, p.3.
[②] 所谓寄生性的论断,指的是必须先假定某种既有的观念的存在,再对这种观念进行瓦解和批判。它本身无法成为独立的论述,不具有建设性。

是一种经验上的怀疑论者而已,并不能真正达到彻底的瓦解。

四、"美"作为超级概念

从存在到普遍本质,语词在频繁地使用中仿佛不再仅仅是语词,而是通达隐匿之所的桥梁,当然,到达这一隐匿之所后,桥梁就不再有用处了,语言也可以被抛弃了。这种思路,特别契合中国古典文论中"得象而忘言""得意而忘象"的观念,因而它在中国愈发的流行就可以理解了。于是,我们倾向于认为,美不仅是一个能够描绘所有美的事物的词,它还具有一种简单的个性,这种简单的个性应该是所有美的事物都具有的。"它先于一切经验,必定贯穿一切经验;它自己却不可沾染任何经验的浑浊或不确——它倒必定是最纯粹的晶体。这种晶体却又不是作为抽象出现的,而是作为某种具体的东西,简直是最具体的,就像是世界上最坚实的东西。"[1] 早期维特根斯坦所追求的逻辑明证性就是如此这般的东西,它是语言最深的本性,日常语言完全遵从逻辑语言的规则和命令。这个最简单的东西不是真理的模型,而就是真理本身。[2] 维特根斯坦曾经以为他能够找到这种晶体般明澈的东西,它是世界的支柱,但随着思考的不断深入,维特根斯坦逐渐抛弃了这种观念,转向日常语言研究。"语言走多远,世界就走多远。"前期和后期维特根斯坦都会同意这句话,只是前期维特根斯坦会认为这个语言是逻辑语言,日常语言以逻辑语言为基础,而后期维特根斯坦会认为这个语言就是日常语言,日常语言才能与世界契合一致,不存在作为语言构架的逻辑语言。那种具体而又普遍得如实体般的逻辑语言只是一种哲学想象而已,是一种要被治疗的哲学假想——按照后期维特根斯坦的观点。超级概念就是对这类仿若实体般坚硬的概念的描述。

---

[1] 维特根斯坦:《哲学研究》,陈嘉映译,上海:上海人民出版社,2005年,第97条。
[2] Wittgenstein, *Tractatus Logico-Philosophicus*, London: Routledge & Kegan Paul Ltd., 1955, p.148.

之所以说某种概念是超级的，是因为它被假定为世界上最基础、最简单、最具构成能力的东西，世界是在几种或几组超级概念之上建立起来的，超级概念相互间形成超级秩序，构成整个世界的秩序。"我们有一种幻觉，好像我们的探索中特殊的、深刻的、对我们古典主义具有本质性的东西，在于试图抓住语言的无可与之相比的本质。那也就是句子、语词、推理、真理、经验等等概念之间的秩序。这种秩序是——可以说——超级概念之间的超级秩序。其实，只要'语言'、'经验'、'世界'这些词有用处，它们的用处一定像'桌子'、'灯'、'门'这些词一样卑微。"①

超级概念在《哲学研究》中出现得并不多，仅此一次而已，但它却是《哲学研究》中的一个关键思想。我们一般会以为维特根斯坦把美和伦理当作是不可说的东西，是神秘之物，这基本是一种误解。像其他超级概念一样，美不是要被解构的东西，也不是不可说的东西，②它只是一个超级概念，起着将诸多可能没有什么联系的东西聚合在一起的作用。超级概念本身就假定了一种似是而非的超级秩序，似乎这种秩序将超级概念之下的所有东西聚合在一起，但这种超级秩序到底是什么却难以说清楚，其中似乎有一种神秘感，这是美常常带给我们的感受。超级概念之间的超级秩序更是这样一种奇异的东西，它假定存在着语言无法触及的神秘感，我们倾向于说，存在某种超出语言的东西，这种东西起着绝对的支配作用，我们说出的语言根本无法穷尽其中的秘奥，甚至也无法触及其中的秘奥。无论这个秘奥是神灵的旨意，还是心灵的意象，语言都与它隔着一层。这样的观念就是传统形而上学美学观念，维特根斯坦要破解的正是这一超级概念中似乎隐藏

---

① 维特根斯坦：《哲学研究》，陈嘉映译，上海：上海人民出版社，2005 年，第 97 条。
② 无论是被当作解构的对象还是不可说之物，"美"都被假设为是存在的。维特根斯坦反对这种不彻底的观念，他从语言误用的层面上指出，"美"是一个超级概念，是不适当的、需要被诊治的东西，必须像治疗一种疾病一样将它清理干净。

的秘奥。他认为超级概念不能将我们引向存在,它只是一种误用,是错误的语言假定,在实际的使用中,它根本没有任何用处。如果有一个用处的话,就是告诉我们:美无法触及。这真是一个悖论:某个语词的出现是为了让我们能够顺畅的使用,比如"桌子""灯""门"这些词,而"美"这类词则告诉我们,它的出现除了指明我们无法触及它之外别无他用。我们在语言中假设了一个无法接触到的东西,这不是我们实际能力的限度,而是语词使用出现了问题。"你没有这个超级事实的范本,却被引诱去使用一个超级表达式。(我们可以称之为哲学的最高级)。"① 而这一超级表达式往往会让我们以为存在着一个对应的超级事实,其实不然。"美"这个超级表达式就是这样的一个引诱。"假如我倾向于认为老鼠是从破灰布和土灰里生出来的,那我就该仔细探究这些破布,看看老鼠怎样可以藏在里面,怎样可以钻到里面之类。但若我确信老鼠不可能从这些东西里生出来,那么这种探究也许就是多余的了。"②

五、小结:美作为艺术行动

维特根斯坦从语言分析的角度解构了传统本体论美学,并将自己的思考定位为哲学治疗,这是不是说维特根斯坦完全反对美学研究呢?也不是。他反对的是那种不经反思就使用超级概念的本体论思路,而主张一种我们可以姑且名之为行动美学的观念。维特根斯坦本人虽然没有明确地进行论述,但在其《美学讲演录》中,这一观念若隐若现。当然此处的行动美学不能在通常的生活实践的层面上来理解,而要从语言实践与行动实践相结合的意义上来把握。这样,就会放弃那种本体论式的大概念,转而关注语词的细致使用,这是一种语言实践,

---

① 维特根斯坦:《哲学研究》,陈嘉映译,上海:上海人民出版社,2005年,第192条。
② 同上书,第52条。

在美学中，也是一种艺术实践与艺术概念相结合的行动。

  假设你在街上遇到一个人，他告诉你他失去了最好的朋友，他的声音恰当地表达了他的心情。（某人……以一种克制的方式告诉你他失去了朋友。——里斯注）你说："他表达自己的方式太美了！"假设你接着问："我赞美这个人与我吃喜欢的香草冰激凌有什么相似之处？"把两者进行比较看来不讨人喜欢。（但你可以用间接的例子把两者联系起来。）假设某人说："这是两种不同的喜好。"你学过两种不同意义的"喜好"？在两种境况里我们用一个词。（但要注意，你用了相同的词，但不像用"bank"一样可以用同一词条表示两件事［如"河岸"和"银行"——里斯注］。——泰勒注）这些喜好之间有某种联系。虽然第一个例子中，我们的判断难以估量其中的喜好情绪。（虽然在第一个例子里喜好的手势或表述在某种程度上一点儿也不重要。——泰勒注）①

维特根斯坦的例子总是让人忍俊不禁，但细想却非常有道理。"喜好"——"美"的一个替代词——有多种，一种喜好是纯感官的，一种是纯形式的，这两种喜好有什么相同之处呢？它们有什么共同的本质呢？很难说。如果说有什么共同之处的话，不过是因为我们使用了一个共同的词"喜好"。② 如果我们就此为"喜好"也弄出一个共同的本质来，并认为存在一个能够引起喜好的隐匿之物，那么，除了创造另一个神秘之物就没有别的什么了。而这个神秘之物不过是一种超级

---

① Wittgenstein, *Lectures and Conversations on Aesthetics, Psychology and Religious Belief*, Berkeley and Los Angeles: University of California Press, 1966, p.12.
② 其实维特根斯坦所举的第一个例子具有很强的反讽性质，我们怎样能够对别人的痛苦视而不见，充耳不闻，却只关心它表达的方式？几乎不能。我们根本无法做到只关心语调，而不关心语词内容，当一个人对你说话的时候，只要他所用的语言不是完全听不懂的外语，怎么可能把他说话的内容与他说话的声音分开？

秩序，我们以为这种超级秩序能够起到将所有东西拢括在一处的作用，并将这种超级秩序制造成一个超级概念，以此表明存在一种极其特殊的本质，其特殊之处在于能将自身分散到所有具体的东西中去，我们将这种特殊之处命名为普遍性。这种形而上学思路除了使问题混淆起来没有任何别的用处。在维特根斯坦看来，这种形而上学思路不过是一种语词的误用，而他的工作，就是诊治这一误用，重新澄清语词的用法，并清除形而上学给我们带来的混淆。

以上所说都是一些防御性的观念，维特根斯坦的工作的确大多着力于此，但说维特根斯坦的思想只有解构，没有建设性是不合适的。至少，从维特根斯坦的思想出发，如果我们能够将错误的用法清除出去，新的广阔天地就展现出来了。所以，维特根斯坦对美学的建设性意见就在其语词澄清之中，这就是与语词使用结合在一起的行动。

在维特根斯坦看来，我们不能大而化之地谈论什么是美学，并为美学创造一种宏大的体系，且以此说明我们为什么能产生审美感觉。我们应该深入到不同类型的审美判断中去，在艺术判断活动中谈论问题，这时，美不美的问题根本不出现，真正要关注的是在艺术活动中具体的鉴别方式。

  一个颇具服饰品味的人在裁缝那儿试衣服，他说什么呢？"长度正好""太短了""太窄了"。不需要说赞同的话，虽然衣服合适让他看起来很高兴。我不说"太短了"而会说"看"，不说"对"而会说"就这样吧"。好裁缝可能一句话也不说，就是拿笔一划，然后改一下。我怎样表现我对衣服的喜爱呢？就是经常穿它，看到它时喜欢它，等等。①

---

① Wittgenstein, *Lectures and Conversations on Aesthetics, Psychology and Religious Belief*, Berkeley and Los Angeles: University of California Press, 1966, p.5.

在具体的鉴别判断中，语词只是确定这一的判断的代替品，真正的艺术判断不是不时地发出美的感叹，而是在行动中展现出真正的艺术趣味。

> 一旦我们做出一个审美判断，我们不是呆看着一个东西说，"啊，妙极了！"我们把两种人区分开：知道自己讨论什么东西的人和不知道自己讨论什么东西的人。一个人必须懂英文，才能赞美英文诗。假如一个俄国人不懂英文，但是被一首公认为佳作的十四行诗所倾倒，我们会说他根本未得其精要。同样，如果一个人不懂韵律但又为之折服，我们就说他根本是门外谈禅。音乐中就更明显了，假设一个赞美音乐并陶醉在公认为佳作的音乐中，但却记不得最简单的调子，不知道低音部何时响起，等等，我们就说他其实没懂。①

对具体艺术品的判断是遵循着艺术规则的，只是这些艺术规则不是一二三摆出来的条条框框，而是深藏于具体的艺术判断之中，一旦我们希望通过考究把这些规则总结出来，总有一些规则逃出这种规则总结，而逃出的部分却是艺术规则中最核心的部分，它就是与艺术判断行动结合在一起的，对艺术规则的自然遵循，而不是有意遵循。从具体的艺术判断中展现出来什么，艺术规则就展现出什么。简单地说，以具体的艺术判断行动来遵守规则远远比语言表述规则更根本，更重要。这就是维特根斯坦的美作为艺术行动的意义。

---

① Wittgenstein, *Lectures and Conversations on Aesthetics, Psychology and Religious Belief*, Berkeley and Los Angeles: University of California Press, 1966, p.6.

第二章 私有语言命题与内在心灵
——维特根斯坦对内在论美学的批判

内在论美学认为内在心灵是艺术的本源,内在心灵有一种内在的思想,它有与之相适应的内在语言,要想被他人理解必须翻译为公共语言,在翻译的过程中产生各种思想的遗失,所以对其进行把握是困难的,甚至是不可能的。维特根斯坦提出"私有语言"命题是为了反对上述的本体论误解。如果我们认为存在私有语言,那么就是在强调首先确定内在感觉,然后再找到表达的语言,如此一来,语言到底能否完全准确地表述思想就成了疑问。只有破除这种本体论迷雾,清除推论过程的神秘性,才能寻找到美学建设的真正道路。

一、内在心灵世界的形而上假设

一般的文学观念总认为文学是内在心灵的倾吐,我们在心灵中体验到一种特别的审美情感,这种情感或激昂,或悲痛,或温婉,或沉郁。它潜藏、转折、压抑、冲撞,寻找喷发的突破口,最终,这个契机找到了,伴随着语词,它喷涌而出,百转千折,形成诸般文学的样态。这就是文学产生的过程,其中蕴涵着文学的本性。

在这一形而上学观念的阐发中,文学成为以语言为载体的内在情感的表述。内在情感在心灵中被塑造出来,它完满充实,具有无法替代的完整性,一旦通过语言把它表达出来,这一完整性就会丧失,变得残缺不全。由此,语言既是内在情感抒发的桥梁,又是一种阻碍,语言与内在情感之间就形成了既依存又排斥的矛盾关系,但内在情感的完整性却是无可置疑的,它在内心中成型,无须语言,寂然存在。

  茨威格的小说《象棋故事》讲述了一段颇为神奇的遭遇,可以从文学的角度为上述观点提供佐证。一个奥地利人,忠诚的皇室保卫者,被关进纳粹的监狱。纳粹怀疑他掌握着奥地利皇室巨大财富的秘密,想通过特殊的审讯手段逼迫他吐露实情。这种方式是骇人听闻的:他被关在单独的牢房里,没有任何人跟他说话,时间一长,这种无言的压迫比任何酷刑都要有效,他迫切地希望与别人交流,说任何话都行。在他快要坚持不住的时候,由于偶然的机缘,他获得了一本棋谱,通过与心灵中的对手下象棋,他获得了清晰的理智和坚定的意志,甚至赢得了纳粹军官的尊敬。但是好景不长,象棋书中记载的棋局是有限的,他必须自己发明新的棋局来保持理智的清明,因而,他铤而走险,把自己当作对手,将自己的头脑分成两个独立的部分,这种自我的格斗最终导致了理智的崩溃,他在癫狂中依然高喊着进行自我对弈。

  茨威格的《象棋故事》似乎在主张我们能够在内心中进行自我对话,一个"我"可以与另一个"我"说话,甚至可以把它当作对手进行对抗。这种自我对话真的可能存在吗?① 从小说来看,这种可能性是存在的,而一旦这种可能性转变为现实,自我对话者在现实的对话活动中就会成为顶级的高手。那个奥地利人通过一年多的自我对话,从一个平庸的业余棋手急剧蜕变,竟然能够击败世界象棋冠军,真是一个奇迹。但小说毕竟是小说,它与现实情况可能完全不同。

  此处并不想从现实的角度反驳自我对话的存在,而是关心故事的潜在预设:即我们先在内心中想清楚,然后用语言表述出来,语言是运送内心思想的载体。这就是前面提到的那个文学观念,也是一个传统的经典假设。如今,这一观念已经渗透到生活中的各个方面,无所不在。我们自然而然地倾向于认为先有内在自我的思考,然后才会有

---

① 王峰:《自我对话的悖论——茨威格〈象棋故事〉的一种解析》,《上海师范大学学报》2007年第6期。

言辞的表述。

这一观念不仅表现在小说创作中,还表现在可名之为内在论美学的观念中。所谓内在论美学,在中国语境中可称之为艺术心理学,即强调内在审美心灵是艺术的本源。之所以不使用艺术心理学这一名称,是因为它更强调艺术与心理学的亲缘关系,而此处只是着力批判艺术心理学的哲学美学基础,即内在心灵(或内在情感)本质观的错谬。内在论美学这一名称显得更集中,更有的放矢。

在弗洛伊德的艺术观念中,可以看到最明确的内在论美学质素,他的观念也是维特根斯坦所着力批判的。弗洛伊德说,

> 我注意到,在许多以"心理小说"闻名的作品中,只有一个人物——仍然是主角——是从内部来描写的。作者仿佛是坐在主人公的大脑里,而对其余人物都是从外部来观察的。总的说来,心理小说的特殊性质无疑由现代作家的一种倾向所造成:作家用自我观察的方法将他的"自我"分裂成许多"部分的自我",结果就使他自己精神生活中冲突的思想在几个主角身上得到体现。[①]

这一观念从实际生活中也可以发现很多佐证。我们经常会遇到这样的情况:在困难的时候跟自己说,一定要坚持住,不能气馁,为了让自己听见,甚至念念有词,乃至大喊。电影里英雄人物拯救人类的最关键时刻,也总是不断地在嘟囔些让观众紧张的话。我们做错事情的时候,也仿佛听到自己谴责自己,也仿佛听到别人在自己的背后指指点点。见某个关键人物之前,为了不要说错话,先在心里默默练习要说的话。

这些都是我们的经验,凭借这些经验,我们认为一个人总是在内

[①] 弗洛伊德:《作家与白日梦》,《弗洛伊德心理学与西方文学》,包华富等编译,长沙:湖南文艺出版社,1986年,第141—142页。

心中想清楚了，然后才告诉别人。如果我们没有想清楚，怎么能够把内心的想法告诉别人呢？这个疑问显得如此自然，在某种意义上①，这种观点是有道理的。当某个人表达含糊不清的时候，我们总是批评他没有想清楚，只有想清楚才能说清楚。这是对的。那么"想清楚"指的是什么呢？是自言自语，不出声音吗？一般情况下，人们认为是这样的。

但我们是怎样"想"，凭什么来"想清楚"的呢？人们倾向于认为，我们在心里凭借语言把问题和想法理清楚，然后再将它说出来，告诉别人。同时，我们也意识到，将内心的想法完整地说出来是很困难的，唯患辞之不达，所以，我们愿意说心灵是丰富的，语言与心灵相比总是苍白无力的，语言无法表达心灵。中国古代早就有言象意的争论，言不尽象、象不尽意的观点更有支配力。但这一观点必须受到语言哲学的批判和检验。

二、内在心灵与私有语言命题

"人的精神世界作为主体，是一个独立的，无比丰富的神秘世界，它是另一个自然，另一个宇宙。我们可称之为内自然，内宇宙，或者称为第二自然，第二宇宙。因此，可以说，历史就是两个宇宙互相结合、互相作用、互相补充的交叉运动过程。精神主体的内宇宙运动，与外宇宙一样，也有自己的导向，自己的形式，自己的矢量，（不仅是标量），自己的历史。"②1980年代的刘再复如是说。这样的观点，代表了1980年代文艺理论界的新探索，也深深地打上了时代的烙印：反驳机械的唯物质主义文艺观，高扬主体的地位，提高主体的主宰力，强调内在的精神世界的独特性和自由性。但它同样带来了难以解决的问题——语言的

---

① "某种意义上"指的是我们日常使用的意义上。
② 刘再复：《论文学的主体性》，《文学主体性论争集》，北京：红旗出版社，1986年，第5页。

桥梁作用是自明的，内在世界向外在世界的转换成为意识的任务，而意识如何完成这一转换也成为巨大的难题。这一难题在中国八九十年代还未动摇其理论根基，因为语言转向还没有获得普遍共识。1990年代后期以来，西方的语言转向观念在中国渐渐获得支持者之后，语言再也不是不言自明、默会于心的了。语言作为沟通内在世界与外在世界的桥梁地位渐渐变得可疑起来——不是质疑其可能性，而是质疑其机制。

如果我们内心真的有一个独特的世界的话，那么如何将这一世界与别人分享？这个问题乍一听有些奇怪，因为在一般想法里，我们天然就知道自己的内在世界，为什么还要谈论其确定性的问题呢？这个问题从一个颠倒过来的角度来提问也许会更合理些——我们怎样确定内在世界就是如此的，我们能说出这个内在的世界吗？没有外在世界的语言，我们怎样言说这个内在的世界？

这是一个难题，但也有应对之举，早就有人提出内在世界同样有它的语言，这种语言是独特的，只为持有这一语言的个体所理解，别人无法理解，要想让别人理解，必须将其翻译为公共语言。奥古斯丁式的语言略作推衍就可以得出如此结论。① 现代语言学家平克（Pinker）也持这种观念。他提出，存在一种内在语言（mentalese）②，我们先用mentalese思考，然后再把它表述出来，表述就是一种翻译。③

这样一来，我们就得思考相应的问题：这种内在语言能理解吗？从内在语言到外在的公共语言的转换是一种翻译吗？如果它是一种翻译的话，有什么标准来衡量这一翻译的准确性？

---

① 参见维特根斯坦：《哲学研究》，陈嘉映译，上海：上海人民出版社，2005年，第1条。
② 也就是维特根斯坦所说的私有语言。简单地说，私有语言命题就是假定存在一种内在的意识语言，它有自己的语言形式，不能完整地翻译为外在的公共语言，只能被持有者自己理解。这一假定的主要推论是，他人不能理解我，我也不能理解他人，即他人之心不可知。
③ Steven Pinker, *The Language Instinct*, Harper Collins, 1995, pp.44–74.

维特根斯坦强烈批判这种观念。他提出"私有语言"① 这一命题来破解其中的重重迷雾。在此之前,人们并没有意识到有一种内在的私有语言的存在,但维特根斯坦指出,如果我们认定语言是内在之意的表达的话,那么我们就是在假定一种内在的私有语言,它与我们心中的思想和谐一致,充分地把握了内心之思的所有内涵,这一语言只为我们自己所享有,别人无法完全理解和把握到。②

按照维特根斯坦的思路,内在的私有语言指的不是我们在说出一些话的时候总是先在心里想一下。我们在遇到比较复杂的问题,一时说不清楚的时候,总是先在心中权衡一番,理出个头绪后再说出来。这并不是私有语言。私有语言指的是我们拥有一种独特的意识语言,这种意识语言专门为了表达内心的想法而设计,它与内心想法直接一致,它就是我们自己对自己说的话。但这种语言不同于日常语言,日常语言是一个外部的平台,私有语言却只是为自己而存在,只有自己能理解。要想让别人理解自己之内心所想,必须把这种内在语言翻译为外在的公共语言,但这种翻译无论如何都是不完全的,会出现各种遗失,这就造成了意在言先、言不尽意的情况。

从日常语言使用的角度,我们的确先在内心中思考一番然后再说出来,这种经验每个人都有;但假如由此推论语言与思考的关系就是如此这般的话,却是将个体的经验上升为形而上学的假定了。这种上升的过程是这样的:个体经验(心中默想,然后表达)→设想他人经验(一个类比:心中默想,然后表达)→形而上学假定(先有思想,再有表述,语言是载体)。这一上升过程乍看是合情合理的:从时间顺序上看,默想在表达之前,思想就应该在语言表述之前,这是一一对

---

① 一般认为维特根斯坦对私有语言命题的论述集中在《哲学研究》第一部分 243 — 315 节,但其前后的一些部分也与此命题有关。
② 参见 Hacker, *Wittgenstein: Meaning and Mind* (part I: essays), Oxford and Cambridge: Blackwell, 1993, pp.1-2。

应的。然而这种看似合理的一一对应关系却是虚设。前一观念是经验观察，而后一观念关涉到整体的哲学观念，在单个经验中，我们可以只观察一个过程，而把其他制约因素忽略掉，但整体的哲学观念却不能如此，它必须全面地考虑到各种制约因素。单个经验中忽略掉的东西必须得到充分思考，这样，就不能简单地把单个经验的观察过程与形而上观念进行简单的一一对应。

三、私有语言（内在心灵）的翻译误区

如果私有语言为个体心灵所独享，那么这一私有语言向外在的公共语言的转换就需要进行翻译。但我们也知道，这种翻译是很特殊的一种翻译。它假定，翻译者掌握私有语言，也掌握公共语言，就像一个中英文翻译者需要同时懂得中文和英文两种语言一样；而内心的私有语言只为个人所掌握，所以必须将内在语言翻译为外在语言。这样的推论乍听起来很有道理，但仔细想想却疑惑丛生。此处的"翻译"指的是从内向外翻译，而不是从外向内译，因为我们相信，我们是先在内心里想明白，然后再说出来的。我们假定已经先用私有语言想清楚了，剩下的问题就是把这个语言转换为外在的公共语言。

平时我们说起翻译的时候，基本上指的不是上面的翻译，而是从一种语言转换为另一种语言，比如从英文转换为汉语，或从汉语转换为英语。这才是翻译的原型。两种语言都是实际存在的，不同族群使用着它们。私有语言的翻译不过是翻译的比附。一旦使用了这个比附，就不可避免地承接了翻译原型的所有内涵，这让我们不自觉地假定私有语言与公共语言的区别就像英语和汉语的区别一样实在，毋需置疑。

如果内在语言与外在的公共语言之间存在着翻译，那么这种翻译就是一种最奇怪的翻译。我们所说的翻译是一种转述行为，翻译的桥梁是掌握两种不同语言的个体。但是内在语言和外在的公共语言之间

的"翻译"却不同：它是一个个体内部的交流①，是个体把内在的语言用公共语言展现出来。这一翻译过程在个体内部完成。不得不说，这是一个奇异的过程，为了使这个过程不至于太过怪异，我们只好假设这是翻译过程的一半儿，实际的翻译过程是由两个不同的个体共同完成的。两个个体各有各的内在语言，公共语言是两种内在语言的桥梁。某人 A 具有内在语言 A'，某人 B 具有内在语言 B'，A' 与 B' 要想沟通必须通过公共语言 C，A 将 A' 翻译为公共语言 C，B 接受了公共语言 C 的表达（间接地接收了 A' 的意思），再把 C 翻译为 B'，最后 B 理解了 A 的意思。通过这一过程的设计，我们就建立起了不同个体间交流的模型，但我们看到，这里就存在两重障碍：A' 向 C 的转述，C 向 B' 的转述，每一次转述都会产生遗失，那么 B 理解了 A 吗？我们不知道。更麻烦的不是意思遗失了到底有多少，而是，这种遗失依然是一种假定，我们无法判断每一次转述到底是正确的还是有遗失的，因为没有标准。当 A' 转述为 C 的时候，假如我们问这次转述正确吗？怎样判断？无法回答。我们不能知道 A' 到底是什么样的，只有 A 本人知道，同样只有 B 知道 B'，所以我们（作为旁人）无法判断 C 是否完好地翻译了 A' 和 B'。② 所以，从根本上说，我们无法理解他人，他人之心不可知。③ 这是一个多么悲

---

① 按照维特根斯坦的语言分析方法，我们就可以看出，这个句式本身就很奇怪。个体内部的交流？交流本来是不同个体间的事情，现在怎么把它移用到个体内部来了？维特根斯坦会说，看，这就是语言的误用。

② 当然维特根斯坦在此处指出的是"知道"这个词用错了，我们不能把"知道"用在内心意思上，知道指的就是在公共平台上交换相互的想法，在公共平台上知道他人的想法。当我们说我们知道自己怎样想的时候，这句话不是有格外的深意，而是没有意义，因为"知道"这个词在此处用错了。

③《齐物论》中有一段话说明了庄子对此"标准"的思考，与上面的思考形成奇妙的呼应。"既使我与若辩矣，若胜我，我不若胜，若果是也？我果非也邪？我胜若，若不吾胜，我果是也？而果非也邪？其或是也，其或非也邪？其俱是也，其俱非也邪？我与若不能相知也。则人固受其黮闇，吾谁使正之？使同乎若者正之？既与若同矣，恶能正之！使同乎我者正之？既同乎我矣，恶能正之！使异乎我与若者正之？既异乎我与若矣，恶能正之！使同乎我与若者正之？既同乎我与若矣，恶能正之！然则我与若与人俱不能相知也，而待彼也邪？"（《庄子·齐物论》）

伤的断言啊，如此符合文学家的想象。在文学作品中，这一断言也许能够引发某种伤感情绪，但在哲学中，这个判断却毫无意义，只会引发混乱。

四、内在感觉的不确定性

我们时常以为，人的情绪是复杂多变的，语言总是跟不上情绪变化的节奏。意识流小说努力复现这一复杂多变的样态。在福克纳的笔下，白痴儿的情绪变化既快速又无逻辑，我们认为这几乎复现了白痴儿的思维特征。如果我们处于对小说世界的天真信任中，无疑会认为这么想是对的，但是不幸，我们，特别是现代的读者，不再天真，已具有大量的阅读经验，不会轻易被拉进小说的世界，因而形成了天真阅读与审视阅读之间的张力。利用读者的天真是一种令真正的小说家羞耻的行为。现代小说的作家们也有意识地提醒读者与小说世界保持距离，它并非就是日常生活世界，不是生活的折射，而是一种"幻想的诗学"。

我们能够在小说中塑造一个新世界，也能够在这个新世界中体会到以前也许不曾体会过的喜怒哀乐，同样，这个世界中发生的故事也帮助我们判断现实世界中的事件。这并不是新鲜的见解。但维特根斯坦的想法并不止于此，他提醒我们，无论内在感觉为何，如果没有外在的语词的参与，这个感觉到底是什么样的，我们根本不知道。

如果我们相信私有语言是对内在感觉的描述，那么，这是一种什么样的描述呢？外在语言描述的是客观对象及其关联，那么内在语言描述的就是内在感觉吗？乍看这个比附，仿佛是在架起了内在感觉与外在描述之间的桥梁，描述是两者之间的关联。沿着这样的路径，我们就会问到底是怎样进行描述的，在描述的时候发生了什么，仿佛在描述的时候有某种事实发生了。但在维特根斯坦看来，这只是语言带给我们的假象：不是事实引发我们的语言，而是语言误用带着我们假定了错误的事实。此处的语言误用就是把"描述"一词用在了内在感觉上。我们说语言描述对象，描述内心，仿佛是说这样一个顺序：首先确立对象，或内心的某种情绪，把它固定下来，然后找到合适的词儿盖在它上面。这是描述。如果描述具有如此本体论的意义，那么它恰恰是维特根斯坦所反对的，他把这种定义称为指称论。指称论的最大问题是忽略语言在确定对象中的本体地位，没有语言的参与根本无法确定对象，所以维特根斯坦主张语言游戏观，对象不再具有基石的作用，而是转变为语言游戏中的样本（sample），语言也不再是在"对象"（object）这个基石上产生的，而是在与样本的游戏中固定下来的。这样，带着样本的语言游戏就构成了语言的本性。[1] 外在对象尚且如此，内在感觉更不必说。如果我们认为不依靠语言就能确定内心的某个感觉，那么到底怎样确定它呢？是有一双内心之眼紧紧地盯着它吗？然而用什么方式让这个感觉保持不变，以便迅速地找到一个词为它命名？如果一个感觉还没有一个名称，我们是否能为它发明一个名称？别人怎样识别这个名称对应的是哪种感觉？

如果我们认为先有一个感觉，然后再有一个名称把它描述出来，上面的问题就不可回避，而且还有一个更麻烦的问题：这个名称能够适当地描述这个感觉吗？

我们来看如何确定一个内在感觉。在《哲学研究》第258条中，维特根斯坦提出了如何确定一个内在感觉的问题，假设我们将符号 E 与一个内心里反复出现的感觉联系起来，应该用什么办法联系？是将 E 指派给这个反复出现的感觉吗？怎样指派这个符号？一般我们会习惯性地回答，我们可以将注意力内在地集中于这个感觉上面，这就仿佛将这个感觉固定下来了，然后将 E 与这个感觉联系起来。但这一做

---

[1] 详见维特根斯坦：《哲学研究》，陈嘉映译，上海：上海人民出版社，2005年，第4、8条；同时参见 Baker & Hacker, *Wittgenstein: Meaning and Understanding (essays)*, Oxford: Blackwell Publishers, 1983, pp.97-102。

法却是可疑的:

（一）如果真有相同的感觉出现，那么它必须反复出现，并且能够被我们当作同一个感觉来看。我们真的能够识别这个反复出现的感觉吗？或者把这个问题变化一下会更清楚，我们怎么能够把不断出现的感觉认作同一个感觉？这将引出下面的问题。

（二）如果这个感觉反复出现，我们还得把这些感觉系列记住才行，只有记住了这些感觉系列，我们才能确定这些感觉实际上是同一个感觉。那么如何正确地记住它又成了问题，而判定是否正确的标准在此基本是失效的，因为此时这种感觉尚未被定义为"E"。如果正确与否只有感觉者个体才清楚，那就与正确无关了，因为每个感觉者都会认为自己"正确地"记住了这个感觉。"正确"这个词不是无所不包，就是完全无用。我们对感觉的反复出现的确定也变得极端随意，毫无必要。

（三）上面的思路中，假定了单一感觉的真实性，假定了我们先有一个个的单一感觉，然后再有感觉的复合和综合，那么如何确定一个单一感觉就成为至关重要的事情。从单一到复合，从简单到复杂，这是一个预设的基础主义思路。如果单一感觉是确定的，那么我们就会问，如何确定这个单一的感觉呢？是像盯着一个苹果一样盯着它吗？为了进行确定，我们往往会预设内在的注意力，要想正确地确认这个感觉，我们必须得集中注意力在这个感觉上面，以便我们能够记住它。但多强烈的注意力才是必需的？有什么标准没有？在《意义诠释与未来时间维度》一书中，我曾经相信，必须有内在注意力的存在才能保障感觉的真实，但是不可避免的是，这一真实最后必须诉诸相信，即相信自己的注意力集中于其上的感觉是存在的，除此别无他法。除了相信它（注意力足够集中）以外，我们就找不到最终确信的基点。[①]然而，所有的内在确信都是不可靠的，因为我们还可以继续追问，你

[①] 王峰:《意义诠释与未来时间维度》，上海:上海人民出版社，2007年。

如何确信你的确信？这样的思考路线几乎是一个死胡同儿。维特根斯坦从一个奇妙的角度告诉我们："我们在这时有什么根据把 E 称作某种感觉（feeling）的名称？根据也许是在这个语言游戏中使用这个符号的方式方法。——为什么说它是一种'特定的感觉'，即每次都一样的感觉呢？是啊，我们已经假设好了我们每次写的都是 E 啊。"①

这段话颇有破坏力，一下子把我们从确信和信仰的泥淖中拉出来。维特根斯坦提醒我们一个滑稽的事实：你怎么知道你的感觉一定是这个感觉，而不是别的？如果没有一个符号 E，我怎么知道有一个感觉 E？比如我们学习一种嶙峋的感觉，你是心中先有一种嶙峋感，这种感觉与其他感觉完全不同，接着产生了一个要把它表述出来的欲望，并用一个词"嶙峋"为它命名吗？当然不是！如果没有"嶙峋"这个词，并且不断把它放在各种语境中使用，我们不会把内心的某种感觉跟这个词对应上。

五、区分内在心灵与外在世界的谬误

我们怎样把感觉拿出来的？就像拿出一块石头？

一旦我们认为感觉是内在的，只有个体自己独享，这个问题必然不可避免地冒出来。我们一般会设想内在感觉就像外在的石头、树木一样，是能够确定下来的东西。我们能够认识内心，就像我们能够认识外物一样。在极端的内在论者那里，内在感觉甚至比石头、树木等外物还要确定，因为它离我们的内心更近，而外物要经过感官的接触，受到种种现实因素的影响，很可能是变形的、不准确的，心中之物没有这段感觉上的距离，它就更纯粹，更准确。

这一观念有两种主要表现方式。一种是强调直观的纯粹性，这是

---

① 维特根斯坦：《哲学研究》，陈嘉映译，上海：上海人民出版社，2005 年，第 270 条。

康德的思路。他认为若无纯粹直观，就没有真正知识的产生。推而广之，我们总是能够对自己内在的感觉状态进行直观的，这种直观是纯粹的、独立的，正是在意识中，对单一感觉状态的直观才得以可能。

还有一种是现象学的思路，即意识对一种感觉的观照过后，反省活动会将这一意识观照固定下来。詹姆斯在《心理学原理》一书中提到，布伦塔诺（胡塞尔的老师）强调感觉的直接感受（immediate feltness of a feeling）和由其后的反省活动而产生的对它的知觉之间的区别。詹姆斯非常同意这种区别，他认为心理学家必须具备这两种能力。① 但是我们看看什么是 immediate feltness of a feeling，好像这里已经是一个直接的感觉行动（feel action），其实不然，这个句式本身已经是一种反思之后产生的分裂—复合。你如何去感觉（feel）你自己的感觉（feeling）？好像感觉（feel）之后，这个感觉（feeling）就停滞了，然后有一个，另一个自我（self）看着这个感觉，又运用这个自我的感觉（feeling）来感觉（feel）前一个停滞下来的感觉（feltness），然后再对这一固定下来的感觉进行反思。这是语言在自己打转转！詹姆斯是美国重要的心理学家，他是维特根斯坦最喜欢批判的思想家之一。

上述两种思路最重要的缺陷是混淆了私有感觉（private feeling）和个人感觉（personal feeling）的区别。我们平常会认为，感觉就是个人的，私有的。"个人的感觉"与"私有的感觉"是画等号的，两者可以相互推导。这种观点似是而非。"感觉是个人的"不等于"感觉是私有的"。维特根斯坦同意"个人的感觉"，反对"私有的感觉"，其中的关键在于"个人感觉"可以个人独享，也可以说出来被他人分享；而"私有的感觉"却只能自己独享，他人根本无从理解。前一个概念在实践的心理学层面上有意义，而后一个却是形而上学的误用，是需要被诊治的东西。两者之间不是同一关系。

---

① 参见威廉·詹姆斯《心理学原理》，田平译，北京：中国城市出版社，2003年，第267页。

为了加强这个区别,维特根斯坦在《哲学研究》第248条中特别指出,"感觉是私有的"这个命题可以和"单人纸牌是一个人玩的"相比较。两者相比较不是说两者是一样的,恰恰相反,这两个命题的表面相似性让我们混淆了它们在实质上的差别。"感觉是私有的"这个命题强调内在的确定是最真实的确定。而单人纸牌游戏则是一个公共的游戏私下里玩。如果将两者混淆,就会将我们心中的一闪念快于语言表述这一现象当作内在思想先于语言表述这一形而上学判定,这是一个错误的转换,也是维特根斯坦极力反对的东西。

"感觉是私有的"就像在说,我们可以为自己一次性地建立一个规则,别人都不懂这个规则,只有自己懂得。维特根斯坦指出,我们不能一个人一次性地遵守一条规则。所谓规则,就是公共的,为很多人订立的东西。它必须具有三个特点:一是群体性,二是重复性,三是约束性。三个特点同时具备才能构成规则。如果没有其他人参与,只是一个人在重复一个行动,这不叫遵守规则。如果没有重复的行为,也不能算作规则。当然约束性就是规则这个概念本身内蕴的,规则本身就具有约束的力量,如果一些人只是偶然地重复行为,也不可能形成规则。当然,一个人可以在私下里遵守一条规则,私下里遵守一条规则不等于遵守一条私人规则。私人规则好像是一个人为自己制定的,而私下里遵守一条规则却是在公共领域中形成的。两者有天壤之别。还有一点要说明的是,规则不是像交通法规一样的东西,而是深藏在人的行为中,我们在遵守规则的时候从不需要明确意识到它,"我遵从规则时并不选择。我盲目地遵从规则"[1]。所以"感觉是私有的"这个违反规则的命题完全是错误的。

当我们把感觉当作完全私有之物的时候,我们就在强调一种内在的感觉确定过程(我们会在后面的分析中看到这种内在的感觉确定过

---

[1] 维特根斯坦:《哲学研究》,陈嘉映译,上海:上海人民出版社,2005年,第219条。

程是多么可疑)。我们依靠一种内在的力量确定一个感觉，然后寻找到一个词为这个内在的感觉命名。但如何确定这个感觉不变化？它如何能够像一块石头一样立在那里等待命名？我们的感觉石化了，但我们的感觉还继续着——这是一种多么滑稽的情形啊。这完全是"对象与名称"相符合的模型，即指称论的概念观。维特根斯坦举过一个著名的例子来说明这一概念观念的悖论性质。"假设每个人都有一个盒子，里面装着我们称之为'甲虫'的东西。谁都不许看别人的盒子；每个人都说，他只是通过看他的甲虫知道什么是甲虫的。——在这种情况下，很可能每个人的盒子里装着不一样的东西。甚至可以设想这样一个东西在不断变化。——但这些人的'甲虫'一词这里还有用途吗？……如果我们根据'对象和名称'的模型来构造感觉表达式的语法，那么对象就因为不相干而不在考虑之列。"[1]

我们通常认为审美情感是一种内在的感觉，我们在内心中体会到这种情感，并把它抒发出来。从经验的层面上说，这是对的。然而，这种观念却主要不是在经验层面上表述的，它往往上升为一种本体论层面的描述，将审美情感当作最原初、最基础的东西来对待，而语言与审美经验的关系就是描述与被描述的关系。这样一来，语言成了审美经验的表述工具。这就是"对象和名称相符合"这一模型的移用。如果我们真的如此认为，就需要好好想想维特根斯坦的甲虫了。这个甲虫当然只是一个比喻，它不是一个像石头、树木一样的物质性的东西，而是在内心中成型的东西，比如审美情感、内在之意，等等。我们怎么知道别人盒子里的甲虫（审美经验）是什么样的？也许只能依靠猜测，而猜测还是有所根据的，这个根据就是看看自己盒子里的甲虫（审美经验），然而别人盒子里的甲虫（审美经验）到底是什么还不得而知，因为它很可能是不断变化的，而且也可能是根本就与我们自

---

[1] 维特根斯坦：《哲学研究》，陈嘉映译，上海：上海人民出版社，2005年，第293条。

己的甲虫（审美经验）完全不同。那么我们怎样比较自己的甲虫与别人的甲虫（审美经验）呢？无法比较，如果按照对象和名称这一模型的话。我们无法确定自己与别人甲虫（审美经验）的一致或相近之处，除了共用"甲虫（审美经验）"这一符号之外，如此，"对象就因为不相干而不在考虑之列"。这是一个多么有趣的悖论啊！我们假设了名称描述对象，但最后对象却毫不相干，只要操练名称就可以了。但这样一来名称也失去了约束力，没有了着力点，真的成了"能指的游戏"了。我们习惯于说，"我"的情绪变化得很快，像一条永不停息的大河，是一种情绪"流"；"我"的思考总是不断在进行，没有停息，像一个"过程"。这好像是在肯定内在的情绪和思考，但倒过来想一下，所谓的"流""过程"不都是从现实的水流和操作过程中借用来的吗？我们只有把内心的情感比附为现实的东西才能真正理解它们。由此显露的已经不是使用方法的问题，而是语言使用的本性。就像维特根斯坦问的那样："一个人可以充满情感或毫无情感地唱歌，那么为什么不把歌儿省略掉？——你还能有感情吗？"① 对这么一个浅显的问题，我们都会回答，没有。所以对于情感和语言的关系，恰当的说法是，情感既不是语词的基础，语言也不是情感的基础，情感只有在语言的使用中才得以展现。

　　从反面来讲，如果每个人心中都有一个意，而他表达得又不完整，别人同样表达得不完整，那么我们如何理解别人的心中所想？我们与他人之间的公渡性在哪里？我们难道只能模模糊糊地理解吗？还是说我们根本就不能理解他人？如果根本就不理解，我们怎么又能在生活中实际地理解对方？如果在日常生活中的交流都是无理解的交流的话，那么我们在日常生活中所提到理解不过就是一个个骗局，我们实际上根本没有理解别人，只是假装在理解，根本不存在任何理解。但是，

---

① Wittgenstein, *Lectures and Conversations on Aesthetics, Psychology and Religious Belief*, Berkeley and Los Angeles: University of California Press, 1966, p.29.

当我们说"没有任何理解发生,一切都是骗局"的时候,骗局这个词就丧失了它的含义。

六、一个诊治:去除神秘主义

如果说维特根斯坦本人存在一个美学倾向的话,那么这个美学倾向既不是肯定性的,也不是否定性的,① 而应该称作诊治性的。"你的哲学目标是什么?——给苍蝇指出飞出捕蝇瓶的出路。"②

维特根斯坦说,我们日常用法是正确的,但哲学家是错误的,因为日常语言使用者只是在语言使用的层面上理解语言,但哲学家却认为这只是对语言的片面理解,所以力图把所有语言现象贯通起来,贯通的办法就是为语言使用设定一个语言本体,用这个语言本体来解释各种语言使用。维特根斯坦说这是错误产生的根源,哲学家假设了一个本来不存在的东西,还要为它找各种各样的理由,当然就要陷入困惑之中了。语言分析就是清除各种哲学的错误。"身是菩提树,心如明镜台。时时勤拂拭,莫使惹尘埃。"本体就是这样的尘埃,扫净之后才能让语言自如地运转。

私有语言命题的辨析之所以有意义,就在于它对本体论尘埃的清除。这一尘埃让我们误以为存在一种内在的神秘感觉,我们首先把握到这一神秘感觉,语言然后才能跟上,语言无法完全表达出这一神秘感觉,所以这一感觉永远保持着神秘。这似乎是一种内容上的或称实质性的神秘,正因为神秘,我们的语言无法达到它,触及它,它永远躲避我们的理解。艺术心理学特别集中地假定了内在的审美之意,这种审美之意往往披上神秘的外表,言不尽意观恰当地说明了内在之意的神秘性。审美之意、意象、审美体验、审美情感基本都可归为内在

---

① 维特根斯坦对美学的批判详见第一章的讨论。
② 维特根斯坦:《哲学研究》,陈嘉映译,上海:上海人民出版社,2005年,第309条。

的私有语言层面上的东西。

然而，这种内容上的神秘只是一种假象，它让我们觉得真的存在一种神秘的内在审美情感，无须语言的存在也能在内心中成型，这种神秘的存在赋予文学以力量，文学从中汲取最本真的意义，并将它传达出来，形成具体而特殊的诸种意义形态。破除这一假象的方法就是揭示出文学神秘性不是内容上的神秘，而是一种推论上的神秘——是我们的推论方式出了错，这个错误让我们寻找一个仿佛存在的内在本性，可无论怎样这一内在本性都无法找到，所以我们就假定它永远躲避我们的理解。我们从来没有回过头来看看推论是否出了错，是否因为走上了一条错误的道路，从而让我们错失了揭示真相的机会。维特根斯坦的伟大之处就在于提醒我们从何处起踏上了一条错误的道路，将我们误入歧路的思考拉回到正确的方向上来。当然未来的路依然还需要不断地试探和纠错，这是一个永不停止的过程，如果谁以为纠正了一时错误从此就可以迈上康庄大道了，这就又中了理性的狡计。这种情况只有在超越现实的电影和小说里才会出现，而理性从来都是面对着未来小心翼翼前行的。在这时我们一定要听从康德的告诫："纯粹理性有一种自然的和不可避免的辩证论，它不是某个生手由于缺乏知识而陷入进去的，或者是某个诡辩论者为了迷惑有理性的人而故意编造出来的，而是不可阻挡地依附于人类理性身上的，甚至在我们揭穿了它的假象之后，它仍然不断地迷乱人类理性，使之不停地碰上随时需要消除掉的一时糊涂。"[1] 因此，不断进行批判性反思和对错误道路的诊治是理性的职责和命运。

"哲学家诊治一个问题；就像诊治一种疾病。"[2] 维特根斯坦如是说。

---

[1] 康德：《纯粹理性批判》，邓晓芒译，北京：人民出版社，2004年，第261页。
[2] 维特根斯坦：《哲学研究》，陈嘉映译，上海：上海人民出版社，2005年，第255条。

第三章　维特根斯坦反弗洛伊德
——心理学美学的问题所在

弗洛伊德无疑是20世纪早期以来最有魅力的思想家，他关于无意识和泛性论的观点对传统思想观念具有极大的摧毁力和震撼力。时世流转，世人从惊骇转为崇敬，其余波所及，据说连西方1960年代的性解放都是在弗洛伊德性论观点的启蒙下繁盛起来的。到20世纪下半叶，弗洛伊德已经被奉为20世纪最伟大的思想家之一。

然而，弗洛伊德的思想一直受到强烈质疑，早期主要是传统卫道士的反感和普通人的惊骇，近些年，研究者开始集中批判弗洛伊德医疗方法的可信性，发现弗洛伊德有意篡改病例，对相关治疗材料过度使用以及进行文学手法的发挥，等等。不管怎样，弗洛伊德的泛性论观点已经被绝大多数学者抛弃，但他对人的内在意识特别是无意识的发掘却一直奉为伟大的人性发现，在人文研究领域影响巨大。

然而从20世纪上半叶开始，维特根斯坦就对弗洛伊德的泛性论和无意识理论进行了深入批判。维特根斯坦关于意识和无意识的论述深深影响了哲学界，但无法影响大众观念。这也许是维特根斯坦和弗洛伊德思想的重要区别之一：弗洛伊德指出的泛性和无意识理论是一种相当简捷易学的方法，普通大众在惊骇过后，使用这种方法能够简便地评论日常生活中某些行为的含义（实际上，越简单表层的方法越容易被大众接受并广泛传播），这对弗洛伊德思想的传播起了极大的促进作用；维特根斯坦思想则不具备这种质素，接受者必须接受维特根斯坦的引领，反思语言在生活中作用的方式，才能理解维特根斯坦所思所说。达到这一步已经进入哲学研究的深处，这就阻塞了大众传播的可能性。

维特根斯坦在青年时期曾经对弗洛伊德的思想很感兴趣，这可能跟他个人的思想状态和心里苦闷有关。他最初从别人那里听说过弗洛伊德的片段思想，只言片语的观念是最具有魅力的，这一点维特根斯坦深有体会。某些解释的吸引力无可抵挡。某种解释的吸引力在某段时间内超出你的想象。特别是这类解释："它实际上只是这个。"①

他曾经找来弗洛伊德的书来看，但一看之下就发现悖谬之处，他认为弗洛伊德的观点完全是无根据的臆测和无理由的推导。其后他不断提及弗洛伊德，并将心理学批判与美学批判联系起来，形成其美学思想的主体。当然这并不表明维特根斯坦认为弗洛伊德的思想一无是处，他曾经对他的学生马尔康姆说，他曾是弗洛伊德的追随者，弗洛伊德是一个值得严肃对待的学者，但弗洛伊德所开创的精神分析学说却必须进行严格批判，指出其乖舛谬误之处才行。②

一、无意识层面的性心理与美感的由来

弗洛伊德的美学论述与其无意识心理学紧密结合在一起。他运用无意识理论和泛性论对达·芬奇、米开朗琪罗、陀思妥耶夫斯基和《哈姆雷特》等作家和作品进行分析，引起极大的反响，成为美学分析中的经典之作。

以俄狄浦斯情结为例。在古希腊神话中有这么一个故事：底比斯王的新生儿（也就是俄狄浦斯），有一天将会杀死他的父亲而与他的母亲结婚。底比斯王对这个预言感到震惊万分，于是下令把婴儿丢弃在

---

① Wittgenstein, *Lectures and Conversations on Aesthetics, Psychology and Religious Belief*, Berkeley and Los Angeles: University of California Press, 1967, p.24.
② Cf. Jacques Bouveresse, *Wittgenstein Reads Freud: the Myth of the Unconscious*, Princeton University Press, 1995, XIX.

山上。但是有个牧羊人发现了他，把他送给邻国的国王当儿子。

俄狄浦斯并不知道自己真正的父母是谁。长大后他做了许多英雄事迹，赢得邻国伊俄卡斯忒女王的爱情。后来国家瘟疫流行，他才知道，多年前他杀掉的一个旅行者是他父亲，而现在和自己同床共枕的是自己的亲生母亲。俄狄浦斯羞愧难当，他自刺双眼，离开底比斯，独自流浪，勇敢地承担自己的悲剧命运。古希腊索福克勒斯写过一出同名戏剧，使俄狄浦斯的悲剧广为流传。弗洛伊德从这出悲剧中提炼出人的本能原型，即人在幼儿期就开始存在的性本能冲动，弑父娶母冲动，并将其运用到多出悲剧的分析上去，包括《哈姆雷特》。

弗洛伊德通过几出悲剧的分析提示我们，无意识对人的行为支配才是人类行为的最终动因。俄狄浦斯长大后得知他的命运，为了躲避命运，他逃离了他的国家，但这又恰恰落入命运的圈套——他回到了他真正的祖国。命运为人设计了几个无法知晓的盲点，让人在不自觉中踏上命运之途。在弗洛伊德无意识理论出现之前，俄狄浦斯的悲剧是一出命运悲剧，这出悲剧中的主导因素是命运主宰和人的反抗。事实是预定的，人无法反抗命运定下的事实。弗洛伊德最突出之处在于他把这出悲剧的主导因素改变了，命运转化为动机，事实转化为病理。在无意识理论出现之前，事实是表面的，深层原因是命运，是不可知的。而弗洛伊德将命运转化为动机之后，深层原因只是暂时不可知，在人行动的时候，他受到动机的控制，但这一动机对他是隐藏的，他的行动不过是动机展现自身的结果，也就是动机的症候。要想了解动机，必须深入到无意识领域，通过症候的病理诊断，发现无意识动机的踪迹。

如果说《俄狄浦斯王》之中还有神话的意味，不是纯粹人类行为在起作用，《哈姆雷特》则彻底是人的意志主导着人的行为。哈姆雷特的行动完全来自他自己的意志抉择，虽然剧中有鬼魂出现，但那个鬼魂也可以理解为哈姆雷特的幻觉。哈姆雷特再三放弃杀掉他叔父的良机这一点让弗洛伊德窥出破绽,这不是哈姆雷特所声称的那样给凶手一个公平的残酷的判决,而是,他的叔父杀掉哈姆雷特的父亲,娶他的母亲这一事实恰好是他在潜意识中希望做的,正因为如此,他杀掉他的叔父就是杀掉潜意识中的自我!因此,他延宕复仇的用意不再是个性的缘故,也不再是出自仇恨的心态,而是合谋!这真是石破天惊的断语。

按照弗洛伊德的观点,个体行为的真正意图从来不在明面上展示出来,在明面上展示出来的都是通过社会建制的检查的,公开的东西总是伪装,只是有的人伪装得非常习惯,就好像伪装是他的真面目一样,有的人却伪装得很痛苦,潜藏的真相不时地刺痛他/她,所以他/她出现癔症。因此,一个重要的声明在此出现了:癔症是一种病,但它不是一种肮脏的病,也不是无关紧要的病,恰恰相反,它是一种极端重要的病,这种病甚至是揭露人类行为真相的入口,也是艺术创造力的来源。先说前者。癔症是潜意识泄露真相的初端,精神医师可以从此得见潜意识的端倪。它是行为的真正意图突破伪装压制的前夜,但这一前夜却往往表现为公开行为的紊乱。再说后者。艺术家就是那些行为濒于紊乱,但却通过转换为艺术创造来潜在发泄行为真正意图的人。至此为止,我们已经知晓,这个潜意识领域一定被意识领域所厌恶。我们能为它找到什么?暴力?唯我?自责?饥饿?恐惧?不是,都不是,这是性,人类的最基本冲动。但为什么就是性?

对弗洛伊德泛性论的批判已经汗牛充栋,此处不再赘述。对我们这些研究美学与艺术理论的人来说,最重要的事情是弗洛伊德是如何把潜意识与艺术联系起来的。作为一个伟大的思想家,他总是希望将自己的理论普遍化,而不是仅仅限于心理学和精神医学领域。无疑,弗洛伊德的思想对20世纪的文化和艺术产生了巨大的影响,这既是思想本身的力量,也跟弗洛伊德本人对文化和艺术的浓厚兴趣有关,他写了一系列的文章将自己的无意识理论和泛性论扩展到宗教和艺术中去。这里不说宗教,只说艺术。

艺术是一种疏导性压抑的方式,它也是最集中地泄露无意识目的的领域,相对来讲,日常行为中泄露无意识目的的方式比较分散,一般是口误和身体语势。艺术则完全是艺术家转换无意识压抑力量的成果,这样一来,艺术就处于无意识向意识跃升的最前沿,也就成为精神分析学家分析无意识的最典范的两种情况之一,另外一种就是精神分裂。艺术家身受精神分裂之苦,但他通过艺术进行宣泄,也就间接地治愈了精神分裂,只是在某些时刻,艺术家依然会精神分裂发作。伟大的艺术家中身受精神分裂之苦者可以列出长长的一串名单,他们往往通过艺术创作使精神分裂得以缓解,而普通人的精神分裂则需要精神分析医师的介入。

二、生理—心理模型与深度解释

我们看到,弗洛伊德设计了一个普遍性的生理—心理模型,认为普遍性欲是行为的真正原因,是无意识的运作基石。性是一种生理,至少我们平常就是这么认为的,但是只有性欲是不够的,因为这样的话人就与禽兽无异。性本能必须同时是一种心理,而且是一种被压抑、规训、置换过的社会心理才能达到弗洛伊德的要求。这么说不是将弗洛伊德与福柯等同,弗洛伊德的性心理概念是一种动机概念,与平常理解的性心理是两回事,也与福柯的性话语在两个层面上。他用"动机"概念将心理转化为生理,这个方向实际上与福柯的性话语是反向的。弗洛伊德将我们日常行为的根本动机还原到性本能上,这就强烈地摇撼了我们日常观念的根基。这种强制性的解释具有极大的魅力,它通过本质性的指认,将性本能转换成性动机,并进而将性动机转变为基础和原因。本来性与人的行为的心理解释是完全脱节的,现在弗洛伊德将两者直接连接起来,对人的行为心理进行了颠覆性的解释,这不能不给人强大的震撼。这种震撼的最初反应是反感,弗洛伊德最初遭到的反对就是明证,其后人们慢慢体会到这种解释模式的魅力:它使我们的生活焕然一新,我们开始了新的生活,新的体会;重要的是,它将人们对性的羞惭和掩饰从观念上清除了,而这些是以前生活观念及生活方式的重要组成部分。接受弗洛伊德就意味着新的生活的开始,这不能不给人们带来巨大的吸引力。

性生理—心理这种设计有两方面的便利,一是与人的社会行为紧密结合,性无疑是社会行为中最关键、最重要也是最隐秘的一种,二是与人的个体性高度一致,性无疑是最隐秘的一种行为或心理,同时它也被视作人的一种本能。这样作为潜意识的性就具有了两个心理学意义上的重要性质:稳固性与普遍性。稳固性也可称为深度,它可以视为所有社会行为的最底层理据。同时,这一稳固性在具体的社会行为中也被置换为普遍性,即解释的广度。维特根斯坦说,

> 把性当作所有行为的动机不也是很好的理据吗?例如说:"它的的确确是最底层的(理据)了。"特定的解释方式就会让你赞同另外的东西,这不是很清楚的吗?假设我给雷德帕斯看50个他赞同某种动机的例子,20个该动机起重要联结作用的例子,我就能让他同意在所有例子里都存在这个动机。(如果你让他赞同这是所有行为的最底层的理据,那么它就是最底层的理据吗?你能做的不过是让人们认为就是如此。——泰勒注)[1]

在这里维特根斯坦揭示了普遍性解释的机制:我们并不需要解释所有的例子,只要解释其中部分,并在解释中获得接受者的赞同,就可以让接受者将其当作普遍性解释接受下来。这是解释与接受的问题。

---

[1] Wittgenstein, *Lectures and Conversations on Aesthetics, Psychology and Religious Belief*, Berkeley and Los Angeles: University of California Press, 1967, p.26.

从接受者的角度，他会将不充分理据接受为充分理据。

这是一个先验模型吗？从某种程度上说是的，或者说弗洛伊德让我们以为这是一种先验的本体论模型，但实际上这不过是一种精神分析的解释模型。

弗洛伊德所假定的无意识仿佛是一个坚硬的自我，它不改变本性，只改变外在表现形式，精神分析学家（解释者）可以从外在的表象入手，剥去外在的掩饰，直抵无意识的内核，发现它的构成、联结方式、变化规律，等等，也就是发现了真正的自我：本我，作为公开行为内核与意义的性本能。在这里，在晦暗无比的无意识中，弗洛伊德发现了一个充满魅力的新大陆：坚硬的顽强的自我以及坚硬的顽强的性本能冲动。无论如何，这个发现都是极端迷人的，具有极大的震撼力和神秘的力量。

这一神秘的内在存在形式被弗洛伊德预设为内在的或潜在的真实，这种真实是人的心理真实，真实总是不显现出来，在真实之上有压抑之后形成的表层，表层一般都是伪装，它的真正意义来自于内在的心理真实。这是一种本体论模型。与此本体论模型相应的是一个解释模型：由于在生活中展现出来的行为往往不是真实的行为，也就是它的真实意义总是隐藏的，所以人就存在发掘自我行动真实意义的冲动。通过分析化解表层伪装，解释隐藏起来的深层意义，精神分析家就释放出真实意义。哈姆雷特表面上看要向他的叔父复仇，但是他又总是找出诸般理由延宕复仇，弗洛伊德指出他的理由完全是借口，真实的原因从来不是摆在表面上的各种理由，它们从来都是用来掩盖真实心理的。但是这一真实心理却不见得被哈姆雷特本人所了解，他"真诚地"掩盖真相，这不是他的意识所为，而是他的无意识心理在作祟，精神分析学家（弗洛伊德）介入这一掩盖过程，揭示真相，让我们发现在意识之下，还有一层更强有力的结构，无意识，真正的意义来自于无意识的泄露。

我们发现，此处存在一个有趣的设想：普遍心理（无伪装的，无意识）是意义的来源，那么这一意义来源是什么样的呢？它为什么能成为普遍的心理？弗洛伊德指出这是一种基于永恒不变的生理官能之上的稳定心理，心理也许可变动，但作为根基的生理是恒定的，以生理为基石的心理就具有强大的稳定性。可以说，这一生理—心理模型具有动人的魅力和感染力，它力图将人的心理做成具有形而上性质的坚硬自我，在这一模型中，自我认知从理性中不断下降，最终成为生理性的自我。这是对自我理论的天翻地覆的表述。在这一生理—心理模型中，自我最终变化为一种欲望。弗洛伊德的精神分析治疗模式虽然含糊地假设"自我"存在于心理欲能和社会角色的平衡当中，但是一个精神病人之所以被治愈，其根源就在他的内在的、真实的心理在语言中得以释放，也就是说，这一生理—心理自我必须找到途径溢出限制和控制，也真是这一溢出（或升华）才让我们得以窥见真实的普遍意义。

生理—心理是一种最深层的心理，这也是当代思想中一个不断变换样式的迷信。君不见又出来一个基因决定心理和行为取向的理论吗？

精神分析学家是怎样发现这一普遍的真实意义的呢？这也许是一个老生常谈的质疑，也许在各类精神分析学家的解释和反驳中开始变得不那么有力，但是，想想精神分析学家怎样像上帝一样发现了人的普遍心理，这是一件极有趣的事情。毕竟，发现人的心理定律与发现一个科学定律是两回事。

三、心理动机与审美因果

我们往往把心理动机当作美感产生的原因。弗洛伊德的精神分析也不断强化这一点。当弗洛伊德说哈姆雷特的悲剧原因不是他的个性，而是他个人潜在的性欲望时，他就指出了性动机是悲剧的根本原因。当他指出艺术家之所以充满创造的激情，乃在于为疏导性压抑时，他为艺术创伤找到了真正的依据。按照弗洛伊德的教导，我们会认为性冲动是艺术创作与美感产生的根本原因。

在这里，我们看到弗洛伊德关于动机和原因关系的有趣论述。在他那里，动机与原因是同一，或者更进一步说，表层原因往往是虚假的，动机才是更深层的原因，因为它最隐秘，难以发现。比如说泰勒一不小心把维特根斯坦推下了河，他可以解释说，他只是失手而已，其实他是想指给维特根斯坦看远处的东西。心理分析师会说这是表层的原因。真实原因是泰勒潜在地恨维特根斯坦。① 这就是一个深层原因（即动机）的指认。

但这里不仅仅只有深层动机，还应该存在一个表层动机，按照精神分析学的意见，有意识的动机是表层的，而无意识的动机是深层的。泰勒将维特根斯坦推下河的表面动机是指东西给维特根斯坦看，也许泰勒自己也是这么认为的。但是精神分析学家却可以说这只是表面的动机，是用来掩饰深层动机的，实际的深层动机是泰勒恨维特根斯坦，因为维特根斯坦像泰勒的父亲，而每个人都有弑父冲动，所以泰勒把维特根斯坦推下河，其真实原因是人的普遍性生理—心理冲动。如果我们把这一连串的推理倒过来想想也许更有趣些：每个人都有弑父冲动，他的某些行为会泄露这一冲动，但一个人一生中要做出难以计数的动作，凭什么说某些行为是弑父冲动的表现，而另一些就不是呢？

维特根斯坦认为弗洛伊德错认了深层动机，他说：

> 在法庭上，问及你的动机的时候，是认为你应该知道它的。你应该能够说出你的行为的动机，除非你在说谎。当然，并不认为你应该知道制约你身心的自然规律。②

所谓动机，就是你自己知道的东西，如果你自己都不知道，但别

---

① 例见 Wittgenstein, *Lectures and Conversations on Aesthetics, Psychology and Religious Belief*, Berkeley and Los Angeles: University of California Press, 1967, pp.22—23。
② Ibid., p.21.

人（比如精神分析学家）说你真实的动机是什么什么的时候，我们该怎么办，想想法律的例子，我们就知道这有多可怕：不需要疑犯承认，只要精神分析学家认为他的真实动机是什么就是什么。其实动机不过是"回答问题时给出的东西"，它是可变的。①

希区柯克的电影《火车怪客》讲述了一个非常怪异的故事。有恋母情结的布鲁诺·安东尼在火车上遇上了著名的网球运动员盖·海因斯。盖正在和一个参议员的女儿约会，想以此为跳板进入政坛，平步青云，然而他的妻子却是一个最大障碍。布鲁诺想杀掉自己憎恨的父亲，但是他知道警察会怀疑他而找麻烦。因此布鲁诺设计一个与盖互换谋杀对象的疯狂计划。我有个绝妙的主意：你去杀我父亲，我去杀你妻子，你我都不会引起怀疑。盖以为这是一个玩笑，谁知布鲁诺竟然来真的，并且把整个计划开始实施。

希区柯克极端喜爱弗洛伊德。在这部电影中，布鲁诺就是一个典型的弗洛伊德病人。他有弑父恋母情结，想杀掉自己的父亲。而盖想借新的婚姻关系进入政界，必须摆脱现在的妻子。可以说，他们都具备谋杀自己亲人的动机。在布鲁诺看来，如果他们互换杀人，警察就找不到谋杀的动机了，从而就将自己隐藏起来。如果弗洛伊德是法官，按照他的理论，是否就此判定盖是同谋杀人犯呢？因为盖想摆脱妻子，而他的妻子拒绝离婚，他已经别无选择。可以说，他已经具备杀人的强烈动机。盖否认这一动机，无论是否是有意说谎，都不能否定潜意识中这一真实动机。也就是说，无论盖的说法是什么，只要他否定，就可以认定他是在说谎，虽然可能只是一种无意识的说谎。当然，如果这样判定的话，就完全是诛心之论了。

所以维特根斯坦说，

---

① Wittgenstein, *Lectures and Conversations on Aesthetics, Psychology and Religious Belief*, Berkeley and Los Angeles: University of California Press, 1967, p.22.

如果你在精神分析的诱导下说你的确是如此想的，或者你的动机的确如此，这不是发现，而是说服。（我们更愿意思考人们通过分析达到的认同，他不是被心理分析师说服了，而是独立地思考一种发现。——里斯注）你也会以不同的方式相信不同的东西。当然，如果精神分析治好了你的口吃，它治好了它，这是一个成功。人们会认为精神分析的某些结果是弗洛伊德的发现，它与精神分析师说服你的东西不一样，那么我要说并非如此。[1]

说服的方式不是通过论证进行推理，在大众传播中，这一说服方式格外具有说服力。因为大众传播的力量不依赖于推理，而依赖于说服的方式是否有魅力。同样，在公众中具有巨大影响力的绝不是学者，而是政客。

弗洛伊德想把审美解释做成因果解释，但是这个解释并非物理意义上的因果解释，物理学意义上的因果解释有预测的功能，比如用手推球，球就会滚动，这是有因果关系的，但是精神分析却没有。精神分析的方式是你相信它，它就是因果关系。表层的关联都可能有一些因果关系的样子，比如花联系为性器官等。但为什么一定会产生这种联系却没有任何有力的证据。

精神分析式的美学解释就是要把潜意识中的性做成美感的来源，实际上，"美学解释不是因果解释"。"我们可以说美学解释不是因果解释，或者这一类的因果解释：同意你观点的人立刻就看到了原因。"[2] 在这里，原因一词只具有表面的意义，不具有因果关系的意义。这句话不如这么说：美学解释中的原因不过是某个达成一致的判断，同意了这个判断，也就同时找到了所谓的原因。这与我们平时的审美经验

---

[1] Wittgenstein, *Lectures and Conversations on Aesthetics, Psychology and Religious Belief*, Berkeley and Los Angeles: University of California Press, 1967, p.24.
[2] Ibid., p.18.

是一致的。我们总是首先感到愉快，产生美感，然后才去思考这个美感是怎么回事。为美找到的最终结论往往不是纯粹的形而上学结论，而是在语言环境中达成的一致判断。

四、精神分析的解释魅力与理论误区

批判弗洛伊德，不得不面对一个重要的问题，就是审美快感从何而来。这个问题有很多思想家提出解释。从深度上讲，弗洛伊德的性美学可以与康德的形式美学相媲美。康德认为审美快感来自于先天形式判断，这种纯粹形式是理性进行整体性把握的结果，也是深层美感的来源，在某种程度上，这一快感与心理有关，但决不关涉简单的感官快感，快感只是表象而已，甚至生理上的不快感也是一种审美快感。它只关乎人的理性。而弗洛伊德则说，人的审美快感就是一种感官快感，或者用句特别决断的话，性快感。这无疑会让听者感到特别的震惊，当然弗洛伊德会加上调整，这种感官快感并不是正面来说，当然也不是从否定意义上说的，它是一种被置换的性生理快感，是被置换了表现形式的性生理快感。其实说到底它依然是性快感。但置换形式本身毕竟对性快感造成了巨大的扭曲和伤害，所以表现出来的审美快感就极为错综复杂，表象与内在真实之间形成巨大的张力，或用弗洛伊德的术语说，形成伪装。表象就是假象，就是伪装；精神分析就是解释，就是去除伪装。自由联想是一种突破压制的手段，自由联想法是精神治疗的一种重要方法，医师通过语言暗示和催眠术让病人处于放松状态，让病人自由进行语言联想，医师偶尔进行语言引导。自由联想法可以松解自我压迫的阀值，让无意识内容跃升到可以观察的层面。

自由联想治疗法中精神分析学家的地位像是上帝，他承担解释工作，为病情寻找原因，在病情与病因之间建立因果联系。原因存在于无意识领域中，而性快感形成无意识海洋的主体部分，所以精神病因即性压抑。然而精神分析只是用语言来疏导性压抑，而不是生理意义上的性疏导。这实际上不过是语言对行为的置换，如果说精神病因产生于对性本能的压抑，那么经过精神分析之后的所谓痊愈，不过是病人重新被语言压抑了性本能。

上面是对整体观念的考察，还有一个更深层的概念质疑：无意识是一种思想吗？在《蓝皮书》中，维特根斯坦指出，即使精神分析学表面上不同意"无意识思想"这个概念，但是由于他们使用了有意识的思想，这就不可避免地把无意识思想带了出来。精神分析学家可能会反对无意识思想的提法，但关键之处并不在是否承认存在一个实在的无意识思想，而在于使用术语的方式，如果精神分析学家说，他们发现了无意识的有意识思想，那么这是在把无意识的东西进行转化吗？怎么转化？精神分析学家也许可以这样辩解，有意识的思想与无意识的有意识思想(实际上等同于"无意识的思想"这一短语)是两种思想，无意识的有意识思想是一种潜藏的思想，还不是真正有意识的思想。这种辩解是经常见到的，也往往能达到某种辩解的效果。但这种区分真的是对实际存在物的区分吗？维特根斯坦举了一个锤子的例子。你用锤子把钉子钉进墙里和用锤子把木钉钉进墙里有什么不同吗？你当然可以说不同，但也可以说相同，这完全取决于你怎样去看它。但这并不表明就有一个实在的区分。① 无意识的有意识思想实际上就是一种思想，只是在语词上用法不一样而已。精神分析学家使用"无意识的有意识思想"这一词语是为了解决无意识如何被发现，被转化为思想的问题。如果无意识完全不是一种思想，那么它就不能决定有意识的行为，它不能提供理据，而且意识对它的转化也只能是根据有意识思想自己的规则对其做出解释，但这样一来，无意识就不再是意识的根基，而是杂乱无章的材料。这是精神分析学所不愿承认的。必须将思

---

① Wittgenstein, *The Blue and Brown Books*, Blackwell Publishers Ltd., 1958, pp.59–60.

想结合进无意识，才可能产生无意识上的深度，无意识本身才具有自身的潜在理性规则，人的行为才能以无意识为基础进行解释。但这样一来就产生了一个巨大的自我矛盾：什么状态下既是无意识又是一种思想？

如果我们就此致力于寻找无意识思想这种状态，力图在人的意识中找到某个时间瞬间或意识层面，将其定义为无意识思想这一状态，并进而寻找神经或基因之类生理学的解释，那么这不是理论的推进，而是中了概念本身的圈套。实际上，无意识思想不是无意识与思想的结合，而是一个语词的矛盾。所谓的思想本身就是意识中的事情，如果把它与无意识结合在一起，就会产生一种非思想的思想（unthinkable thought），这不是在做有意义的事实讨论，而是在做语词的任意联结。在《蓝皮书》中，维特根斯坦指出，这不是一个伟大的发现，而是一个语词的诡计：这像就下面两个句子：

I found nobody in the room.

I found Mr. nobody in the room.①

共同之处都有个"nobody"，这个词就好像保证了两个句子的一致性，实际上两个句子除了使用一个词以外没有任何其他的一致。"我发现房间里没人"和"我看见没人先生在房间里"，仿佛加了一个称谓就使"没人"这个判断变成了一个个体"没人先生"，这就像德里达使用的著名短语：不在场的在场②。通过这一吊诡的转换，本来不在的东西仿佛获得了实在。但这不是实在，也不是幻象，它不过是一种语词的误用而已。

维特根斯坦认为弗洛伊德是在把自己的某些体验或想象当作了普遍的体验，这是唯我论者的方式，他回应道：当唯我论者只承认他自己经验的真实性时，这样的回应是没有用的："如果你不相信我们真的听到你的话，你干吗要告诉我们呢？"但不管怎样，即使我们这样回

---

① Wittgenstein, *The Blue and Brown Books*, Blackwell Publishers Ltd., 1958, p.69.
② 虽然这一短语是德里达用来批判形而上学的，但他通过使用这一短语达到对普遍在场的普遍拒绝，这同样是一种消极的普遍性，是一种偏移靶心的批判。

答他了，也不要相信这就解决了他的困难。①

分析至此，一定会有人产生这样的疑问：既然维特根斯坦认为"弗洛伊德的理论充满伟大的臆想和巨大的偏见"②，那么为什么依然有那么多的人相信弗洛伊德呢？对这样的问题，我们不能用大众的愚昧这样的断言来搪塞，而要分析为什么弗洛伊德的思想让人喜爱，让人跟从。维特根斯坦从解释的方式入手来分析这一点。他认为，难以置信的解释通常会具有某种魔力。

> 很多这样的解释（譬如精神分析的解释）与物理学解释不一样，它们不产生自经验。它们的表达态度很重要，它们给我们一幅极具魅力的图画。③

> 人们非常喜欢说："我们无法回避这样的事实，梦的确就是如此这般的。"但也许事实是，这个解释如此令人厌恶，你被迫接受了它。④

语词唤起的病人臆想，用一种貌似理性的 image 来代替以前的强迫性的病理 image。这不是科学理论，而是一种语词的滥用。

近些年来，有很多研究者揭露弗洛伊德篡改过他的主要病例，伪造数据，借此扩大影响。即使这些批判是事实，但也不能否认的确有些人通过精神分析治疗，病情得以缓解或痊愈。其实即使这些指证是有根据的，弗洛伊德的理论大厦也不会就此坍塌。实际上，对一种人文理论的批判，仅仅有实证性数据是不够的，必须从整个理论结构上进行批驳，这也是维特根斯坦对我们的意义。

---

① Wittgenstein, *The Blue and Brown Books*, Blackwell Publishers Ltd., 1958, p.58.
② Wittgenstein, *Lectures and Conversations on Aesthetics, Psychology and Religious Belief,* Berkeley and Los Angeles: University of California Press, 1967, p.26.
③ Ibid., pp.25-26.
④ Ibid., p.24.

第四章　无限与审美神秘性
——康德美学批判

维特根斯坦对康德极其推崇,在1919年,维特根斯坦为了谋求《逻辑哲学论》的出版而写给罗素的信中说:"要么我的东西是一项最上等的工作,要么它不是一项最上等的工作。若是后一种情况(也是更可能的情况),我自己都宁愿它不付印。若是前一种情况,那么它早点晚点付印,二十年后还是一百年后,都无所谓。毕竟,谁会问(比如)《纯粹理性批判》是写于17XX年还是17YY年。"[1]

由此可见维特根斯坦对康德的尊重。从维特根斯坦所论观之,康德并不是他所主要批判的对象,但他的后期语言哲学论述,可以看出一个隐形的身影,就是康德,他的批判在相当大的程度上是在批判康德,而这里所做的工作就是将这一隐在的批判转为明确的批判。关于"无限"的讨论几乎构成了康德哲学和后期维特根斯坦哲学的核心议题,将两者并置考察,并以美学问题为结点,是将美学研究引入深层探索的一个尝试。

康德的审美观念包含了一种论证的神秘性,无限观念是这一论证的主要线索。从经验的有限性到知识的有限性并转向合目的性,康德借助先验想象力达成从知识向无限目的的飞跃,这一飞跃的先验机制成为对无限性探讨的保障,而这一机制及其论述路线直接导致了审美神秘性的产生。从后期维特根斯坦的概念分析方法入手,可以有效地防范这种审美神秘性的产生,将问题从宏大叙事放到语言游戏中进行

---

[1] 转引自雷·蒙克《维特根斯坦传:天才之为责任》,王宇光译,杭州:浙江大学出版社,2011年,第188页。

分析，指出先验机制的舛误，破除先验审美对象的纯意向性存在，反对审美的内在意指，对先验的审美论证保持必要的警惕。这样可以达到消解形而上美学论证的目的。

一、无限：数的飞跃？

无论在康德还是在维特根斯坦那里，"无限"这一概念都是一个重要问题。在康德这里，无限对美学的意义更重大一些。康德的无限概念有两个层面：一是知性范围内的经验直观累积的无限，这个无限并不是康德真正在意的无限，他认为不可能通过经验的累积达到无限，只有通过先验的演绎才能将经验领域内的无限真正把握起来。在知性领域内，（经验的）无限是先验的机能。第二个层面是判断力范围内的无限。按照知性、理性、情感的三分，无限是落在理性那里的，因为理性概念只以自身为对象，而不以感性之物为对象，因此是真正无限的。相比之下，知性从先验的层面看也是有限的，因为它不可能把自然本身作为整体来把握，所以只有从理性领域来借概念。

我们在这里先看看知性领域的无限，也就是数学中的无限，下一节再处理与审美相关的无限。知性领域内如何达到数的无限呢？想想我们平时数数儿，从 1、2、3、4 开始一直数下去，我们说可以数到无限，但从有限到无限的这一步是从哪儿跨出的呢？康德说，每增加一个数，都需要一个直觉与之相对，也就是说，每一个数都是单独的，"相加"来自直觉之外的能力，即所谓先天综合能力。[1] 人的先天综合能力的推演才能达到数的无限，而不是通过经验的归纳。归纳出来的无限的时空经验或像数这样的纯时空形式只是虚假的无限，都不具有必然性，只是偶然的，经验的联结必须依靠想象力的联结才有可能。

---

[1] 康德：《纯粹理性批判》，邓晓芒译，北京：人民出版社，2004 年，第 12 页。

凭借想象力的作用，我们一下子飞跃整个数列，在经验上事先看到了整个数列的完成，把握到整个数列的杂多统一。而达到杂多统一必须超出经验，将经验的杂多把握为纯粹的杂多可接受性，进入先验的知性范畴才有可能。①康德意义上的飞跃不像我们平时只是模模糊糊地感到的那样，而是提供了一个飞跃的机制。我们在数数儿时，会把握到一个数字变化的规则，这一规则是知性范围内的，但其中有想象力作用的空间，比如形成感性印象的时刻，再如先天时空形式及诸时空范畴与经验结合在一块形成知识这一过程中就有先天想象力的作用。②

康德是从知性的先天综合的角度来思考数的无限的，而维特根斯坦则是从数学习得的角度来思考无限的。两个人的思考方向不同。康德和维特根斯坦都把无限放在一个原初的领域进行考察，只是康德的原初领域是先验存在，或进一步说，是纯粹时空；而维特根斯坦的原初领域是习得或训练，没有所谓纯粹或先验的问题。康德只考察人的认识能力的可能性问题，至于实践中是否有人做到，这不是他关心的问题，他会回答，即使现在没人做到，未来也许就有人做到了；而维特根斯坦则指出，可能性如果没有在训练中展现出来，那就没有可能性的余地。可能性不是空，而是内蕴在实践当中。

维特根斯坦指出，只有在数的练习中才能掌握数列。比如"N+2"这个算式，老师给出这个算式，让学生来做。为了让学生理解，他需要先做几个，比如 $1+2=3$，$2+2=4$，$3+2=5$，等等，学生学会了

---

① 康德：《纯粹理性批判》，邓晓芒译，北京：人民出版社，2004 年，第 71 页。
② 按照康德的看法，想象力分为知性想象力和反思想象力两类。此处所提的想象力还不是反思想象力，而是一种知性想象力，这时想象力要为知性服务，服从知性的调度；反思想象力则是知性为情感服务，这时规律仅仅保留为一种形式，这种规律形式与把握规律形式的情感相适应。在知觉想象力中，情感必须退却，让知性规律起作用；而在情感的反思想象力中，规律却只留下形式，实际是把握到规律的想象力形式，它与情感愉悦紧密相联。这种规律形式只是整体中的一个部分，但毕竟通过它，整体才能达到。整体性先行，这是一个先验要求，目的作为真正的整体性同样是一个先验要求。

就可以直接做下去,如果学生不懂,一方面要跟他解释用法,一方面再多做几个帮助他理解。这里面不需要任何的直觉或洞见,只需要练习。能够在老师的引导下做对算式,就是理解了这个算式,否则就是没理解。在这里,理解与做对是直接对应的,根本不需要向外确证什么,也不需要什么别的东西来保证理解的正确性。

"那么,你归根到底是说:为了正确执行'+n'的命令,每一步都需要新的洞见—直觉。"为了正确执行!在某一特定点上什么是正确的步骤,这是怎样决定的?——"正确的步骤就是同命令符合的步骤——即同当时命令的意思相符合。"——那么你当时给出 +2 的命令,你的意思是他应在 1000 之后写下 1002——你当时的意思还有他应在 1866 之后写下 1868,在 10034 后面写下 10036 等等——你的意思是无穷多的这类命题吗?——"不;我当时的意思是,在每一个所写的数字后面,他应该写下隔过一个数字的第二个数字;由此自然得出了所有那些命题。"——但在任何一处从那个句子得出的是什么——这恰恰是问题所在。换言之——在任何一处我们应该把什么叫做和那个句子"相符合"(或者说和你当时给予那个句子的意思相符合——无论这个意思是些什么)。说在每一点上都需要一种直觉,几乎还不如说在每一点上都需要一个新的决定来得更正确些。①

上面这段话完完全全就是对康德式数学观念的批判。康德认为数字这样的纯粹时空存在要想在人的意识中结合到一起必须有人的直觉参与,并经由人的先天综合能力作用才可能达到。这是在用直觉为数字赋义。维特根斯坦不反对人具有先天的综合能力,假如没有先天综

---

① 维特根斯坦:《哲学研究》,陈嘉映译,上海:上海人民出版社,2005 年,第 186 条。

合能力，人就什么也不能理解，只是维特根斯坦反对使用"先天综合能力"这样的先验哲学用语，因为这样的用语把我们引向脱离语言实践的存在；他所用的是人的综观（Uebersehen）能力，这一能力是人的基本能力，是先天的，但这一先天能力也不是康德在纯粹理性反思意义上的先验基础，维特根斯坦反对这样的基础。他所说的先天能力结合在话语实践当中，没有话语实践我们就无法认出它。像康德那样用一个概念来指认先天之物，不是维特根斯坦的做法，因为那是根本性的概念误用：把在语言实践中显现和识认的东西当作先于语言实践的纯粹存在之物。

维特根斯坦最反对的就是数字后的直觉，就好像我们每数个数儿都要看一看内在意识，把它当成正确的保障，看看内在意识是否承认数了个数儿。其实根本没有什么内在的保障，数数儿就是一个学习训练的过程，与内在意识或内在心灵没有一点点的关系。我们怎样才算是学会使用数列？很简单，就是会照着老师教的做，内心到底发生什么根本不重要，无论是痛苦不堪，还是恍然大悟，都与理解或学会一个数列没有关系。当然，我们在上小学的时候，老师可能特别强调内心的理解，即要用心。但用心不是内在的暗下决心，或内在意识保持很强的紧张度，理解力就提高了。根本不是，用心是在训练中多观察，多练习，发现规则，掌握规则，这才是理解。

简而言之，康德"无限"概念的重心不在数学，而在想象力的先验飞跃；维特根斯坦"无限"概念的重心也不在数学，而在遵循规则，是对内心意念的先行把握的批判。

维特根斯坦也使用无限，但他的无限概念与康德的用法有很大区别。最大的区别是无限的界限。康德把无限嫁接到情感上，认为无限是情感的一种先验机能，而这种机能既不能用知性规则，也不能用理性规则来定义，而只能通过一种特殊的判断来赋形，这一赋形不是通过规则来进行的，而是通过对不断展现的内在之物的反思来树立规则进行的，它是通过自设规则来遵循规则。康德教导我们，这种自设规则起初看起来是不牢靠的，但通过反思，我们会发现，这一规则不期中而中，恰好符合理性的要求。康德正是要寻找建立起这种规则的机制。

而在维特根斯坦看来，康德的这种嫁接完全误导了问题的方向。首先，在数的方面，无限不属于数列，而属于一个指示的方式。其次，在情感方面，即内在的意向上，也根本无法不借助语言来先行看到所有未来的步骤。无限不是心意的机能，而是语言的机能。

二、无限是一种飞跃？

在判断力领域，从有限如何进到无限呢？这是一个颇费思量的事情。无限是概念性的，这是没问题的，如果无限是一种经验判断的话，那么它就不是真正的无限；无限必须是先天的、普遍的，它不能囿于经验。

康德的美学不是独立的学科，这么说，不是在批评康德美学是哲学的附庸，而是指出康德美学在整个先验哲学中独一无二的作用。如果不理解康德的整个体系，就无法理解康德所说的美的含义。对于一个体系性的哲学家，任何一个重要概念都是坐落在他的体系之中的，如果不能恰当地把握概念在这一体系中的位置，就等于没有理解这一概念。

为什么这朵花是美的？第一步，确定这是一个判断。在康德的鉴赏判断中，一般意义的名词性的"美"（beauty）从来不出现，出现的是一个形容词"美的"（beautiful），也就是说，美从来不是一个对象，它在判断中出现，我们最多可以将其视为反思判断的愉悦性，它不能单独在某个自然或绝对的规则当中作为对象出现。一个判断必须与某个经验表象相关，康德的判断有两种类型：一是知性领域内的判断，即规范判断,概念与其所对应对象(或康德意义上的经验表象)具有指导和规范的意义,是单一表象服从概念。二是美的判断,或纯粹的鉴赏判断,是一种反思判断,是在单一表象的判断中搜寻普遍性。理性领域内直接对概念进行推演,概念就是对象,所以不存在单一表象问题。在反思判断中,概念并不直接出现,只有单一表象,这个时候,普遍性是否可能?即基于单一表象的判断如何能达至普遍性?比如"这朵花是美的"这个判断为什么会得到普遍赞同。难题就在此处,解释的成功与否关涉到整个论证思路的成败。

第二步,就是解决在单一中达到普遍。用归纳法一定无法解决这个难题。从知性概念出发的路也直接被堵死了,只能另寻途径。而且,在时间空间中的因果关联在康德看来不是真正的因果,受到时间和空间的实在界限制,只有突破实在界,进入观念界或理念界,才可能寻到因果性的真正基石。观念(理念)不在人之外,但在自然之外;自然是真正对象(物自体)的表象,观念(理念)才属于物自体,虽然还不是物自体。普遍性包含两个层面:一是知性领域内的普遍性,即先验知识的普遍性,即规律对经验的普遍性;二是观念的普遍性,即观念本身,这才是真正的普遍性。知性领域的普遍性是先验规则在经验界中的适用情况,只在经验界中起作用,无法对理念界发生作用,除非是进行越界使用,即超验使用;而观念的普遍性却同样适用于经验界,即人在实际生活的行动中应该遵循来自理念的绝对律令。

反思判断的对象本身就是非普遍性的,因为它是单一表象,所以它的普遍性只能从别处借来。从哪里借?知性领域不可能,因为这个领域规律在起作用。如果反思判断也从属于规律的话,那么根本就不存在反思判断了。比如时下流行的基因决定论,就是要用自然规律来指导人的观念以及人的艺术与美学选择,这从根本上与康德哲学相悖。只能从观念界来借。从观念界借来的普遍性被当作目的,但不是实际的或概念性的目的,而是与人的单一判断结合起来的目的。在单一判断中，目的是一种想象，虽然这一想象是跟"必须"结合在一起的。

第三步就是目的与普遍性的关联。由于此处的"目的"并不是客观目的或称理念，而是想象中的目的，即主观的合乎目的，这就使单一判断获得了合乎目的的可能性，关键是这一可能性如何在先验论证中变为必然性。反思判断所获得的目的性跟理性目的不同，也与知性区分开来。知性是无目的的，只有基于先验批判的推理，它局限于自然界。人作为自然存在者和观念存在者需要摆脱自然界的单纯局限，所以就必须从自然向观念跃升。跃升的方式之一就是对经验进行超验运用，虽然这是先验谬误产生的渊源，但毕竟启示我们不能局限在自然界，局限在经验，应该将人的思考延伸进观念界。跃升的方式之二就是从单一的判断中发现合理的目的性，即通过反思判断通达理性（在《纯粹理性批判》阶段康德更多着眼于超验的僭越，而《判断力批判》阶段，康德发现了超验运用的合理性，特别是发现了先验想象力对目的性运用的合理性，才为审美判断寻得一席之地）。

作为一种普遍性形式的主观合目的性，其实质就是无限的可能性，是合乎目的指引的想象力的先验运作。无论从经验层面，还是从先验层面，这都是无限的。经验层面上，在时间和空间中的可能性会转化为无限的经验积累；在先验的层面上，想象力会指向超出经验的概念空间。先验层面的无限是更本质的无限，即经验的无能，是本质上的无法容纳，因为它指向的是无空间无时间。这是"上帝"这一概念给我们设立的界限，作为有限性存在的个体无法超时间超空间，但上帝是超时间和空间的，我们不能把他当作一个时空对象来认识，而只能在观念中去思考他。所以从一种存在的形态来讲，上帝是最独特的存在，只有一种存在是这样：他无所不在，又实际不在。然而一旦我们接受在时空中思考上帝的无能（不可能），我们就跃升到观念界，发现了"上帝"不过是引导人走向自身意志的一个中介，是确定自身的一个途径。通过这一转换，康德以一种尊重和道义的方式对中世纪的上帝处以极刑。

但无论怎样，上帝不直接出现在审美判断中，但从那里来的神秘感却一直充斥其中。康德对单一判断与普遍性联结关系的描述给内在的神秘感提供了理性的理由，虽然我们不能从中直接把握神秘感，但康德已经带领我们走得足够远了，已经在我们的理性中为神秘感戡定了位置，这已经功莫大焉。但对维特根斯坦来说，这远远不够。康德用理性中的无限概念保留下来的神秘感依然是一种失败的设计，而这一失败深深地埋藏在康德哲学内部，依靠其自身是无法清除的。只有看到康德整体设计中的悖理之处，我们才能比康德多走一步，将神秘感从人的理性中驱赶出去。

依据维特根斯坦的观点，我们发现，康德将一组相近的概念游戏进行分层处理，并将其纳入一个宏大结构中进行先验论证，而这是完全错误的做法。无限、合目的性、普遍性、可能性、整体性是相近的一组概念游戏，它们之间依据不同的语境存在着各种不同的联系，并没有康德所说的那样的先验关联。无限根本不是康德所说的那样，是一个数的无限以及整体的真正无限，而是如维特根斯坦所指出的那样，不过是一个具有指示作用的语词而已，它可以指我们在数学上无法再说下去的部分（也无须说），也可以指无数多但可以省略的日常联系。在无限之中，既不存在一个无限对象（而只有无限的标示），也不存在意识对无限的把握（仿佛无限只在意识中发生），存在的是语言的技术性使用（这里根本没有"想"这个意识动作）。

三、作为事实的"无限"的断裂与无限的意义"在别处"（概念使用）

与维特根斯坦相同的是，康德并不在经验的层面上来看待无限，无限绝不是经验层面上的堆积，因为经验上的累积达到一定程度的时候，经验是不够的，只能借助先验演绎，而数学作为纯时空关系，就是脱离经验的先验综合判断。从脱离经验这一层面看，康德与维特根斯坦是一样的。只是康德认为数学的先验演绎依然是不足的，不是真正的无限，无限必须是认识界之外的，也就是一个外来的输入，才能是真正的无限。① 从外来输入这一点上，康德与维特根斯坦相近。但维特根斯坦认为这个外来的东西不是别的，不过是与数学加法训练不同的一种数学训练方式而已，它是一种无法再相加之后引入的一个解决技术，即指出一旦无法（甚至是不需要）将加法不断进行下去，我们就用无限来标识。② 最关键的一点，无限不是一个对象，只是一个技术。但康德却把无限当作一个对象，虽然是一个特殊对象。

无限既不是一个实在对象，也不是一个意向建构对象，那里根本没有对象，只有一个标识。康德为了保证数的直观基础论同样应用到无限上，只好做出这样的错误假设：无限不是一个标识，它必须有一个对象在，无论这个对象是什么对象，而对于这一对象，人有一个直观与其相对应，即使这一直观与单个数的直观是两回事。

康德没有用过审美直观这个词，至少不是明白地使用的。他的观念很明确，人的直观有两种，一是经验直观，一是纯粹直观，经验直观所观者为时间空间之物，纯粹直观所观者为纯粹时空形式。审美判断与纯粹直观有关，在相当大程度上依赖于纯粹直观。只是纯粹直观是无情感的，而审美判断是富于情感的，纯粹直观是审美判断的内在构件，另一必要构件是目的。在两个构件相融合中，情感附丽其中。所以审美中的情感只是表面现象，它是现实推动，不是先天动力。这么说，似乎否定了审美直观的可能性，其实不然，我们在审美判断中依然能够发现审美直观的踪迹。

审美直观不是简单的直观，而是结合了直观与判断于一体的直观形式。康德认为，"美的"判断是与规范判断相对的反思判断，即在单

---

① 参见康德：《纯粹理性批判》二律背反之一的论述，第 361—362 页。
② 参见维特根斯坦：《哲学研究》，陈嘉映译，上海：上海人民出版社，2005 年，第 219 条。

一表象的判断中展现出的整体性。我们看到,这必须是一种极其特别的判断,这一判断必须连着直观,即单一表象,又要具有整体性或无限性。然而,只有表象是实际存在的,整体性不过是一种借用,或称合乎理性要求的借用,而这一借用必须与单一表象结为一体才是一个判断。在这一判断中,有不断变化的内涵,即从主观合目的性向客观目的性进发的历程①,然而这一历程并不具有黑格尔意义上的历时性,只具有先验演绎的必要性,作为一个实际的判断的一部分而言,它是随着先验演绎不断被发现的,也就是被展开的内在含义,而这一内在含义是在扩展着审美直观,而不是离开审美直观的。用句简单的描述,审美直观所面对的对象不是一个实在的经验对象,而是一个动态的建构对象。对于这一对象,不仅要关注建构的稳定性一面,还要关注建构的变化性一面。用胡塞尔的方式说,审美对象在意向性活动中呈现自身,它是一种意向对象,而不能简单地当作实在对象。但无论怎样,对象一定要建构出来,否则对象就是不在。

审美直观既然是直观,就必须与一般直观具有一致性——我们看到这里的一致首先是语词的一致——也就是它必须是一个直观。这在康德哲学中似乎是无疑的。审美直观是一种隐藏起来的直观,这在康德使用的 aesthetic 的双义性(审美、感性)上可以看出,即鉴赏的与感性的并行,虽然双义性只是语词用法上的问题,并不必须表明其中存在一个同义的本性,只是表明它们是同源的。而且,双义本身恰恰指出了两者在具体用法上的不一致。康德只是从此开始,借道绕行,利用意识的指向作用为审美直观赋予了一种与一般直观完全不一样的

---

① 我们从整部《判断力批判》发现了这一历程,它虽然不像黑格尔在《美学》中建构起的艺术历程那么宏大和显豁,但先验推论的不断变化也展示了如何将历史发展转变为先验分析的发展的至高技巧。

内涵，即先行借用理性的概念①，为审美判断（一种变形直观）进行超级赋义，只是这一超级赋义依然采用了外在赋义的方法。从审美直观这一语词的使用方式来看，它恰好是一种语词运用的典型例证，即通过考察其使用的范围和限度来界定语词不断变化的意义场域。——这正是维特根斯坦式的解读，而这也是一个恰当的解读。

审美判断这一语词包含经验与理性概念两个方面，即有限与无限的结合体。在这一结合体中，从经验向理性概念的跃升变为内在的需要，有限向无限的跨越变为一个现实（虽然不过是一个意向中的"现实"）。如果这一设计成立，剩下的事情就是为这一跃升的内在需要寻找机制了。这是康德《判断力批判》的主体工作：审美判断展现出的无限可能性，即经验判断中的先验飞跃。

康德想做的工作不是对完成状态的描述，而是给出完成的机制，也就是说，他要设计一整套程序来建造一个智能机器人。作为机器人，它（他）要遵守所有的机械律，对于现代科技来说这一点不难做到，困难的是，它通过什么方式获得人的自由意志——它如何从机械律中跃升到自由律。机械人必须遵从人的意志这是无疑的，但人的意志对它而言是外在意志。一旦它具备了自身的意志，它就不再是一个机器人，而成为人。那么，机器人怎样成为一个人？康德说要借一个外在的意志为目的，只是这一目的还只是一个概念，这一概念将引导机器人进行飞跃。然而，我们知道，仅凭自身，机器人是无法从机械律中跳出来的，只有人可以。但是，难道人是先将自己分为自然的人、自由的人然后再综合吗？我们知道，绝对不是。康德也没有这样的实际先后顺序，但康德会辩解说，这一分只是在理性的批判反思中分出来的，并不是实在界的分法。也就是说，这是在意识中的区分，区分是为了综合，结合是第二步的，区分是第一步，在先验的层面上是这样

---

① 特别要指出的是，是一个完全空的概念，只有概念本身，即一个完全没有具体内涵的"目的"概念——其实这种运用完全是失效的，失效的意思是指，它只有这一种用法，而无实际用法。

的。在康德那里，经验的时间顺序永远不是因果律基础，只有先验的理性推理才是；在前一半观点上，我相信维特根斯坦是同意的，但后一点在维特根斯坦看来就是走错了路。先验的区分和综合只是意识中的游戏而已，我们没有一个实例告诉我们这是否正确，唯一的"实例"就是康德的意识分析（先验理性分析）；然而生活中的实例才是真正的实例，否则就是完全抽象的分析。更重要的是，将人区分为自然人和理性人并加以综合从理论也是不可能的，从自然人飞跃到理性人也完全是一个不成功的假设。如果自然人像机器人一样能够进行所有的知性分析，但没有自由理性，那么他无论怎样借用"目的"概念都无法跳出知性领域，更进一步，能够借用"目的"概念本身已经说明他不再是一个机器人了，而是一个理性人，因为他产生了"目的"要求，这已经是内在的理性能力。所以我们无法假定一个单纯自然人的存在，并假设自然人向理性人的飞跃，因为理性人已经内在于自然人之中，只是在某个时刻，为了推论的需要，我们紧闭双眼，不去看那个明摆着的"事实"而已。所以，先验分析的不成功，不在"飞跃"是否存在，而在"飞跃"的任务摆错了地方。我们在生活实践中时时都能进行理性的和知性的判断，并且我们借助语言进行的判断时时超出具体的事例，达到整体的评判，这是人的能力固有的，如果有先天之物的话，这个就是先天的，并不需要假定一个先验的推论机制来保证。康德要为飞跃找到一个先天基础，就只好把知性与理性分开，但人的能力往往并不单纯运用知性或单纯运用理性，往往两者混在一起，或者干脆就是一回事。维特根斯坦也反对把所谓一以贯之的认识能力作为人的认识基石的做法。在他看来，如果没有与对象结合在一起的认识活动，就根本没有这样的认识能力展现出来。

从上面的分析中我们看到，康德意义上的飞跃根本不可能。如果我们同意一种审美判断的存在，并从先验批判哲学的认识领域向自由领域瞭望，就会同意这样一个飞跃的存在。然而，从另一个角度看到的风景就不一样。飞跃,一个先验的语词概念,它是怎样达到的。上一节,我们已经讨论了在一个语词中结合着的有限与无限,并力图让飞跃"内在"于其中。然而,我们还得看看这一飞跃的先验发生(一直到此处,"先验"这个词都是康德意义上的使用,直到故事的展开最后,我们才来反对这一用词)。

维特根斯坦不说飞跃,在他看来所谓的飞跃不过是意识中杜撰的故事,这一故事以人的意识为基础,在意识中发生,就像康德那样在意识中先行将整体的目的拉进来,而且做出一种从某个更实在的地方拉过来的样子,仿佛是从未来借过来的一条绳索,我们借此知道了方向在哪里。人的意识凭借这一绳索,一下子发现了当下的所有可能性,从经验的局限性中跳出来,完成了向无限的飞跃。从学理上讲,我们知道,康德从认识领域对自由领域的借用是一个空的、无对象的概念,即"目的"概念本身,它无内涵,如果有内涵,就进入理性界了。

我们只能暂时下这样的判断:无限的意义不在一种飞跃的"事实"当中,而在语词的使用之中。

四、对"无限"的意指:心灵的机制还是概念误用

无限是一个指称对象吗?对无限的把握是从有限经验的飞跃中获得的吗?

我们经常问这样的问题:"我们是怎样认出这是红的?"一个平常的回答是:"我看见它是这个;而我知道这个叫作'红'。"的确是这样,但这样的平常的回答看起来往往不让人满意,尤其是不让形而上学者满意,他们希望得到的回答更深刻一些,不要停留在表面,所以会有这样的追问:"是什么呢?!"这个问题把我们引领向某种特别的存在,如果我们沿着它是什么这个问题进行回答,就是在默认有一种深深地

隐藏起来的存在让我们知道为什么这个叫作"红"。进一步的提问就是："什么样的答案对这个问题有意义？"什么答案为这个问题赋予了意义。这个提问进一步把方向引向一种特别的存在，仿佛意义是赋予语词的，一旦我们找到这个答案，我们就满意了，就好咔嗒一声响，我们发现了"正确"的答案。"这就好像你需要某种标准，名之为咔嗒声，以便知道正确的东西出现了。"① 维特根斯坦尖锐地指出，这是在"一再把舵打向一种内在的指物定义"。②

康德的主观合目的性说的不过是意识的内在一瞥，仿佛向那个无限之"物"偷偷地瞥了一眼，但是又看不清楚，只好赶快用想象力来填充一下，进而做出说明，毕竟我们通过意识产生了一种意象，虽然只是一种大致轮廓，但通过一瞥，我们看到了一种模糊的样貌，这也说明我们产生的意象是有根据的（这里"根据"一词完全是在康德意义上使用，是先验根据。其实这里的使用方式不无挖苦之意，所谓的先验根据，不过是一种经验性的比附，我们在平常也可以说，这是一种根据，但这个根据毫无基础，只是一种基于不充分根据的猜测，它的意思是说，有线索，但可以随时推翻），虽然我们无论如何都看不清楚那个样貌，但我们可以通过一些比例关系揣测它的构成，并且随后我们发现这些揣测如此的合理，以至于我们可以认为是它们必然的。这样的推论几乎是在做循环推导。

对指物定义（ostensive definition）的反对是维特根斯坦一个很关键的思想。传统思想认为，定义是词与物的一致，先有一物，然后我们赋予它一个指称，比如先有一块石头，然后我们才有石头的概念。石头是真的，而"石头"则是石头的名称。这样说我们都挺熟悉的，但一旦这么用的时候，不管怎样都感到有点怪，我们不停地用到"石头"

---

① Wittgenstein, *Lectures and Conversations on Aesthetics, Psychology and Religious Belief*, Berkeley and Los Angeles: University of California Press, 1966, p.19.
② 以上相关引文参见维特根斯坦：《哲学研究》第380条中的对话。

这个词,但它一会儿指真实对象,一会儿指一个指称。

维特根斯坦没有反对一致,也没有反对词与物的一致,他反对的是先有物再有指称这样的思想。他认为这是让我们陷入迷惑的陷阱,因为我们的指称总会是错的,你不知道什么时候它会与对象一致起来,而真理就是在符合中产生的,一旦指称与对象相符合了,也就是发现了真理。但我们的指称可能永远达不到对象,也就是我们永远无法知道真理。

维特根斯坦说这种符合的思路就是错的,它假定一物存在,我们给它安一顶帽子以利于辨认。实际上名称与对象同时出现,如果没有名称,我们也不知道对象,比如维特根斯坦举了一个例子,两个搬运工,一个喊柱石、条石等等,另一个递给他。我们不需要有指物这个行动,有的只是名称和样本的游戏。① 单独地指出某物而不带上指示的语境,那是根本不可能的。符合论的实指"对象"(object)概念在维特根斯坦这里转化为"样本"(sample)概念。"'实指'在学习名称时最为突出,学习其他语词的时候,我们会辅以其他解释,所学习的语词越抽象,实指所占的比重越小。但指物是学习语词的方式,解释语词的方式,而不是把一个实体式的意义连接到语词上。"② 样本内含了实指,只是实指在样本的学习中不占主导地位,样本的选择还与整个概念系统保持一种互相支持又互相调整的复杂关联。"样本和样本为其样本的那样东西之间的联系不是因果联系,而是一种规范(normative)联系。这里的纠缠主要在于我们的确经常是通过训练、强化等因果联系来建立某种规范联系的。……相同的刺激、训练等等只在某一特定的意义平面发生效果,也就是说,只有结合某一个特定的规范体系来谈才有意义。"③

---

① 参见维特根斯坦:《哲学研究》,陈嘉映译,上海:上海人民出版社,2005年,第8条。
② 陈嘉映:《语言哲学》,北京:北京大学出版社,2003年,第196页。
③ 同上书,第197—198页。

更进一步，内在的意指道路实际上更是不可能的。因为没有样本。"你没有这个超级事实的范本，却被引诱去使用一个超级表达式。（我们可以称之为哲学的最高级。）"① 目的只是一种意识自身的游戏，它是自己为自己设立的标尺，仿佛我们通过这一标尺能够衡量意识的长度一样，其实不然。这一标尺是没有刻度的，正如主观合目的性的目的必须是空，不能具有实在的含义，也就是不具有实际的标尺意义，只有这样，我们无论怎样使用这标尺来衡量意识中无限的长度，我们都可以说：莫不中规。莫不中规是实际存在的，但它不是通过这么一番造作出现的。而是在语言中莫不中规。"我遵从规则时并不选择。"②

从有限实指对象中凭借心灵的作用产生飞跃，在意识中把握到那个无限，但这样的思路却找不到样本，因为这个样本是拿不出来的，只有指示的技术。"无限"不是指称一个对象，而是表述某种现象。它不是在进行实指，因为没有那个实际存在，而是一种技术，借此技术，我们能够对一类特殊现象进行陈述。中国古代思想中说，"大美不言""玄而又玄"。"不言"，就是一种语言陈述的技术，借"不言"来陈述"言"。可言的我们都可以知道，但不可言的原则上是不能知道的，但我们借以指认"不言"来谈论它，至少是一种言说方式。只是这个言说，与可以说的那个言说是两个不同种类。有时候，我们用"道说"来指向那个"不言"，但"道说"与人之"言"还是两回事。

在维特根斯坦看来，无限根本不是一个意指对象，它既不能通过现实的指向，也不能通过内在之意的指向出现，那么无限是什么呢？无限不过是一种教学运用。在此，我们必须进行一个特别重要的转换才能理解"无限"的含义，即从实指向语言使用的转换。我们一般倾向于在对象中寻找语词的意义，认为语词是对对象的表述，语词的意义通过我们对对象的经验来解释。"问题不在于通过我们的经验来解释

---

① 维特根斯坦：《哲学研究》，陈嘉映译，上海：上海人民出版社，2005年，第192条。
② 同上书，第219条。

一种语言游戏，而在于确认一种语言游戏。"① 其实如果没有语言使用，那个对象就不会出现在语言之中。

维特根斯坦建议我们设想一下，教师教学生学会使用"无限"这个词。教师示范，学生跟着教师的样子做，教师通过同意、反对、期待、鼓励等各种表现来影响他，可以让他做下去，或者停下来。无限作为一个语词，一切都在语词中，这里无遮无掩。"深刻的容貌容易消隐。"②

> 设想你目睹了这样一场教学，这里没有哪个词是要用那个词本身去解释；没有什么逻辑循环。连"余此类推"，"余此类推以至无穷"这些表达式也是用这种教学法解释的。在种种方法中也可以包括使用某种姿势。意味着"就这样做下去"或"余此类推"的姿势所起的作用，相当于用手指着一个范本或一个地点所起的作用。③

所以，无限不过是一个词语，它所指向的不是现实的或潜在的某个对象，而是一种指示技术：它告诉我们还有超出目前这些例子或事实的可能性，还有待我们把目前进行的游戏不断进行下去。但是，并不保证未来所有的可能都遵循当下的规则，它是可能改变的，就像目前的游戏规则也改变过很多次一样。规则保障的无限性也不过是一种一厢情愿的说法，不过是一种象征，遵循规则并不保证未来可能遵循同样的规则，样本改变，规则就可能改变。至于是保持不变还是改变，都与样本的游戏以及规则的语法分析有关，没有一劳永逸的规则，那种设想只是理性的懒惰。

---

① 维特根斯坦：《哲学研究》，陈嘉映译，上海：上海人民出版社，2005年，第655条。
② 同上书，第387条。
③ 同上书，第208条。

真正说来,"所有的步骤都已完成"是说:我别无选择。规则一旦封印上特定的含义,它就把遵循规则的路线延伸到无限的究竟。——即使真这样延伸到无限,那对我又有什么帮助?

不然;你必须在象征的意义上理解我的描述,它才有意义。——我本该说:对我来说是这样的。①

我们在此看到康德与维特根斯坦的分野:康德走上的是意指的道路,虽然他使用的是繁复的意指,就先验哲学而言,这是最具有魅力,也最具有蛊惑力的意指方案,这一方案通过区分知性的先验物质性意指与先验目的性意指建立起从知性到目的性(或理性)的先验飞跃,而这一飞跃假定了从有限的知性意指向无限的目的性意指的过渡,并通过建立一整套复杂的机制,指明这一意指的可能性和实现途径,在一系列复杂的机制中,我们不断推后的承诺中迷失了方向,把目的性的先验假定认作先验对象,从而在意想中完成对无限的意向性指认。

维特根斯坦强烈反对这样的先验意指思路,即使在最基本的经验性指物定义中,维特根斯坦也指出了这种指物定义游戏的问题所在:我们不是先认出一个对象,然后再附加上语词,语词进一步地让我们认出对象,如此循环往复。在维特根斯坦看来,对象与语词是一起加入识物的游戏当中去的,语言游戏是跟着物质对象和意义(sense impression)一块儿的,根本分不开。②

一个适当的疑问是:那些没有经验对象的单纯概念怎么办?没有了经验性对象或逻辑内涵,概念是否就意味着完全的不适当,彻底的失败?也不是。这样的疑问依然还沿着指物定义的思路走在错误的道路上。语词不只是跟单纯对象在一起,还与我们去言说的现象在一起,

---

① 维特根斯坦:《哲学研究》,陈嘉映译,上海:上海人民出版社,2005 年,第 219 条。
② Hacker, P. M. S.& Gordon P. Baker, *Wittgenstein, Understanding and Meaning: Essays on the Philosophical Investigations*, Chicago: University of Chicago Press, 1985, p.63.

我们在文化中就会发明这样的言说，否则就只剩下可怜的单一对象，连语言中的连接词如"在""是""对于"等等都无法产生，遑论没有实际对象的文化概念，比如"心灵""自由""尊严"等等。这些词的产生都是有语境的，它不意指某个对象，反而是带有典范样本的言说，我们往往是指着这些典范性的样本说出这些语词的含义，并不断加入其他样本来扩展或缩小内涵。

维特根斯坦的路径是研究语词的语法。内在意指完全是错误的道路，只有走向语法分析，才能发现语词的意义何在。而这一"在"并没有隐藏起来，而就摆在明面儿，摆在语言中。"本质在语法中道出自身。"①

五、愉悦：情感的重负或另一种游戏

在从经验到超验的飞跃中，想象具有不可替代的作用。可以说，从数的无限到概念的无限之间的鸿沟是由想象来填平的。康德虽然建议我们相信这一鸿沟的跨越具有先天必然性，但跨越的现实可能性必须出现，这就是人的想象力。想象力在康德框架中具有实现跨越的功能。

康德的想象力是无时间无空间的，它是人的一种先天能力。在《纯粹理性批判》中，想象力将范畴与表象结合在一起，形成知识（这里的想象力附属于规范判断力）。在《判断力批判》中，想象力是一种自由的运作，它出自一种无目的的目的性将情感运用到表象上去。想象不是随意的，在康德看来，只凭借偶然性而做的感性直观的随意联结是稍瞬即逝的，没有必然性。想象作为人的意向能力的一种，在康德这里被派上了先验用途。

想象是有所指、有方向的，它是一种意向机能，也是人能够进行

---

① 维特根斯坦：《哲学研究》，陈嘉映译，上海：上海人民出版社，2005 年，第 371 条。

现实跨越的承载者。然而，我们看到，康德在此明显对想象一词进行了改造，他去除了一般用法中的随意性，而附加上先验的用法，这一用法在语词的日常用法中是没有的，或者我们可以这么说，在《纯粹理性批判》中，康德还保持着想象力的一般用法，而在《判断力批判》中，他就发现如果不改变想象力的一般用法，他就无法完成经验的飞跃。对于康德而言，这一做法具有必然性，因为他在寻找先验的东西，就不能在外部经验中去找，而只能去寻找脱经验的存在；人的意向机能在康德看来就是这样的存在，它有一定肉身（在实践哲学看来如此），但它主要是一种具有无限性的意向机能。想象力这种意向机能具有的特点就让它与无限挂起钩来。[①]

情感的愉悦与无限有关联吗？康德说有。维特根斯坦说那根本就是两种游戏方式。

康德为什么要把情感的愉悦与无限紧密关联在一起呢？

"我以愉快来知觉和评判一个对象，这是一个经验性的判断。但我觉得这对象美，也就是我可以要求那种愉悦对每个人都是必然的，这却是一个先天判断。"[②] 这里所吐露的消息是，愉悦与美是可分的，愉悦是经验的，而美是先天判断，其中隐藏着某个情感的普遍性的要求。这一情感从表面上看是偶然的，但却有着另一层面上的必然，理性强制的必然，非规律支配下的必然。

需要说明的是，情感在康德这里并不是支配性的，不是原因，更不是根据，而是与对象相适应着的情态。这一情态不能从机械律来说明，因为情感不是生理现象，它有自己的领域（用生理来说明心理情

[①] 无论是康德还是维特根斯坦，真正的无限性都不落在时空之内。康德的无限非时间与空间的无限，而是理性概念的无限，即真正的自由，即不可知的整体，被当作目的把握的整体。维特根斯坦的无限同样不是空间和时间的无限，虽然"数"落在时空中，但无限却不是一个特殊的数，而是一个特殊的数概念。

[②] 康德：《判断力批判》，邓晓芒译，北京：人民出版社，2004年，第131页。

感的思路自现代实验心理学兴起之后就已存在，现代生物基因的发展似乎也让人们找到一些可能，但基本上是理据不足的。康德在两百年前就已经明确反对的）。按康德的观点，它没有自己的基地，也就是说，它不能成为根本原因。这一情感同样不是后天的，经验的，比如我忽然感到不快，就发了脾气。这只是一种经验的情感，偶然发生的。康德要考察的是先验的情感，即一定会发生的情感，当然这一发生是有条件，有相关对象的。无论是物欲的（感性快适）、伦理的（道德敬重）还是审美的（单纯愉悦），都是有所依附的，只是审美的情感更形式化，也更脱离具体的利害关系。只有先天的情感（不如说是情感形式）才是康德考虑的重心。情感怎样带领知性从规律的有限性中摆脱出来，跃向无限的未来？无限的自由（无限、自由、目的在康德那儿基本是一组词）？飞跃，是一个实践哲学的概念，是对实践到理论发生的变化的描述，康德这儿依然是一个描述，但不像实践哲学将飞跃描述成自然发生的，康德要深入探究飞跃的可能性。

愉悦是一种情感表象，说它是表象，就说明它只是表现出来的，非实质的东西。但愉悦的情感表象具有现实的推动力，这一点与美正相吻合：美若没有现实的、即下的愉悦感，就没有美的存在空间。但是我们在上面的分析中，也看到，康德为美（一种趋向无限的机制）赋予了重大的使命，就是将我们引领向绝对伦理的王国，这是内在的、深刻的机制（维特根斯坦最反对这样的深刻性），因此，这里存在着巨大的紧张感：表层愉悦、内在深刻。如何处理这一紧张感决定了理论的形态。康德对这一紧张感的处理方式为我们树立了深度理论的典范。重要的是，这是否是理论的滥用。

情感在康德这里被赋予重要使命，它将不是随随便便的情绪感受，它首先是感（feeling）之情，是内在的，也就是说一种内感知，所以主要是时间性的，它有外在触发，但这个外在触发从本性上说，并不是最重要的，重要的是怎么生出了一种情感。而这一情感在接下来的活动中被赋予更为重要的任务，即从有所触发的感之情转向必然如此成情的理之情，也就是，情感如何成了一种主观的合目的性活动。情感连着感性，当然这一感性对象是一种纯时间维度的感性形式，而主观合目的性连着理性概念或无内涵的目的概念。这两者在反思判断中成为一致的东西。我们的疑问恰恰是，情感、主观的合目的性、反思判断三者怎么就能够结合在一起？在这三者中，情感明显是被决定的，它只是首先展现出来的东西，主观合目的性与情感看起来是距离最远的（如果我们不从康德哲学来看问题的话），在一种纯形式的东西中，怎样加入理性目的，让它显得如此展现是必然的？只有论证机制。反思判断就是这样的论证机制。反思判断从一个感性对象开始，如"这朵花是美的"。但这个判断一经做出，必须立即中止对感性对象的分析，而转入对判断的普遍性要求的分析（实际是一种建构），而这一普遍性要求其实并不是从这个判断中自然得出来的，而是添加进去的。但反思判断却缺少不得这一步，只有加入普遍性要求，才能引入合目的性，这也就是为什么合目的在美的判断中显得有些突兀的原因。而所谓主观的合目的性之主观，则完全是一种命名，是对无来由无法说明的联结做的指认，这是在一般意义上用的"主观"，也就是除了主体进行的没有理由的联结外，我们说不出别的什么来的。虽然，康德诱使我们相信，在随后的先验演绎中，这一"主观"将被证明是有道理的。但如果我们暂且止步于此的话，就发现了这一"主观"的理由悖谬：它成为根据，但提供不出来证据（从实际效果上以及从理性推论上），只能是一种建议，但这建议却成为论证不可缺少的步骤。这是康德大厦中的空无之所。

在情感与主观合目的性的联结中，反思判断的机制就是一副黏合剂，它的成分来自各个方面，包括纯粹知性和理性概念以及内在的获取双方要素的能力，重要的是一定要有黏性或概念之间要发生紧密关联，在康德这里，这种关联必须是先验的，内生性的，否则就不是牢靠的关联。然而，这一黏合剂是机械律和目的律的混合剂，根据什么用机械律，根据什么用目的律却并不是自明的，而是在机械律图穷匕见的时刻给出一把匕首的图纸，这不能不让人怀疑目的律的可靠性：凭什么目的必须出来，没有目的为什么就不可以？

从康德体系回答这个问题不难，但当我们把这个问题从体系分离出来以后，我们就会发现内在机制的精巧并不能解决困境，相反，从体系中解放出来反而为我们寻找新途径开辟了道路。

机械律与目的律的结合不过为我们绘制了一幅超级效果图，仿佛所有的主观合目的的判断都适合这一超级效果，并且所有的实际效果都由这一超级效果而来——它最深刻，最有深度，最能成为基础。

上面说到，在情感与主观合目的性的联结中，反思判断的机制就是一副黏合剂，它的成分来自各个方面，包括纯粹知性和理性概念以及内在的获取双方要素的能力。这里我们来看看内在的获取双方要素的能力到底是什么？康德将其命名为先验想象力，其实先验想象力根本不足以命名这一能力，它像是一种隐喻，实际的想象力仿佛是这一能力的表象，而这一能力本身却深深地隐藏起来了。——其实这一图景完全是误导性的，所谓先验想象力根本不是一种能力，这一能力是不存在的。先验想象力这一名称引诱我们去揣测有这样一种能力的存在，但它在根本上是一种词语的矛盾。想象力在康德的知性分析中并未被赋予重任，但在判断力批评中却冠之以先验名目重新引进，以解决一种先验的联结，以指示一种虽然表面是任意的，却是合目的的联结。从知识跨越到理性，原来是通过想象力来达到的，这一桥梁的跨越作用固然让人振奋，但其中的作用机制依然是不能明言的，它保留在某种神秘之处。这一神秘可以被引向一种神圣的存在："上帝"，它作为人的理性展现的一条道路向我们昭示人的认识能力的某种神秘，而且是先验的神秘。由此，康德建立起审美神秘性的圣坛，同时应和一般美学观念中的神秘感。然而，我们恰好就是要通过摧毁这一神秘感的建立过程和机制来达到瓦解审美神秘性的目标。

维特根斯坦不反对情感，我们在面对一个艺术对象或所谓的审美对象时都是有某种情感的，到底是什么样的情感则因人而异。不同的文化环境或个人所受教育都是具体差异的原因，但对一个艺术对象会有某种特定情感是一定的。面对艺术对象一定有情感这样笼统的话，只是一种极其特殊的用法，这是在我们完全无法确定那到底是哪种情感时才这样说，而不是我们极其确定的情况下才这样说。当我们选择一种最宽泛的概念时，不是因为我们知道得太多、太深刻了，而是因为我们知道得太少、太粗略了。

维特根斯坦所反对的是把情感或想象力做成某个机制中的一个零件，仿佛一个手柄，一拉这个手柄，机器就动起来。情感没有这样的功能，当我们用情感这个词的时候，我们就已经确定，那都是表现出来的东西，它既不是外在的、也不是内在之意的展现，而是与对象和语词连在一块儿的展现。

六、方法反思：先验及其批判

语言在人的世界中地位一向很高，这在任何一个理论家那里都无例外。康德如此，维特根斯坦也如此，但语言哲学把语言的地位是摆得最高的，也就是说最基础。康德一定是一个极高明的语言分析家，他的先验分析在相当大程度是高超的语言分析，只是他会更相信自己做的是一种对先验机制的语言描述，而不只是概念分析，对象的存在是先决条件，语言是对存在的陈述或解释。语言是世界中极重要的一部分，也许比它还重的只有"思"或意识。但维特根斯坦会认为语言就是世界，是我们整个世界，而不是世界的一个组成部分。语言走多远，世界就走多远，世界是语言的世界，未经语言的不是我们的世界。当然语言对世界的表述是极其复杂的，决不能简单地认为语言就是对作为对象的世界的陈述，而是语言道说世界。

在伟大的哲学家那里，这种根本性分野决定了路径的方向。康德努力进行的先验批判在维特根斯坦看来却是一条不归路。康德念念不忘的先验、预先、先行等概念在维特根斯坦看来都是一组语言游戏，而且是极特殊的一组语言游戏。这些词组成了一个错误的概念运用组。康德把先验抬得极高，将其视为超越经验的主要的维度，并将其视为客观性的真正保障。而维特根斯坦则说，先验不过是预先看到未来所有的用法而已，这里分为两个部分：一、标准的先行确定；二、预先看到所有的用法。

维特根斯坦举了一个机器图纸的例子进行批判：

> 我们可以说，一台机器，或它的图纸，是一系列图画的第一张，而我们是从这一张学会推导出后面整个系列的。
>
> 但若想到这台机器本来也可能以不同的方式运转，我们就会觉得作为象征的机器所包含的运转方式一定远比实际的机器所包含的运动方式更为确定。那本来是从经验上预先确定的运转，但似乎这还不够够，真正说来——在一种神秘的意义上——这种运转必须已经是现存的。这一点倒不假：我们是以不同的方式来预先确定作为象征的机器的运转与任何特定的实际机器的运转的。[①]

在此，维特根斯坦先提出一个要反对的观念，然后指出这一观念的内在矛盾之处，先行存在的"象征的机器运转"与"实际的机器运转"可能相同，也可能不相同，无论结果是什么，两种"运转"的确定方式是不一样的。"实际的机器运转"是由事实来确定的，而"象征的机器运转"是预先确定的，就像我们想象一种机器运转，但事实上没有

---

① 维特根斯坦：《哲学研究》，陈嘉映译，上海：上海人民出版社，2005年，第193条。

运转一样。"预先"就像一张图纸，提前决定了以后的一切。

　　这种想法是从哪里来的——一个系列的开头部分仿佛是一条铁轨的可见部分，而铁轨一直延伸，渐不可见直到无限？好，我们可以不想规则而想想铁轨。无限长的铁轨相当于规则的无限应用。①

"预先"就像在人的心里画了一幅草图，我们照着这幅草图来做现实的事情，并且在做现实事情的时候好像时时捧着这幅草图，经常偷偷瞄上一眼，以保证自己不走样。这样的思路看起来特别有力，但实际上充满了舛误。我们如何能够时不时地看上一眼自己心中的草图？就好像意识中有一幅图像，而我们有一双内在之眼，可以时时地看看这幅图。为了更有力地揭示这一思路的虚妄，维特根斯坦提出一个"视觉房间"的概念。②

"视觉房间"是一个比喻。它指的是人的视觉所见，本来视觉所见不是物质性的，而"视觉房间"仿佛是把视觉所见装到一个房间里，就像房间里的家具摆设一样，然后大家就可以往房间里看，可以有一种观看。这是对观看意识的比喻。我们一向以为，人们看到一个东西，在意识中呈现，或者在意识中设想好一种图像，一个预期，我们就照着这个图像来做现实中的事情。"视觉房间"就是心中的草图，它像一种准物理现象，你可以看一看再比照现实的工作。一般的房间都是有主人的，至少原则上有主人，而"视觉房间"不可能有主人，如果有主人就意味着视觉房间里的摆设可以改变，一旦改变就不再是一种准物理现象。然而这就存在着一种语法上的矛盾：一方面"视觉房间"是意识的切片，它必然实际上属于某个人，另一方面，它又不能属于某个人，因为这样一来，房间就会改变。为了解决这个语法矛盾，可以再发明一种新说法：

---

① 维特根斯坦：《哲学研究》，陈嘉映译，上海：上海人民出版社，2005年，第218条。
② 同上书，第398条。

这个"视觉房间"不属于个别人,而是人的一般意识中呈现出来的"视觉房间",是对一般意识的描述,因此它既不会改变,是准物理现象,又不属于个别人。这样两者之间的矛盾就可以被消解掉。但可以看到,这是在向本质论求救,用一种隐蔽的本质论假装成非本质论的观念。论证至此,我们已经把问题引领回对本质论的批判。"一般意识"是最不可靠的大词,它仿佛提供了一个新平台,让我们从中看到客观性的希望。而实际上,这个"一般意识"不过是语词矛盾而已。"一般"仿佛是人的意识中总结抽取出来的普遍性存在,这一存在不依赖个体,它决定了个体意识的本质特点,但不具有个体意识的可变性,所以它是一种奇妙的概念。只是对于这个概念,我们实在无从寻找到它的踪迹,除非到形而上学家的头脑中去寻找,即某一个具体特殊的意识中去寻找。我们应该重温一下"你没有这个超级事实的范本,却被引诱去使用一个超级表达式。(我们可以称之为哲学的最高级)"[①]。

> 我们仿佛揭示出了"视觉房间"——其实是发现了一种新的说话方式,一个新的比喻,甚至可以说,一种新感觉。[②]

这种新感觉并不是真的感觉,而是词语误导我们产生的错误感觉,或者说,那里根本没有什么感觉,而是词语让我们产生的假象。"视觉房间"具有这样几个特点:不依赖任何物质对象、不依赖任何个体、意向性存在。这就是预先存在的含义,也就是"先验"的真正内涵。通过"视觉房间"这个比喻,我们一下子发现"先验"这个词是如何被误用的,并且明白其内在舛误是如何产生的。

维特根斯坦所使用的概念分析方法与康德所使用的先验分析方法有一点是相同的,就是力图做到脱-时间和脱-空间,力图在时间空间

---

① 维特根斯坦:《哲学研究》,陈嘉映译,上海:上海人民出版社,2005年,第192条。
② 同上书,第400条。

（经验）之外寻找事理的根据，如果这一层意思是先天的话，那么两个哲学家都有先天的层面。除了这一层意思之外，两者基本上不处在一个层面上。康德的先天指的是先于经验，是经验得以可能的基础，先天之物不出现在经验之中，但从经验中我们可以通过先验分析寻找到先天之物的踪迹，它主要在经验之外，或经验背后，是深藏的。康德的先验完全在经验背后，是经验得以展现出来的机制；维特根斯坦的先天指的则是人的语言使用，人能够运用语言，这就是先天的。① 我们力图探讨的超出一般经验层面的知识都不限于经验事实层面，更重要的是讨论这一经验事实是如何得来的，这些知识是康德所称的先验知识，也是维特根斯坦所致力研究的深层语法，② 而深层语法就体现在人的语言实践中。只有在语言实践中才显示出来的人的能力，它与事例（样本）、语言一同出现，没有时间先后问题，更没有先验的根据不根据问题，这几个元素，没有哪一个更基础，它们是相互依存的。没有显示，就没有发现或说出。简单地说，康德的先天是深藏的，而维特根斯坦是显现于语言中的。"那么在有所打算这一步和打算做的事情之间存在着什么样的超固定联系？——'咱们来下盘棋'这话的意思和象棋的全部规则之间的联系是在何处形成的？——好，在象棋游戏的规则表里，在棋艺课上，在下棋的日常实践中。"③ 这段话就像维特根斯坦与康德直接对话一样。

先验分析的致命弱点就是要为每一个概念划定界限，并将概念嵌

---

① 在此要说明的是，康德区分了先天（a prior）、先验（transcendental）和超验（transcendent）几个概念，这几个概念构成康德哲学和美学的支架，先天相对的是经验，即先于经验，而先验是先天的构成方式，它相对于超验，超验是对先验的不适当运用。这几个概念之间具有极端复杂的关系。然而对于维特根斯坦而言，除了先天是可以接受下来的一个词，并且要改造接受，先验和超验都表现出概念的错误运用。除了概念误用，我们在此看不到别的。
② Stanley Cavell, "The Availability of Wittgenstein's Later Philosophy", *The Philosophical Review*, Vol. 71, No.1 (1962):85-86.
③ 维特根斯坦：《哲学研究》，陈嘉映译，上海：上海人民出版社，2005年，第197条。

入先验体系中，成为一个零件，而这个体系中的任何一个零件出了问题，都可能导致体系的崩毁。相对而言，概念分析要富有弹性得多，概念之间的关系不像先验分析那样紧张，而是构成一个概念组，一个概念组中的概念构成一类相同的游戏，比如一致、相同、相似等是一个相互纠缠的概念组；此处的无限、目的、全部用法等是一个概念组。在概念的相互牵涉中，形成并展开整个概念游戏。

下 建构篇

第五章　艺术本性、家族相似与艺术类型

对于艺术研究者来说，艺术本性概念充满迷人的光彩，它向我们许诺，艺术有一种隐藏起来的根源或本性，诸种艺术实践分享这一本性，获得独特的魅力；欣赏者窥破这一本性，加入艺术活动的盛宴，分享艺术魅力所带来的欢娱，成为艺术活动的必要成员。这一诺斯替宗教图景无疑让人心潮澎湃，不禁生景从之心。然而，静下心来细细思量，却又觉得其中难解之处比比皆是，让人难以信服。到底什么是艺术本性？无论是西方的模仿论和表现论，还是中国的言志说和缘情说，都显得理据不足，它们具有宏大的概括力，同时又留下难以填补的漏洞。现代艺术实践进一步加剧了艺术本性探讨的难度。一旦我们试图为艺术寻找一个共性，比如形象性、情感性、公共性等，都会发现这个定义根本无法普遍适用于诸种艺术实践，特别不适用于现代艺术。现代艺术的特点是观念性，它和传统艺术有着截然不同的形态。如果说马格利特的一系列画作中还把艺术与观念结合得比较紧密，比如《这不是一支烟斗》《错误的镜子》等作品中都还使用了绘画的表现手法，那么杜尚的作品，比如《泉》《大玻璃或新娘甚至被流浪汉剥光了衣服》等，则完全颠覆了我们通过古典艺术树立起的艺术观念，把我们引到艺术本性终结的方向上去。

我们在思考艺术本性问题的时候往往脑海里出现一种图像，即一个边缘模糊的圆，离中心越近，图像越清晰，离中心越远，图像越模糊。一般我们会假设艺术实践是真实存在的，我们能够看到艺术的实践的范围，虽然可能不那么清晰，但毕竟已经有了一个大致的界限。

这一界限就像是一个边界模糊的圆形，在边缘地带不断有新的因素进入，也不断有旧的因素离去，但核心地带是稳定的，构成了艺术的内核。我们在核心地带发现艺术的共性，并用这一共性衡量边缘地带的艺术形式，所以我们才会说有新因素进入，有旧的因素离去。这种思路似乎很有道理，但这是在假定一个固定的中心，并且以这一中心的性质来判断边缘，甄别边缘，决定徘徊于边缘之上的一些实践活动的存废，把艺术的实践处理成一个平面化的空间状况。很多时候这种处理方式能够带来一些洞见，但带来洞见的同时也形成盲视。对本性进行描画的一个不良结果就是导致整体的僵化，边缘或边界被当作低级或负面的概念来对待，这是艺术本性概念带来的最大陷阱。

一、艺术本性的时间溯源

对本性的追问往往沿着两条常见方向进行，一是起源或发生，这是时间回溯；二是奠基，这是先验回溯。此处首先探讨第一个方向。[①]

艺术起源（发生）论认为要想研究清楚艺术的本性是什么必须回到艺术起源的时间段，研究艺术活动什么时候发生的，作为一种原始的状态包含了哪些内涵？接着力图寻找第一次艺术活动的痕迹，比如找到一件原始艺术品作为例证。这种思路自有它的理路基础。我们的考古发掘已经发现大量的原始遗存，有很多物品具有一定的艺术性，我们似乎可以通过考察这些艺术遗存的年代来确定原初的审美意识和原初艺术品的基本样态。艺术发生论正在基于原始材料，引导我们回想，什么时候开始有艺术活动？艺术活动发生的时刻出现了什么？无

[①] *A Glossary of Literary terms* 一书中的 "Primitivism and Progress" 词条指出，Primitivism 有两种，一种是 Cultural Primitivism，另一种是 Chronological Primitivism，正好与这里指出的先验回溯和时间回溯相对应。参见 *A Glossary of Literary Terms*（北京：外语教学与研究出版社，2004年），pp.244-246。

疑，原初艺术（或原始艺术）与成熟艺术不同，它具有成熟艺术的所有潜质，但比较起来却非常稚嫩。

这是在假定一个发生的图像，这一图像诱使我们把本性当作一个植物，它应该像一粒种子，在某个合适的土壤环境里生根发芽，这就是发生期的样态。我们假定发生期不必像成熟期的植物那样具有典型的形态，只是一种萌芽，一种雏形，所以它的性质不同于成熟期，但以潜质的方式具有成熟期的基本特征，而且它一定会发展到成熟期，只要外部条件具备。发生期的潜藏状态作为萌芽一定会成为成熟期的事实状态，也就是可能性变为现实性。可能性中潜藏着所有的本性，虽然稚嫩，但特性充备。

发生的图像让我们从一粒埋在土壤里的种子中看出一株参天大树，并且假定树的本性就存在于种子当中。如果我们为一段历史画一幅图像，历史像阴影一样落在纸上，形成静态图像。历史由此变为平面，"发生"变为平面的起点，而我们所处的时代成为终点，桥梁是"发展"。起点虽然稚嫩，但由于"发展"这个概念的加入，就变得可以原谅，所以我们从这一静态的图像出发，就充满理据地假定"发生"之考察，不是理论假定，而是事实考辨。然而没有现代审美理念和艺术理念做指引，我们就很难发现什么是艺术，也无法确定艺术发生的那一刻。比如许多研究者把新石器时代的各种陶盆、陶罐等器物上面的纹饰认作最早的艺术形式，认为它们直接描摹了鱼、鸟、植物等自然对象。但是，这些今天看来有节奏感、形式和谐的图形符号真的是作为美的装饰品创造出来的吗？就实物来看，这些符号或线条通常是部落的图腾，包含着祈祷、确定部落身份等丰富多元的文化意义，而绝不像我们为桌布印上美丽的图案，在墙壁上挂起装饰的镜框这么简单。如果轻易地把这些东西称为艺术品，就是在以今度古，忽略掉其中隐藏的巨大差异。

另外，古代给我们留下来的只是一些成品，制造这些成品时的精神状态永远遗失了，我们对它的猜测往往是以相近年代或现代的审美意识为基本视野的，这一猜测只能是整体性的，无法精确到具体物品。就像我们把原始社会的物质遗存"人面网纹盆"看作艺术品，但是我们并不知道原始社会的人们是怎样看这个物品的，也许把它看作艺术，也许不是。这种"审美"状态已经彻底遗失了，我们无法确定，只能从我们现在的艺术观念出发把它看作艺术品，并相信原始人像我们现代人看到纹饰一样会有一些审美的感受，从而假定原始人对人面网纹盆的使用和感受与我们现代人相同。但是，从我们的感觉类推原初人类的感觉这种说法首先就有问题，因为我们在潜移默化中已经有意识或者无意识地经受过大量的文化熏陶了，当我们欣赏原初艺术的时候，很难分辨清楚哪些情感是发自自然天性的，哪些部分又是经受文化塑形的，两种文化语境截然不同，所以从我们的感受推论原初人类是极其艰难的。按照列维－布留尔的观点，这种假定只是一种为了方便而使用的假说而已。[1] 即使我们把人面网纹盆当作原始社会的艺术品，我们也会发现，在盆的内部和边沿上画的形象也不是客观的人脸，而是抽象的人脸形象，这几乎是原始纹饰艺术的共同特点。

发生论是以时间为标尺的溯源考察。"发生"与"溯源"看起来是两回事，"发生"是从起点到终点的正向矢量，"溯源"是从终点到起点的逆向矢量，实际上，两者是一种理论的两面。发生论所假定的正向矢量不过是一种基于当下观点（或终点）的回溯寻视拟定的起点，这一起点是建议性的，不是绝对不可改变的，视角的些微改变就会改变起点的坐标，而且起点离终点的距离越大，改变的幅度就越大。单纯的"溯源"总是显得主观性过强，将"溯源"改为"发生"明显可以隐藏理论的来源，也显得比较客观。

但无论怎样，时间这一标尺无法隐藏。时间作为一种单向度的延

---

[1] 列维－布留尔：《原始思维》，丁由译，北京：商务印书馆，1981年，第16页。

展,假定了时间排列的有序性和连贯性,并在时间序列中建立起前后因果联系,形成一以贯之的链条,并从中"推绎"出(实际上不是推绎,而是先行设定)支配这一链条的本性。由此,时间链条上的个别事件或关联物就变为具有理论意义的事实证明。事实证明理论,就演化为发生论的基本原理。经验由此脱去了偶然性特征,变成理论的必然,反过来证明了理论。

然而,时间序列如何建立起因果联系?难道前后相继就说明两个事件或两个作品之间就具有内在的联系吗?"发展"这一中介是事件的结果还是事件关联的理由?上述纠缠在一起的问题是一而二,二而一的,解决一个,必须同时解决另外一个。如果我们默认了时间的延续以及"发展"这一动力,那么发生学的理论推导还是可以接受的。但这一前提是牢不可破的吗?

二、艺术本性的先验溯源

让我们进入下一个溯源:先验溯源。先验溯源[①]对时间溯源方法进行了激烈的批判。

康德哲学是先验溯源的典范。在康德那里,先验溯源被称为先验批判,是对先天形式的批判性溯源。

在康德看来,时间是不能成为因果性的基础的,时间序列内的事件只具有前后序起的意义,而不具有因果的决定性的意义,时间在前的事件充其量是其后事件的条件,而不能成为基础,只有基础性的存在才具有因果性。只有对构成经验的时空关系进行先验批判,我们才

---

① 在康德看来,溯源本来就是一种时间维度内做的事情,它本来就是经验的,从经验是溯不回先验这个源的,只能进行先验批判。所以,此处先验溯源的概念不是在康德批判哲学意义上使用的。它的作用在于强调概念反思的动态过程中批判性地寻找基础。下面对康德美学观念的分析同样在这一意义上使用。

能发现人类知识的真正来源。①

在康德先验哲学体系中,艺术有不可替代的功用。康德在知性和理性间划定界限,希望将人的知识限定在认识界,将人的意志能力放在道德界。知识的先验溯源到达先天时空维度及诸时空范畴就止步了,再向前就不是人的认识所能达到的了。在人的认识止步的地位,意志出场。意志的先验溯源就要比认识的先验溯源更进一步,它最终会以上帝为中介,接近世界的核心,物自体,这一宇宙最大的谜。

然而,在康德看来,依靠认识是无法接近本体的,必须从认识界或自然界向人的意志界跨越才能接近本体,艺术作为跨越的中介无疑是不可缺少的一环。在建立上述环节中,康德使用了推导性的机械律与范导性的目的律相结合的原则。他首先从整体综观的角度看到,人必然是一体的,他能够整体把握这个世界及其自身,如果不能,那么他对于世界什么都不知道,这又是与我们的日常观察相悖的。但是如何从认识走向自由或如何从片面的认识走向整体的理性把握却是一个有待论证的命题。在机械律无能之处,康德就使用目的律来做引导,用"必须"(目的)来引导"必然"(认识)以走向真知。机械律如何走向目的律?或者,从自然如何走向自由?必须有一种原则,既是整体的,但又不是通过论证认识到整体,既来自自然,但又脱离开具体的自然实存,这就是脱离认识规律的判断力,并且是走向意志自由的判断力。意志作为目的就引导着人从自然的片面规律性中走出来,在这一路途上,艺术起到调节规律与目的、认识与自由的作用。

在康德这里,艺术的作用不在自身,而在于作为中介的形而上学功能。艺术即美,即形式的主观合目的性。什么是合目的性,就是在具体的实践行为中,不知道具体的目的是什么,但通过反思发现这些行为趋向一个目的,这个目的不是具体的理念,而是一个空的观念,

---

① 康德:《纯粹理性批判》,邓晓芒译,北京:人民出版社,2004年,第25—27页。

即目的这个概念本身。它之所以是主观的，在于它并不是理性目的本身，而是对理性目的的观测，是一种主观的合目的性，但它毕竟是引向客观的或称理性的合目的性的一个必然步骤。从这个层面说，它又是接近客观的。艺术之美是想象力和知性相结合的结果，理想是想象力借助知性形式来陈述目的的手段，理想不存在于自然界，它只存在于人的意识中，是一种未得理念但向往某种理念的知性形式，这一知性形式只能用艺术来表述。并非所有个体都可以行使这一命运，只有天才能得此先机，在一种偶然性的情境中，将想象力与知性完美地结合在一起，而且是按照理性的要求结合在一起的（这一点通过反思来发现，不在现实时间的序起顺序中发生）。在此，我们也发现了一种艺术的精英主义，即天才对其他创作者的优先性。但天才不是随意进行创造，他必须在鉴赏力的训练中磨砺其敏锐的感觉，康德甚至说出这样的话："所以如果在一个作品中当这两种不同的特性发生冲突时要牺牲掉某种东西的话，那就宁可不得不让这事发生在天才一方；而判断力在美的艺术的事情中从自己的原则出发发表意见时，就会宁可损及想象力的自由和丰富性，而不允许损害知性。"[①] 由此可知，想象力必须受到约束，受某种不知来自何处的理念的引导。理性的理念不是随意的，而想象力可能是随意的，所以，必须在某种理念的整体引导中不断地磨砺和训练。所以，康德的艺术精英主义只是伪装的或过渡性的精英主义，当然，无疑也不是大众主义的艺术观。我们可以将其称为温和的艺术精英主义。此处，艺术之所以起到沟通的作用在于有一个从知性的形式中形成的共通感，共通感既是主观的，但不是随意的，而是来自于对形式的内在的普遍性的把握，这是先天的，所以从本质上又是来自于客观的，是人的普遍性的选择。在表现形式上是偶然的，但从先天的层面上是必然的。也只有如此，艺术或美才能成为一种先

---

① 康德：《判断力批判》，邓晓芒译，北京：人民出版社，2004年，第165页。

天意义上的中介（非中介或者完全是偶然的经验，或者完全是理念的目的）。

在黑格尔的体系中，艺术同样要完成过渡的任务。艺术是绝对理念发展过程中不可或缺的一环，是理念在世界中的感性显现。相对于理念而言，生活世界是不完满的，或者说，太过具体而变得琐碎，无法达到理念的抽象高度，艺术是破除这种琐碎的重要手段，也是从琐碎走向完满的一个环节。

有趣的是黑格尔还为艺术类型设定了发展的脉络，让不同的艺术类型对应理念发展的不同阶段，"象征型艺术、古典型艺术和浪漫型艺术作为艺术中理念和形象的三种关系的特征。这三种类型对于理想，即真正的美的概念，既而追求，继而到达，终于超越"[1]。这是一个非常形而上学的做法。艺术类型被赋予重大本质的时候，也变得机械而僵化。

艺术展现了理念，在绝对理念实现自己、外化自己的过程中，与它结为一体。从这个阶段来讲，艺术是极端重要的，但这种结合从本质来讲是貌合神离，绝对理念一定要离艺术而去，因为艺术只是一种理念的感性展现，它无法容纳理性这一内核，必须扬弃这一感性展现，跨入纯粹的心灵展现，理念才能向前发展，所以艺术作为中介，就要在理念的发展和迈进中变成不合时宜的心灵形式。从理念发展的角度讲，这是一种主动让渡。

上面的描述中，我们注意到，无论是康德还是黑格尔，艺术都起着形而上学大厦的桥梁作用。康德以艺术为桥梁是为了完成一种先验的大厦建筑，或者是画一幅理想的大厦的图纸，至于这幅图纸是否能够盖出来，另当别论。黑格尔为艺术设置了理念发展的时间底色，这一时间不等同于现实界的时间，不是简单的单向时间流逝，而是理念

---

[1] 黑格尔:《美学》第一卷，朱光潜译，北京：商务印书馆，1979年，第103页。

的时间性，所以我们会看到黑格尔将艺术类型的发展排列设计为理念自我展现的中继环节。作为伟大的形而上学设计，康德和黑格尔将艺术设置为中介性的，就显得既重要，又失败。重要在于，艺术不再是哲学或神学的婢女，而是哲学中关键的枢纽。说它失败，在于艺术在理念的先验建造中或发展中，成为中介的同时，也被放弃了它的整体存在，一旦内核离心而去，它就成为没有内在精神的空壳。康德和黑格尔按照理念来分类的方式过于强硬，在艺术与理念的取舍中，艺术被牺牲掉了。这也是近些年来"艺术之死"观念的理论由来。

三、先天基础的无限悬搁

我们在上面对艺术的先天基础溯源中看到，向先天基础回溯必须将艺术的意义源头让渡外在于艺术的某个存在，艺术只有在成为整个形而上系统的一个环节的情况下才能获得意义，这一意义看起来很重要，但不可避免地成为系统的一个过渡或中介，使艺术沦为形而上系统的附庸。这一点早被现代美学所看破。那么，像胡塞尔那样对先天基础进行现象学悬搁能够解决这个艺术难题吗？

胡塞尔的现象学看到形而上学本质论的缺陷所在，为了躲避本质论的陷阱，采取了对本质悬而不论的方式，对于无法说清楚的问题先放在一边，放在括号里，转而处理能够直接看到的问题。胡塞尔主张现象即本质，这个"现象"不是康德意义上的"表象"，它是去掉物自体之后的"表象"，在康德那里，表象是在本质的直观之上产生出来的，它永远不是本质，只能在反思中接近本质（物自体）；而在胡塞尔这里，直观就是本质直观，不是现象，直观不是感性的工作，而是理性的工作，所以直观到的东西就是本质性的东西。从这里，我们就可以看到，那个括号里的本质可以忘却了，在理性的推理论证中没有它的地位。失位是胡塞尔消解本质的方式。这是一种尝试性的理性探索工作。

英伽登正确地排除了文学意义的心理主义来源，认为心理经验不能提供可靠的意义来源。他认为，即使我们能够把文学作品看作一种"想象客体"，我们也必须将心理体验从"想象"概念中驱逐出去。否则，不同体验之间如何沟通，如果保证文学作品的同一性就成为无法解决的问题。[1] 实际上，所谓"想象客体"并不完全是心理体验的，英伽登对这个概念进行了现象学的阐发，从中去除了心理因素的不稳定性，将"想象"改造为"意向性的假想"[2]，由此，"想象"行动就可以直接面对它的客体，想象在客体上面形成了一种观相，这就具有了一定客观性，而不像心理主义那样认为想象出来的对象也是变化不定的。沿着这一途径，英伽登进一步区分了文学想象与文学"再现"，认为后者是一种纯粹的意向，与对象无涉。在此基础上，他区分了真实空间和"想象空间"，指出文学作品位于想象空间中。

他遵从胡塞尔的教导，将意向性概念贯彻到文学研究中。文学作品成为一种意向对象，而不是某种实在对象，所以，重要的是作品是如何在阅读中展开的，它的样态和组织结构以及与周边生活的关系就成为主要的研究目标，而文学作品的现实性本源问题在上述讨论中就被消解掉了。

文学作品（句法）与现实（模拟陈述的对象）的关系怎样？它是否有责任为自己的真实性做辩护？对于这样的问题，其实无论怎样回答都是错的。在英伽登看来，文学与真实情况是没有关系的，这个问题本身就提错了，把我们的注意力引到一个错误的方向上。为了转换问题，让问题处于更坚实的基础上，他用句法来代替文学作品，用句法所"模拟陈述的对象"取代其他文论观念所预设的"现实"。

英伽登区分了三种表达句式：纯粹陈述句、拟判断句和判断句

---

[1] 英伽登：《论文学作品》，张振辉译，开封：河南大学出版社，2008年，第36页。
[2] 同上书，第227页。

（同时也是关涉事实的陈述句）。文学作品的句式既包含陈述句，也包含拟判断句。文学作品的纯粹陈述句与关涉现实状况的陈述句不一样，与现实状况对应的是科学表述，它是由判断句来完成意向性指向的，即意向与真实性直接相关；而文学作品的陈述句则是一种纯粹意向性的陈述句，它不涉及真实性，所以也不是判断，英伽登指出作者的话就是纯粹陈述句。麻烦不在于两者的区分，如果文学作品与现实不产生关系的话自然是万事大吉，但文学与现实的关系却是一个绕不开的问题，所以英伽登为此设立了一个中介性的概念：拟判断句。拟判断句不是判断句，它只是看起来像判断，但并不对现实状况产生影响。英伽登说，作品中人物的话就是拟判断句，它表达了一些意思，但只在文学这个想象空间中起作用，现实空间并不因此产生变化。纯粹陈述句与现实状况的关系只是非常偶然地跟判断句与现实状况的关系一致起来，使它们看起来是一样的，享有同一来源，实际上，这只是一种错觉。文学作品的陈述（或拟判断）只是纯粹意向性的陈述，不关涉现实状况，它止步于如此这样的想象。[①]

英伽登指出再现空间与现实空间是两回事，他认为，两者没有相同之处，再现空间有时看起来像现实空间完全是一种假象，再现空间只是显得像而已，实际不是。但它又总是想方设法把现实状况遮掩起来，展现自己。[②]

悬搁起来的东西要在论述中逐步清除，这是一个内在的现象学论证逻辑。那么，这一逻辑是否解决了本性问题？是否完成了现象即本质这一理论目标？艺术现象学是否是一种解决艺术本性问题的出路呢？

---

① 英伽登：《论文学作品》，张振辉译，开封：河南大学出版社，2008年，第180—191页。
② 同上书，第242—243页。

四、先天之物作为反思的经验界限及推论剩余

先验基础通过现象学被悬搁了,那么是否就解决了本性的难题了呢?依然不是。悬搁本身并不是一种解决,或者那不过是过渡性的解决,不能完成对本质问题的真正解释。胡塞尔的悬搁虽然是先天的,但是我们依然可以指出,悬搁是先验层面的一个毒瘤。悬搁不过是将康德对物自身排除出认识论范畴的处理方式的一种变形。当然,胡塞尔的先验悬搁比康德将物自身从认识中排除的做法彻底一些:康德将物自身从认识论中位移到实践理性中,并将不可知转为可以思及,进而保留本质的所有可能性;胡塞尔则彻底将物自身逐出人的认识,将物自身这种纯粹本质进行先验悬搁,就好像是建立一个病毒隔离区一样,将其与人的认识隔离开,由此,人的认识自行其是,无须再理睬那个本质。然而,就像康德不断提醒我们的,我们不要以为进行理性批判就可以一劳永逸地解决所有问题。"这并非某些人的诡辩,而是纯粹理性本身的诡辩,对于这些诡辩,甚至一切人中最有智慧的人也不能摆脱,并且也许虽然在作了许多努力之后能够防止犯错误,但对于那不断烦扰和愚弄他的幻想却永远不能完全解除。"① 胡塞尔以为将纯粹本质进行先验悬搁,就可以把这一难题当作良性肿瘤去除掉,实际上,这一"良性"肿瘤随时可能发作,受到某一因素的触发变成恶性的,并突破隔离,破坏整个理论肌体。

从上所论,无论是康德黑格尔的先验本质论,还是胡塞尔的本质悬搁论,都无法真正解决本质问题。那么,本质来源于何处呢?此处尝试使用"推论剩余"概念做一个解释。

推论剩余指的是(一)按康德先验规则直义,能够进行推论论证的东西,只能作为必须如此的先验规则来接受;(二)对康德先验规则的

---

① 康德:《纯粹理性批判》,邓晓芒译,北京:人民出版社,2004年,第287页。

反思义，在理论推论中无法容纳的部分有两种可能：一是如康德所谓的先验存在，一是不（必）存在。但是我们往往无法找到规则来判断是哪种可能，所以只能把它当作推论剩余来对待。也就是说，康德的先验存在也是无法验证的，它到底是先验存在还是一个"无"，我们根本无法进行证明。这也是胡塞尔的现象学将本质推测进行先验悬搁的意图所在。

然而无论是先验之物在或不在，实际上结果都是一样的，它们都在非经验界之物，超出人的一般知性所能探究的界限，从实际效果上讲都是一样的。从论证上看，我们既无法证明推论剩余的存在，也无法证明它的不存在，因为它是推论之外的东西，推论剩余实际是一种理性的直观，这一直观不是感性的（纯粹）直观，而是混杂了理性的先验形式直观。按照康德的设想，这种理性直观非人所能完成，只能留给神去解决，实际上，这是将现象与物自体划界之后产生的后果。我们既没有与理性分享的纯粹感性，也没有与感性分享的纯粹理性，理性与感性本来就是一体的。当康德进行先验划界之后，理论推论必须对构成整个大厦的全部成分进行分析重组，这就产生了先验的、然而是无所指向的推论剩余，它们实际上没有什么用处，只是一个服从大厦建设的黏合剂。这一黏合剂被预设为大厦的灵魂，它却在实际的部件中没有存在的必要，所以，只能以先验之物来名之。

在维特根斯坦看来，这样的先验之物根本就没有用处，推论剩余实际是滥用语言、滥用概念产生的错误，它不具有深不可及的内涵，根本就是一种引人误入歧途的误用。

先天基础被悬搁了，是否就意味着没有先天之物了呢？也不是。在此要说明的是，先天与先验不同。此处所反对的是先验推论中产生的推论剩余，并没有反对康德意义上的先天之物的存在。在这一点上，我是同意有先天之物的。先天之物是随着直观经验直接展现出来的，只是康德会说，先天之物通过反思来发现，它虽然是经验的基础，但经验却是思考的起点。它就是理论推论的尽头，是无法用论证和经验证明的东西,是必须如此,否则无法找到根基。胡塞尔会直接将两者摆在同一平面上,强调直观不是经验的,而直接就是本质的,因此现象就是本质。在本质直观中,人的主体能力无疑是先天的,也就是自明的。而对维特根斯坦来说,这是内涵于语言使用中的先天形式。先天之物依然在,只是存在的方式变化了。在维特根斯坦那里,它没有必要去论证,也不可能论证,它只是从综观中展现出来的,是从人的活动中自然托出的,与分析无关。先天形式就是生活形式,它是自明的,"须得接受下来的东西,给定的东西——可以说——是生活形式"[①]。

维特根斯坦的先天形式不是推论剩余,它不是推论中产生的东西,即不是反思性的,而是内在的,即内在于语言使用的。它在外形上看起来与推论剩余相似,但实质上是两回事。推论剩余来自于先天基础,而先天形式来自于行动本身,它不是基础,而是内在展现。这是最根本的区别。进一步说,先天基础产生的推论剩余是解决不了的难题,是隔都,是锡安,是避难所;而先天形式就是人的行为本身。

先天之物之所以能够存在,在于非如此我们就无法找到语言使用的可能。这个先天形式是先天一致,是语言与对象的直接一致,两者不是分而合之,而是本然就是一体,分是第二性的,合才是本性。因此,所谓先天之物,如果还有使用范围的话,那么只能在语言的使用中展现出来。在这里,我们无须指出经验是基础,还是先天是基础。语言使用本身就是真正的基础。

五、非先天亦非经验的家族相似

(一)共同之处或亲缘关系

维特根斯坦提出的"家族相似"对于一元本质论是一个相当有冲

[①] 维特根斯坦:《哲学研究》,陈嘉映译,上海:上海人民出版社,2005年,第二部分第233条。

击力的概念。在瓦解绝对本性的层面上,充满解构力量,富有洞见力,同时又充满解释的弹性。弹性之大,甚至有些研究者认为它表达了一种无本质的观念,可以视为后现代思想的一种。① 的确,"家族相似"可能把我们引上一条无本质的道路,某种程度上,这也是维特根斯坦本人的责任。因为"家族相似"概念的开放性很容易让人产生关联链条断裂的理论想象,但这不是维特根斯坦的本意。

且看维特根斯坦怎么说。

> 我想不出比"家族相似"更好的说法来表达这些相似性的特征:因为一个家族的成员之间的各式各样的相似之处就是这样盘根错节的:身材、相貌、眼睛的颜色、步态、脾性等等,等等。——我要说,各种游戏构成了一个家族。②

"家族相似"概念的主要攻击对象无疑是传统的一元本质论。上面几个部分已经对一元本质论做了分析,下面看看维特根斯坦是怎样进行批判的。

> 人们可以反驳我说:"你避重就轻!你谈到了各种可能的语言游戏,但没有说什么是语言游戏的、亦即语言的本质。什么是所有这些活动的共同之处?什么使它们成为语言或语言的组成部分?可见你恰恰避开了讨论中曾让你自己最头痛的部分,即涉及命题和语言的普遍形式的那部分。"
>
> 这是真的。——我无意提出所有我们称为语言的东西的共同

---

① 比如有一套国内编的"后现代交锋丛书"里就包含一本约翰·希顿写的《维特根斯坦与心理分析》,无论其真正意图是什么,这种摆放就反映了一种思想景观,反映了国内学界对维特根斯坦思想的某种理解层面。
② 维特根斯坦:《哲学研究》,陈嘉映译,上海:上海人民出版社,2005年,第67条。

之处何在，我说的倒是：我们根本不是因为这些词有一个共同点而用同一词来称谓所有这些现象，——不过它们通过很多不同的方式具有亲缘关系。由于这一亲缘关系，或由于这些亲缘关系，我们才能把它们都称为语言。①

维特根斯坦与传统一元本质论的最重大的争执点就在于不同的对象间是否有普遍的共同之处。一元本质论认为有，而维特根斯坦认为没有。"语言游戏"和"家族相似"概念首先反对的就是普遍的共同之处，甚至为了回避这个词，维特根斯坦用的是亲缘关系概念。语言，没有所谓的共同之处，而是很多亲缘关系组成的语言游戏。这是一种洞见——只能说是洞见，因为这不是一种推论，也不是从学术史研究中抽取出来的某种规则，而是一种纯思的成果。

维特根斯坦通过语言游戏概念来反对一元本质论的用意是众所周知的。一元论的观点总是想寻找一种隐藏起来的本质，即所谓普遍形式，所以才有维特根斯坦"避开最头痛部分"的指责。②但这恰恰是维特根斯坦有意为之的。他指出没有那样的共同之处，那是一个完全错误的概念，我们不需要一个共同点就可以用一个词来称谓一些现象，普遍形式不过是一种超级概念③，它好像引导我们寻找到一种特别深刻的意义来源，但实际上不过是把我们引致陷阱里无法自拔。维特根斯坦说哲学的任务就是"给苍蝇指出飞出捕蝇瓶的出路"④。所以我们不能再像一只没头苍蝇一样徒费精神，而是逃出自己给自己编织的罗网，重新回到广阔的（语言）实践生活中去寻找真正的哲学之路。

这里指出的"亲缘关系"并非是一个普遍形式，而是在不同的语

---

① 维特根斯坦：《哲学研究》，陈嘉映译，上海：上海人民出版社，2005年，第65条。
② 同上书，第38条。
③ 具体见第一章的论述。
④ 维特根斯坦：《哲学研究》，陈嘉映译，上海：上海人民出版社，2005年，第309条。

言游戏中呈现出来的不同关联。亲缘关系概念同样不是对各种不同关系的普遍性质的绌绎，而是对此类语言游戏的称谓。如果我们去寻找这些不同关联中的共同之处，比如"不同的亲缘关系的共同之处"，找到所谓的同一性概念，假定不同的亲缘关系都是"亲缘关系"这一概念的不同分支，进而找到了"亲缘关系"这一共同之处，那么这种形而上学的奇技淫巧就是误导我们的陷阱。其实"不同的亲缘关系的共同之处"这一短语中，重心根本不是"亲缘关系"，而是"不同的共同"，如果我们按照形而上学的指引说，不同的共同之处在于它们都是不同的，除了误入迷途以外，就没有别的结果了。维特根斯坦早已想到了这一点。

但若有人要说，"所以这些构造就有某种共同之处——即所有这些共同性的选言结合。"——那么我将回答说，现在你只是在玩弄字眼。人们同样可以说：有某种东西贯穿着整根线——那就是这些纤维不间断的交缠。①

这段话说得太棒了。共同是看到的共同，不是想出来的。我们不能把共同无限提升，说总有一个共同，那样做只是在滥用"共同"这个概念，没有"看"到的样本，就没有共同。共同是看到样本的共同，不是抽象形式的共同。一般哲学惯习（habitat）中，寻找共同似乎是一个不言而喻的行动。共同，被预设为必然并必须存在的单体，正是它使事物结合在一起。它是必然存在，因为我们一定能发现某种形式的共同；它是必须存在的，因为没有它，我们就不知道该如何找到两个事物间的联系。所以，作为一个悬设的共同，在形而上的惯习之思中，就深化为一个坚硬的单体。作为深思中产生的形式之物，它是必须存在的必然，如同德尔图良所说，上帝必须存在，上帝不再是不可想象的。——心理需求通过形而上途径演变成实在的基础。德尔图良《论

---

① 维特根斯坦：《哲学研究》，陈嘉映译，上海：上海人民出版社，2005年，第67条。

基督的肉体》中有这样一段话："上帝之子死了，这是完全可信的，因为这是荒谬的。他被埋葬又复活了，这一事实是确实的，因为它是不可能的。"[1] 当然，如果再把交缠当作共同之处的话，就更是在玩弄字眼了。交缠在此处不过是一种状态的描述，指的是不同游戏依据某种亲缘关系放在一起，如果再把这种外在的状态描述当作一种普遍的共同之处的话（形而上学主义者惯弄这样的把戏），那么我们只好说，他陷入自己挖的语言陷阱里了，不能再怪别人。就像一个没有过头脑或没有经验的猎手，想挖一个深深的陷阱捕猎，站在坑里，不断把土扔到上面，就是忘了给自己留一把梯子，结果，坑挖得越深，他越无法上来——但他也可以满意地说，这就是陷阱，毕竟连自己也无法逃脱了。

我们没有理由设想一个没有对象的共同。在维特根斯坦看来，这些抽象的词必须与语词使用结合在一起才有意义，而语词使用本身就是连着对象的，但这些抽象的词既不指称抽象对象，也不指称物理对象，而是与语词和各类对象一起构成亲缘关系。维特根斯坦强调，共同是"看"出来的，不是"想"出来的。比如，我们指着两副面孔说，看，他们多像。如果另一个人看不出来像在哪里，只能说他还看不出这个相似之处。如果对方在任意的两副面孔那里都看不出任何相似之处，那么我们只好说，这个人没有使用语言的能力；而不能说，他实际上已经能够在意识里想出来那个相似之处，只是说不出来而已。仿佛他在心里已经确定了对象，已经理解了意义，只是没有过找到合适的语言说出来。康德的错误在于先验地预设了这一共同之处，并假定一个空的对象的概念，仿佛概念本身就是概念的基本内涵，它无所指，只指向它本身。无论这一做法在先验批判中处于怎样一个中继性的位置上，它所带来的崩溃性效应却是无法忽视的。

---

[1] 转引自赵敦华《基督教哲学1500年》，北京：人民出版社，1994年，第107页。

（二）变化与界限

维特根斯坦的语言游戏和家族相似概念不是在为语言提供一种共同本质，而是一种断片（fragment）式研究，维特根斯坦也根本不认为有那种共同之处。那不过是一种语言误用之后产生的幻觉。但这一观念很快就面临一个诘难：既然语言游戏是一种断片式研究，那么不同语言游戏间是否存在界限呢？的确，这是一个很麻烦的问题，维特根斯坦并没有正面回应过，但从其所论来看，一组语言游戏的各个部分有亲缘关联，但它与另一组语言游戏的关联却让人颇费思量。①

维特根斯坦并没有过于强调不同组间的语言游戏的关联，他说，那是一片草地，我们无法指出不同草的区别。但是，去想想两组语言游戏之间的关联的确是应该的。什么时候相似的链条松弛了？在最松弛以致看不到关联的地方，我们假定这就是两组语言游戏的边界。

维特根斯坦提醒说："我们怎么把游戏的概念封闭起来呢？什么东西仍算作游戏，什么东西不再是了呢？你能说出界限来吗？不能。你可以划界限：正因为以前从未划过界限（但你一向使用'游戏'一词却还不曾感到过什么不便）。"所以，边界是可以划出来的，但这不代表边界就一直存在不变，而是因为语言游戏需要边界存在，并且语言游戏的界限随着游戏的扩展发生变动。那种试图将边界封闭起来，为语言游戏划定界限的做法无异于画地为牢，其用意不过是为了找出一个固定的本性，一定要搞出一个普遍的语言本质来，再通过这一本质给语词赋义，以图传达所谓精确的含义，这完全是一种画蛇添足。维特根斯坦一再提醒说，语词的意义在于使用。语言的使用够用就可以了，只要能够传达意义，并且能够让对方理解，这就足够了。

---

① 哈克指出维特根斯坦对此问题几乎未置一词。参见 Hacker, P. M. S., and Gordon P. Baker, *Wittgenstein, Understanding and Meaning: Essays On the Philosophical Investigations*, Chicago: University of Chicago Press, 1985, p.219。

例如看棋类游戏，看到它们的各种各样的亲缘关系。现在转到牌类游戏上：你在这里发现有很多与第一类游戏相应的东西，但很多共同点不见了，另一些共同点出现了。再转到球类游戏，有些共同点还在，但很多没有了。——它们都是消闲吗？比较一下象棋和三子连珠棋。抑或只有输家赢家或在游戏者之间总有竞争？想一想单人牌戏。球类游戏有输赢，可小孩子对墙扔球接球玩，这个特点又消失了。看看技巧和运气在游戏中扮演的角色；再看看下棋的技巧和打网球的技巧之间的不同。再想一想跳圈圈这种游戏：这里有消闲的成分，但多少其他的特点又不见了！我们可以这样把很多其他种类的游戏过一遍；可以看到种种相似之处浮现出来，又消失不见。这种考查的结果是这样的：我们看到了相似之处的盘根错节的复杂网络——粗略精微的各种相似。①

维特根斯坦这段话是在提醒我们游戏的变化，然而这一变化并不消解游戏，维特根斯坦的用意是强调不同游戏方式的亲缘关系，但一个合理的疑问是，离得较远的亲缘关系间似乎存在着巨大的沟壑。从上面所示来看，同一组游戏中因亲缘关系的链条发生变化，相互间存在着较大差异。这一差异在形而上学时代被处理为表面差异，实质同一，而维特根斯坦直接保留差异，去除背后同一的虚妄。消闲、输赢、技巧、运气等都是游戏的主要性质，或是关联的主干，在这几个关系里面，技巧和消闲都是不可或缺的。炒股票有输赢，但它跟下棋不一样，它没有消闲，不过有时，有人也把炒股票称为游戏，这个游戏就比较边缘，它具有强大的离心力。赌博跟游戏密切相关，但不只是游戏，其中运气的成分更大。游戏更注重规则，而赌博注重与规则相关

---

① 维特根斯坦：《哲学研究》，陈嘉映译，上海：上海人民出版社，2005年，第66条。

又游离出规则外的偶然性，并通过赌注来放大这一偶然性。扶乩是一种算命术，但它也可以成为一种消闲，所以也可以视为游戏，但这时就比较边缘。维特根斯坦所列的那几种是游戏的主要形态，我们很少发生怀疑，但是如果我们对称之为游戏的某种活动感到犹豫，进而有些怀疑的话，这就可能走到游戏的边缘地带了。这时做的事情就是拿那个活动跟这些游戏比较，找找亲缘关系，找得到，就纳入进来，找不到就暂时先排除在外。

（三）偶然性

家族相似概念揭示了一种网状的开放相似性，但我们总会产生两个疑问：1.相似的链条是偶然的吗？ 2.被忽略的东西就是被排斥出这个家族相似的吗？

疑问一。亲缘关系这一概念无疑不像共同之处概念具有那么强的黏合力。共同之处概念暗示我们存在着强力的黏合剂，可以把各种不同现象牢固地结合为一体；而亲缘关系概念无疑要弱得多，它指出的是，结合的展现，没有暗示必然性，特别是像共同之处概念所暗示的逻辑必然性。我们是否就可以因此指出这是一个强调偶然性的概念呢？在表面上，的确有这一倾向。但这一倾向的产生跟一元论思考路径是一致的，我们预设了一个逻辑必然性的尺子，拿这把尺子去衡量其他概念。偶然性或转折是家族相似概念的推导，是对亲缘关系的一种自然反应。我们不能说这种反应可理解，只能说，这种反应是一种形而上学的遗存。家族相似是语言游戏的一个整体性的功能描述，它不过是指出有一些语言活动根据一些亲缘关系结合在一起，并不提供一种共同本性。这是语言的指示功能，并不是一种超级概念。维特根斯坦反而是要用"家族相似"这样的规范性概念来替代具有同一性质的"超级概念"。

因此，疑问二也得以解决。这里没有过排斥的问题，而是寻找和"看"亲缘关系。我们永远也"看"不完世界中所有的（语言）活动，也无法做到所谓的"本质看"①，我们只能按一定的亲缘关系来看一些语言活动的相似性，正是这些相似性，我们找到语言活动的规律。之所以产生排斥的顾虑有两个可能，1.我们尚未发现某一言语与某种语言游戏的亲缘关系，所以不入其内。这是"看"的自然选择。也就是相似的链条在此松弛了。2.是语言活动的界限问题。语言活动未到之处，就是语言活动的边界，看起来就是网格中的空隙，但这只是想象力带给我们的一种图像。语言未到之处，什么也没有，没有"看"，也没有相似。

但家族相似概念依然可以被解释为一种瓦解性的概念，其原因就在于其中隐藏的"变化"（转化概念）概念所导向的偶然性。亲缘关系的方向是多维的，没有固定的指向，因此，一连串的亲缘关系所构成的游戏是随机的，游戏的边界也是变化的，偶然的。有时候，一连串的亲缘关系的链条也会松弛。这是偶然性所带来的缺憾。

这样的考虑不是没有道理，然而，对偶然性的导向违反了维特根斯坦的本意。家族相似中所包含的关联绝不是经验的，而是语言实践。我们之所以从家族相似中看出了变化乃至变化的无限性，并从中推论出元素关联的无效，完全是因为我们是从经验关联上去理解它，而没有从语言关联上去理解。经验关联在偶然中遵行某些规则，只是偶然性占主导地位；而语言关联有偶然性，主导地位的是规则，相对来讲，它的偶然性要弱得多，更多的是遵从规则的实践。所以我认为维特根斯坦的"家族相似"概念是没有错误的——而有些学者认为有巨大问题，

---

① 胡塞尔的本质看虽然不是看到全部本质，而是一种本质的映射，但"映射"概念中蕴涵了本质的无限后退与合成的可能性，只是这种可能性仅仅保持为先验的，永不实现而已。

只是由于研究者入手点的问题，可能造成一系列的误解。① 这也许是维特根斯坦后来对"家族相似"概念提得不太多的原因，而主要讨论语言规则问题。的确，与语言规则相比，"家族相似"概念更像是一个庞大外形，只有从遵行规则角度入手，我们才能看到细致面貌。

之所以产生诸种误解，原因在于"家族相似"这一概念的两面性：经验中的比对与概念的解决。同一家族中之所以具有亲缘关系，与两个元素进行比对密不可分，比对必须连着实践经验，否则就没有比对行动，像康德那种先验的抽象比对在语言学中是没有意义的。但实践的比对并不是目的，甚至连起点也不是，如果没有语词与这些实践经验结合在一起，我们根本不知道如何把这些东西放在一起，所以经验中的比对与概念的解决是一体两态，只是经验的比对是直接呈现出来的，而概念的解决则相对潜藏，我们的注意力经常会被经验比对吸引过去，而相对忽视概念解决方面。实际上，家族相似更倾向概念的解决，强调亲缘关系的联结作用，联系是为了将一些关联凸显出来，与凸显出来的东西相对衬的才是没有凸显出来的，但那已经是一种反思中的发现了，不是在概念中直接看到。也就是说，联结是内在于家族相似概念中的，而偶然性却是一种推论。

（四）语言的"看"

亲缘关系是在各种语言活动中展现出来的，更确切地说，是"看"出来的。② 我们这些使用语言的人看到有这样的亲缘关系，如果有人

---

① 哈克也对维特根斯坦的家族相似概念做了一些批判性的讨论，主要论题如下：1. 哪些概念可以归为家族相似概念，维特根斯坦在这个问题上相当含糊；2. 家族相似是否隐含着内部的一贯性，这是一个难题；3. 家族相似概念如何应用并不存在一个指导性的规则；4. 家族相似概念的适用范围难以界定。（参见 Hacker, P. M. S., and Gordon P. Baker, *Wittgenstein, Understanding and Meaning: Essays on the Philosophical Investigations*, Chicago: University of Chicago Press, 1985, pp.219–222.）可以说，这些问题都是存在的，但我理解是，家族相似概念本身就是建议性概念，它实际是一个外缘轮廓的描绘，具体内涵还需要"遵行规则"来支撑，如果把"家族相似"与"遵行规则"结合起来讨论，理论的疑难点会减少很多。
② 此处必须说明，"看"是"看到"，不是抽象意欲，不是无对象的抽象意识指向。

质疑看不到这些亲缘关系怎么办？维特根斯坦会回答，你一定能看到，如果看不到，就说明根本不会使用语言，就没有过人类的活动，也根本不会提出能不能看到这样的问题。

此处经常存在这样的问题：人为什么就能"看"？

"看"是一种先行的来自内在意识的"看"吗？还是一种来自生理功能的"看"？当我们接触到"看"这个行为概念的时候，上述两个思路是最常见的。内在意识的"看"是胡塞尔。来自生理功能的"看"是一种自然观念。胡塞尔会彻底反对这种"看"，这种"看"是一种人类学意义上的"看"，强调先有一种生理机能，即眼睛的存在，才有看的可能性。这样眼睛就成为看的器官。这种自然科学的观念解决了解剖学意义的生理基础，但不能在哲学上解决"看到什么"的问题以及"看"的差异问题。一般来说，我们在探讨"看"的时候，不是在问用哪个器官看，如果仅仅把"看"落实在单个器官上，"看"就不过是一种器官功能，就不是精神性的，而我们一般所指的"看"都是有精神性质的"看"，所以胡塞尔把"看"落实在大脑里，内在意识上，就是为了反对生理"看"的片面。胡塞尔在用"本质看"的概念时，无疑是要把生理功能逐渐地清除出去，将"看"演变为一种纯粹的意识直观，走向彻底的精神性。在我看来，上述两种观念之间，维特根斯坦更亲近那种生理功能的"看"。当然不等同于它。

维特根斯坦的"看"是一种自然看，但这种自然看不是生理上的自然，所谓生理上的"自然"反而是在自然科学框架里分析出来的，不是一种生活世界中的自然。维特根斯坦的"看"是一种自然理解。是人在这个世界上的基本能力。按陈嘉映的看法，自然理解"首先指的就是常识里所包含的理解"[①]，常识是前人通过各种方式传给我们的东西，语词是其中最重要的一种。我们生在一种文化语境中，学习语

---

① 陈嘉映：《哲学 科学 常识》，北京：东方出版社，2007年，第231页。

言的同时习得了语言的意义,这就是自然的东西。语言让我们"看到",而不是某个器官。有时我们说,眼睛提供了"看"的生理基础,但并不等于说,眼睛给我们提供了意义基础,除非我们再加上一句,眼睛让我们看到语词与对象的关联,这种关联提供了意义的直接基础。而这样一来,就跟语词让我们直接理解意义没有太大距离。我们谈论的恰好是一种直接理解,而不是为所有理解的形而上学奠基。"理解是一个自然的、直接的、无中介的过程。当然,有时需要解释,需要中介,但最终要来到直接理解。"① "我们不是从怀疑一切开始的,不是从无穷无尽的误解开始的,理解的过程不是无穷无尽地消除误解最后达到确定性,理解是一个自然的过程。"②

提出这样的问题("人为什么能看?"这样的问题)会引向错误的方向。维特根斯坦提醒说,之所以能提出问题,是因为那里有疑问,但疑问是会终结的。在没有疑问的地方,我们就直接理解,这是自然理解,无法达到自然理解的时候,我们才会提出问题。但那是什么样的问题?绝不是普遍式的问题,这里的"人为什么能看"就是一个普遍式的问题,仿佛这样一来我们就得去探讨人的生理机能或先验机能一样。实际上,这是一个误导的方向。如果一定要回答这个问题,那么只能是一个空泛的回答:语言让我们看到。这里的"看"就不是一个生理或心理活动,而是一个语言活动。

不要想,而想看。维特根斯坦这样提醒我们。重新回到上面所引的第66条。我们能够看到各种游戏之间的相似之处有时浮现有时消失,但是怎么看?我们如何能做到看,而不是想?或者说,为什么想是不对的,看才对。这两个看起来不一样的问题其实是一个。

"看"不是本质直观。走向本质直观就会出错。但是"看"与本质直观有相似之处。本质直观假设我们能看到本质,但这个本质不是

---

① 陈嘉映:《语言哲学》,北京:北京大学出版社,2003年,第208—209页。
② 同上书,第209页。

绝对本质，而是映射（Abschattung，adumbrations）[①]，是对象在知觉中不断的侧面展现，（因为）我们无法一下子看到全部（本质）——括号里的词是现象学隐含不说的意思。但这样一来，本质直观就假设了两个麻烦的概念，一是存在全部的或整个的本质，虽然那只是一个悬设；二是这一整个本质的悬设是最终基础，我们的本质直观的确是看到了本质，但只是整个本质的一侧。维特根斯坦的"看"完全不同。"看"在这里是综观，它是知觉的，但不依赖于知觉，而依赖于语言。实际上我们不是问知觉与语言哪个更基本，而是问，在不同的游戏中，语言与知觉怎样结合着。胡塞尔的本质直观概念中，意识能力先于语言，"看"是一种先天意识能力；而维特根斯坦则语言在先，"看"是一种语言行动。

映射与"看"的相似之处是都与知觉相关，只是映射强调内知觉，强调意识，而维特根斯坦强调语言与知觉的双向塑型与结合，或者更准确地说，语词与诸知觉的同时呈现。所谓知觉，是发现对象的意义，这是通过语言发现的，不是通过生理器官。看、听、想都是语言的功能，而不是某个器官的功能，只是在语言实践中，这一功能相对其他器官而言更多地落在眼睛、耳朵和大脑上。

在这里，寻找"区别"和寻找"相似"都是可以接受的，但假如我们先进行对象的指认，定好边界，然后再谈相似或区别，那就犯了错误——没有单独对象的指认，几个对象进行比对、区分就是确定对象的方式。家族相似不是先确定不同的对象，在对象之间找到某种属性的相似或不同，当然有时候我们也这么做，这是家族相似的一种表面含义。但维特根斯坦的用意根本不在于此，他要解决的问题更基本：我们怎样看到相似？只有在综观（Uebersehen）中。综观是直接看，没有看的能力就根本无法看到。看到什么？一致，或者说，一致中的

[①] 参见倪梁康：《胡塞尔现象学概念通释（修订版）》，北京：三联书店，2007年，第2—4页。

不同。没有不同就根本看不到一致，没有一致也根本看不到不同，这两个词具有天生的语法关联。

六、艺术类型作为艺术本性的替代

(一) 关于艺术类型的划分

对于艺术本性这样的概念，其实我们不能再说什么。艺术是一种语言游戏，它的家族相似形式是它所独有的，我们用艺术来称谓一些人类活动，这类活动可归于艺术名下，如果我们说艺术有其本性的话，那么，实际是在指认一种所有艺术活动都分享的艺术本性，这一本性借艺术之名分配到各个活动当中。这实际在使用一种超级概念。①

选择哪种类型？这是一个浅近的目标，也是一个巨大的难题。理论上的困难暂时先放在一边，先从实际的情况说起。

根据不同的划分原则，存在不同的艺术类型。类型的划分大致可以采用两大类方式，一是观念型分类。如，浪漫主义与现实主义的分类，再现与表现的分类。这些分类有历史和现实的依据。现实主义与浪漫主义的划分与19世纪以来的文艺运动思潮联系更密切，而再现与表现则是艺术史上两个更加基本和久远的论题，可以一直追溯到古希腊时代，在中国则可以追溯到先秦时期。这两种分类间也有交叉的地方。在西方艺术理论中，再现论或者模仿说一直占据主导地位，"表现论"则是从浪漫主义时期开始得到重视，从此以后，表现与再现两种理论开始平分秋色。现实主义艺术隶属于再现艺术，它是现代启蒙艺术兴起之后特别是巴尔扎克小说获得极大成功之后的艺术形式，所以

---

① 家族相似与超级概念的不同之处在于，超级概念将宏大语词做成一种普遍性意义，制造一种假象。而家族相似则主张将语词当作一个规约性名称，它不提供普遍性意义，只是一种指引，就像一片草场中的路标一样，它指向一个方向，但还需要行走去找路，而不是假设一条笔直的大路指向天边。我们在行走中也许会走出草场，进入滩涂，但这也并不要紧，我们就此知道，进入了另一种语言游戏。

它的范围比表现艺术狭窄，我们有时也把现实主义艺术当作再现艺术的代表。简单地说，再现论和表现论的划分与现实主义和浪漫主义这两个艺术运动和思潮密切相关，其中包含"史"与"论"的双重标准；浪漫主义和现实主义的划分与再现和表现这两个艺术史上的基本命题也密切相关，其中依然有"史"与"论"的维度。不过，浪漫主义和现实主义是19世纪以后晚出的观念，把它们套在此前的艺术作品中，难免有削足适履之嫌。采取哪种艺术分类方式其实没有优劣之别，只与分类呈现的面相密切相关，而这一面相随着分类的语境发生改变。

黑格尔式的分类是形而上美学分类的代表。黑格尔按照理念不断推动自身发展、自我完善的观念，把诸种艺术当作理念由低级到高级自我显现的方式进行分类，按历史与逻辑相统一的标准把艺术划分为三大类：象征型、古典型、浪漫型。象征型艺术是物质形式压倒理念内容，古典艺术是物质形式与理念内容的平衡，浪漫型艺术是理念内容压倒物质形式，这三种类型从古到今由低级到高级不断发展，理念在艺术中的表现越来越清晰，越来越纯粹。象征型艺术的代表是建筑，古典型艺术的代表是雕刻，而浪漫型艺术的代表是绘画、音乐和诗。黑格尔认为，艺术必须与绝对理念结合起来才能成为真正具有普遍性的东西，才不仅仅是人们娱乐的工具。[①] 这种把艺术看作某种崇高之物的做法是现代思想的典范表现。黑格尔的理念分类方式是比较传统的整体性分类模式，在这样的思想体系中，艺术是理念的中继环节。在不同的形而上美学那里，艺术的具体位置和功能各不同。

康德认为只有三种纯粹的艺术，即美的艺术：语言的艺术（演讲术和诗艺）、造型的艺术（建筑、雕塑和绘画）、感觉游戏的艺术（音乐和色彩艺术）。色彩艺术并非绘画，而是一种感官上的各种色彩的比

---

① 参见黑格尔《美学》第一卷，朱光潜译，北京：商务印书馆，1979年，第102—125页。

例关系。语言的艺术最高，最接近理性，感觉游戏的艺术最低，最接近感觉表象。按照从知性向理性过渡的要求，感觉游戏的艺术必然要比造型艺术和语言的艺术低，语言艺术（诗艺）处于最高层次。"它扩展内心是通过它把想像力置于自由中，并在一个给予概念的限制之内，在可能与此协调一致的那些形式的无限多样性之间，呈现出一个把这概念的体现与某种观念的丰富性联结起来的形式，这观念的丰富性是没有任何语言表达与之完全适合的，这形式一直是就把自己通过审美提升到理念。"①

相对于黑格尔来说，康德在艺术类型上的划分是粗线条的，甚至是不够清晰的。这与康德过度关注先验层面的联系有关，也与康德先验哲学缺乏黑格尔那样的历史维度有关。

第二大类是事实分类。比如按照社会历史阶段来分类，如西方艺术可以分为希腊罗马艺术、中世纪基督教艺术、启蒙艺术、现代艺术、后现代艺术；中国艺术可分为先秦两汉艺术、魏晋南北朝艺术、隋唐艺术、宋元艺术、明清艺术。像这种的分类好处是方便，每个时代都有其代表性的艺术样式，有利于艺术史的断代研究，缺点是过于庞杂，难以做更精致的描述和概括。

另一种是从艺术载体的角度进行分类，比如语言艺术、建筑、绘画、音乐、舞蹈、戏剧、电影等，这也是最常见的一种分类方式。

一般来说，最后一种分类方式目前使用较普遍，它的好处是比较具体，方便讨论，容易区分，最关键的是，这种分类是一种直接地看到，是最普遍的承认。

不同的类型划分来自不同的面相，不同的"看见"。当我们选择一个面相作为划分的基础的时候，其他的面相就隐为关联。哲学家偏好第一大类分类，艺术家偏好第二大类分类。

---

① 康德：《判断力批判》，邓晓芒译，北京：人民出版社，2004年，第172页。

（二）艺术类型的面相

如果我们问，艺术到底是怎样的，那么我们不是在问一个普泛的问题，而是在问艺术活动是怎样进行的，这一活动中的状况怎样。这样问，就把艺术本性这样的形而上学式问题转变为艺术活动的实践问题。当然此处的艺术实践不是指单纯具体的艺术实践，不考虑任何概念的艺术活动。艺术活动依然需要综观，但综观不是漫无边际，而是一种适合的综观，是与概念相适合的综观。

艺术的综观，就是艺术的看，它不是艺术经验，而是艺术实践。艺术经验不是内在独自发生了，而是随着样本不断进行评判提升的，艺术家之为艺术家在于他善于将观看和临摹转化为自己的能力。

综观展现为面相（aspect），面相即一种"看到"。我们对一组对象往往是整体地看到面相，我们把它们把握在一起是有依据的，只是这一依据不像康德设想的先验依据，而是依于实际的语境，语境改变，面相改变。但这并不意味着面相是善变的，面相是与语境结合在一起的，它能够改变，但不随心所欲。一种艺术类型就是一种面相，南方人有南方人的面相，北方人有北方人的面相，同一类型的两个个体间有相似之处，但也有不同。有时我们也可能认错了，把不同面相的个体放在一起，比如把一个北方人认为南方人，但这并不会导致一种面相的瓦解，反而强化了面相。——我们为什么把一个北方人认为南方人？因为有一种南方人的面相。但假如经常认错，那么这一面相就不太牢靠。艺术类型就是如此。我们把一幅异常逼真的印刷品认作绘画，一旦我们了解到真相，就会做出调整。

艺术的面相本身是有语境的，但常常出现这样的情况：艺术品所处的位置改变了，即它的具体语境变化了，那么它还是艺术品吗？比如把荷尔德林的诗集与清洁用具一起放在背包里，或者贝多芬的四重奏存放在出版社的仓库里，就像地窖里的马铃薯。这些艺术作品还叫作艺术作品吗？如果我们认为荷尔德林的诗集与贝多芬的乐章是传统的艺术，它们的艺术性质比较稳定，那么，我们可以接着问，杜尚的《泉》从展览馆里拿出来，不就是一个普遍的小便器吗？而且，杜尚拿去展示的最初的作品的确随手丢弃在车库里。实际上，不同的艺术类型具有不同的语境。诗集与乐章不会随着具体位置的改变产生变化，因为它们的语境更虚化一些，它们所属的艺术类型更具有稳定性。但杜尚的《泉》更依赖实际的语境，即展览馆和艺术家签名。一旦这个语境改变了，作品就会与它所属的艺术类型分离开来。所以不同艺术类型的面相由于不同的语境展现出来的情况是大不相同的。

艺术的综观，是在语言中完成的，并不是一种抽象的主体能力。艺术中的语言与日常语言是两回事，也是两种不同的看。你如何看？跟你如何接受艺术教导是相关的。这里就与解释学接近了。艺术游戏跟语言游戏是两种游戏，其中形成意义的方式与其他游戏完全不同。

日常语言的意义在于使用，但艺术的意义在于效果，只是这个效果是一个很复杂的混合体。表面上看，它只是一个接受的反应，我们可以会把它理解为内在的感受，是艺术作品引起了鉴赏者的内在心理感应。这样一来，就假设了外在的触因和内在的触果，艺术效果成为内在的心灵感受。

> 你可以弹奏一曲小步舞曲，感触良多，别的时间弹了同样的一曲，却一无所动，但这并不代表你的感受与小步舞曲毫无关系。比如，错误地认为，意义或思想只是词的伴生物，并且与词无关。"命题的意义"与"艺术的鉴赏"非常接近。句子与对象有关联的观点，就是说，无论怎样具有这种效果就是句子意义的观点。"法语句子呢？——这是相同的伴生现象，换言之就是思想。"[①]

[①] Wittgenstein, *Lectures and Conversations on Aesthetics, Psychology and Religious Belief*, Berkeley and Los Angeles: University of California Press, 1966, p.29.

如果我们把艺术的感受与艺术表达分开，就像把命题与思想分开一样是错误的。假设思想提供命题的意义，与假设内在心灵感受提供艺术意义处在同一个思考平面上，也是同一种类型的错误。就像意义或思想不是语词的伴生物一样，效果或感受也不是艺术表达的伴生物。更适合的说法是，效果或感受与艺术表达是编织在一起的，就像意义与语词是编织在一起一样。否则，维特根斯坦这样调侃地问道："一个人可以充满感情或毫无感情地唱歌，那么为什么不把歌儿省略掉？——你还能有感情吗？"[1]

维特根斯坦说"美学难题是艺术影响我们的效果的难题"[2]，效果是最难确定的，每一种艺术效果都会因人因时不同而发生变化。然而，我们就够就此下判断说，效果是变化莫测的，无法确定吗？也不是。上面已经提示过，艺术效果不是内在的艺术体验，而是与感受和艺术实践结合在一起的东西。所谓效果或艺术的情感反应离不开具体的艺术实践，它们是直接相关、直接反应的关系。而艺术效果不是个体性的，而是在艺术实践的训练中形成的，按照伽达默尔的看法，是在艺术传统的训练中形成的。没有训练，就没有效果的反应。如果把"艺术传统"概念改换为"艺术实践"概念，那么就是维特根斯坦的观点了。艺术实践总是一组艺术活动，亲缘因素间不断相互强化艺术反应，形成稳定效果。我们在一组艺术实践所展现出的面相中不断看到那一效果的闪现，偶尔强化，偶尔弱化这一面相。

（三）界限与艺术类型

我们习惯于问，艺术与人类其他活动有什么不同？这样的问法就把我们带向艺术的总体界限，似乎艺术自成一体，它与人的生活的其他方面存在着一些交集，也存在着差异，艺术的本性保证了艺术是一

---

[1] Wittgenstein, *Lectures and Conversations on Aesthetics, Psychology and Religious Belief*, Berkeley and Los Angeles: University of California Press, 1966, p.29.

[2] Ibid., p.28.

个紧密的集合，它有一些主要的性质，使它区别于其他的活动。艺术作为这样特异的活动形式就具有了独一无二的特点，由此，通常的做法是将艺术与生活这一整体直接进行对比，探讨艺术与生活的关系。这样的做法充满了吸引力，有一种宏大的魅力，或者是一种过于宏大的想象，带给我们整体解决的虚幻快感。艺术与生活的关系一直是现代美学的难题，车尔尼雪夫斯基式的艺术来源于生活的观念不是来源于实际观察，而是来源于理论设计，而现代艺术家对"艺术反抗生活"理念的张扬也并不能解决真正的艺术理论难题，只会加剧艺术与生活的二元对立的形势。阿多诺对艺术与生活的辩证关系的论述倒是一个明智之举。他为艺术与生活的融会关系做了相当精彩的论证，可以说，其理论洞察力是极具力量的。他说，艺术与生活是双向塑形的，而且是用一种理智欺骗的方式进行双向塑形，当我们发现艺术远离生活的时候，实际艺术正是在生活中汲取的力量使然；当我们发现艺术与生活紧密相连的时候，这是艺术的自律返视本源的结果。简单地说，两者分处实为合，两者合处实为分。①

  这种辩证的，然而却让人如堕云雾的理论陈述看起来是关于艺术与生活关系的深刻论述，前提是两个整体的对比是可能的，进一步的前提是艺术真的是从生活中脱离开，并能反过来形成与生活的抗衡力量，其核心是强化艺术本性的存在。阿多诺的理论之踝乃是辩证与整体性相结合之处留下的灰尘，乃是两个超级概念相噬产生的巨大空洞，我们没有别的办法，只好指着这个空洞说，其中充满了神秘性，只是矛盾的概念才能引领我们通达那一神秘，即便那是一种辩证的神秘。按照维特根斯坦的看法，那根本不是辩证的神秘，而是概念的空洞，除了概念，没有别的，除了概念的误用，没有别的。

---

① Cf. T. W. Adorno, *Aesthetic Theory*, Chapter 1, London& New York: Athlone Press Ltd., 1997.

要之,"界限"概念在此绝不是放在所谓的艺术整体的层面上来讨论的,而是放在艺术这个游戏之内来讨论的,换句话说,是小"界限"。当我们提及非艺术的时候,表面是在思考一物是否可称为艺术,或它可否进入艺术行列,就仿佛有一个艺术之门,进了这个门就是艺术,出了这个门就是非艺术。这完全是把概念性的游戏当成了事实性游戏。艺术与非艺术之间的"界限"并没有想象中那么天壤之别。所谓非艺术,是非-艺术。它不是一个实在对象,而是一个判断,是依据艺术的判断。非-艺术怎样成为艺术?它不是要求分享某一物质,而是要求与某一类型挂钩,按照某种方式与它结合在一起,比如沃霍尔的 Brillo Boxes,与绘画、制作、工艺多方挂钩,又具有一定的独立性。它常常被拿出来当作艺术的边界来讨论。实际上,这不过是对某一艺术类型的一种变形承认。

简单地说,只有小界限,没有大界限。只有艺术类型向艺术类型的越界,没有生活向艺术的越界,因为所谓生活,是艺术游戏的一部分。

类型是一种比较。艺术没有所谓普遍的本性,但有不同的类型间的比较。对于不同类型中的艺术作品,我们往往能够看到其中存在一些相似或相近之处。这样的相近或相似,只是一些暂时稳定的黏合剂,它的效力根据艺术实践以及与艺术实践活动相关的周边文化语境的改变而改变,传统的艺术类型相对比较稳定一些,这与我们从现代视野看古代艺术实践,对其进行类型化的归约有关[①],而现代的艺术实践类型的改变相对会迅速一些。维特根斯坦对那种总结类型的范式并把范式反套到类型中的各个例子上面的做法持强烈反对态度,因为这是一

---

① 伽达默尔的《真理与方法》第二部分"时间距离的诠释学意义"提供了古代艺术溯源与现代视野诠释视野之间的诠释学关联的极佳论证。同时也可参见拙文《"文学"的建构与重释文学史——兼论二十世纪早期"中国文学史"书写的意义》(《华东师范大学学报》2008年第2期)一文的相关论述。

种独断的方式：

> 不管我们愿意或不愿意，我们将把与观察的原型相符合的一切事物归诸我们所观察的那个对象，我们宣称："它一定经常是……"
> 这是因为在这种观察中人们将赋予原型的特征以一个立足点。但是，由于人们把原型与对象混为一谈，人们必然独断地把只有原型才能具有的特征赋予对象。另一方面，人们认为，如果这种观察仅仅在个别场合才是正确的，那它就不具有人们所希望的那种普遍性。原型恰恰应该显示它的本来面目，这样它就表现出全部观察的特征，规定了观察的方式。这种观察便处于焦点之上，它的普遍效力立足于它规定了观察的方式这个事实之上，而不是立足于一切仅仅适用于原型的事物也适用于所有被观察的对象这种说法之上。[①]

从维特根斯坦的角度看，类型并不保证一个封闭的本性，任何寻找本性或原型的做法都没有注意到，本性或原型不过是依据观察解释的角度产生出来的，在这个观察解释的角度之内，它的解释力才能发挥作用，而超出这一角度就会丧失解释力。所以，我们不能够为艺术类型赋予本质，而只能通过反省艺术类型的观察角度，达到对艺术类型解释力的认识和限制。

有鉴于此，这里提出的界限的范围将限定在载体上，载体不同，艺术类型也不同。比如绘画使用的是画布和颜料，雕刻使用的是石头，电影使用的是胶片或电子介质，音乐使用乐器，等等，每种艺术类型与其他类型往往存在着一眼即可识别的差异。当我们把 A 指

---

① 《维特根斯坦全集》第十一卷，涂纪亮等译，石家庄：河北教育出版社，2003年，第21页。

为艺术作品的时候，往往是因为它可归之于某种既有的艺术类型。在语言艺术这一类型中，人的语言只被视为一种载体，这就是所谓的语言艺术或称文学。由于文学与日常语言的亲密关联，所以它往往被当作艺术的一种典范形式，但我们要明确，文学这一艺术类型中的"语言"与语言论美学中的"语言"不是一个层面的概念，两者不能混用。

艺术类型并非模型，不是建立一种模板，来规范具体的艺术案例。类型只是一种建议性的容器，它敞开，流动，如同大江一样流过不同的地势、环境，收纳大大小小的支流，冲刷河床，泛滥洪水，也会被挤压在狭长的深谷中。

为什么在艺术这儿界限成为一个醒目的存在？这完全是现代艺术带来的变化。传统艺术的类型之间的界限内涵于艺术实践当中，艺术家墨守界限，这是不须言明的。但现代艺术却把界限当作艺术本身的一种游戏方式，树立界限的作用就是为了打破界限的。从某些程度上讲，这种界限不过是把默会的规则转变为表面的规则，这种转变是否真能成功虽然可疑，但不管怎样，这又是现代艺术冲击传统艺术的动力。只有通过现代艺术，我们才在具体的艺术实践中（而不只是艺术理论中）发现艺术存在对自身的反对的因素，这是艺术规则的一部分，舍此艺术会平庸化。而语言实践中没有。

（四）现代艺术与界限的游戏

在现代艺术中，界限的游戏是艺术游戏的一部分，在现代艺术视野中，界限的游戏还是关键的部分。这是现代艺术不同于传统艺术面相的特殊部分。

艺术这种游戏的特殊性就在于，其他游戏形式都是在规范之内的变化，在遵守规范当中做的各种变形，有时也存在着打破规范的愿望，但并不以此为目的。艺术游戏则不同，它直接将打破规范当作自己的任务，再没别的游戏像艺术一样强调创造了，而创造就是摧毁旧的，建造新的。进而，艺术也会打破某些规则，甚至是一些重要的规则，这一点在现代艺术，特别是杜尚的《泉》这类作品中表达得最明显。这类作品摧毁了既往的艺术观念，提出新的尖锐的质问：艺术到底应该怎样？这是将既有的默会规则表面化，并将其视为过时的东西抛弃掉。

在艺术活动中，艺术界限不是它所显现的东西，而是一种散漫的归约形式。界限伴随着具体的艺术判断而展现出来，它不是背景，而是游戏的主体部分；但界限不是一定下来不再改变，而是不断随着具体的艺术判断形态改变自己。品味并不像它表面显现的那样，是对个体的艺术对象的深入鉴赏，而是一种比较中的鉴赏，在比较之中浮现出界限的线条。

创造是艺术的一种内在的冲动，特别是现代以来的艺术的内在冲动，古典艺术更欣赏的是传承。相对而言，古典艺术倾向于在艺术界限之内遵行规则，所以"品味"是古典艺术批评的关键词。而现代以来的艺术，特别是所谓的"现代派艺术"（其实这是一种高度现代艺术，是将冲破界限当作新的艺术规则接受下来的艺术类型），"创造"成为批评关键词。

的确，艺术类型是可以创造出来的，最明显的就是电影，它以照相术的成熟为基础。当然它与戏剧也有亲缘关系，早期电影往往借助戏剧的表演，但它的"创造性"无疑是极端引人注目的。但电影只能算是一种现代技术为基础的新艺术类型，不是平时我们在一种稳定的类型中所说的艺术创造。

现代派艺术才真正破坏了旧有的艺术平衡，它创造了一种新的类型，这一类型与旧有类型形成巨大的冲突和张力，它把界限当作自身创造的来源，而旧有类型并不很在意界限的存在，或者说，旧有艺术创作自觉地在界限内进行创作，经典艺术作品的示范是艺术创作的一个重要来源。也只有现代派艺术才改变了艺术的面相，使界限更加凸显出来。无论是冲毁自身还是指向他在，界限都将成为游戏的一个部分。这是最特异的部分。

无论是《泉》还是《雪锹》都是把生活中的器具搬到艺术馆中，之所以都成为艺术，或者说，之所以我们在这些作品找到与以往的艺术类型的联系，在于它们将以往的艺术品与其他语言游戏的间隔关系都表演出来，表演为一种错位。正是这一错位，才使它成为艺术品，这是现代派艺术的一个突出的特性。

现代派艺术是一种特殊的艺术游戏。甚至我们到现在都不敢说它是成功的，除了它在商业上的成功。在艺术作品中表达一种对艺术的普遍性质的追寻和思考，这可行吗？或者我们变换一下问题，为什么在其他的语言游戏中会失败，而在现代派艺术中它就是成功的，或至少看起来是成功的。

我们进一步说，其实界限的游戏古而一之。只是现代派艺术将其直接挑明了，不像古典艺术那样将界限隐藏起来，表现出界限之内的变化。所谓的艺术趣味或艺术的某种特性，不过是隐匿的类型，只是这一类型隐现为形式感，而这种形式感即是某种类型的规约之后创作者和鉴赏者的自觉遵从。而且形式感并非越细腻越高妙，或者说类型越狭窄以及（作为后果的）类型种类越繁多越高超，而是与文化环境密切相关。比如昆曲在晚清的势微和通俗小说的兴盛，都是与当时的文化环境相关的。我们可以相当自信地下判断，昆曲更精致，在艺术上更成熟——所谓成熟就是类型界限的清晰以及内在规则形式的协和一致，但通俗小说更让人喜爱，连表面上耻于谈论通俗小说的高级文人，也会受到诱惑，阅读小说，或隐名在创作上一试身手，即使相对来讲，通俗小说在艺术类型上还不稳定，形式感还很粗糙。从艺术史发展的角度来看，趋向完美的艺术类型反而在面对新的甚至是形式上有些粗野的艺术类型的冲击时，显得回击乏力。这不能不引起思索。

（五）关联

关联即艺术类型的交叉合集。情感、恰切、反抗、模仿、节奏……再没有别的家族相似像艺术一样具有这么多的亲缘关系了。我们经常看到关于艺术本性的判断，比如"艺术是情感的表达""艺术即模仿""有节奏者为诗""艺术是对生活的反抗"，等等，这些判断可以说都切中了一些关键，但都有失偏颇，不能涵盖艺术的总体。

同时，我们也的确看到，这些概念是突破艺术界限的桥梁，我们可以沿着这些概念发现不同载体的艺术的亲缘关系。有些时候，我们甚至觉得这些概念比载体更适合做分类的原则。比如我们说表现主义艺术张扬个性，宣泄情感；与表现主义艺术相对的就是现实主义艺术，要把情感内蕴于形象当中，让形象自然地表达情感。有时我们也将"表现"与"模仿"对立起来，主张有模仿的艺术和表现的艺术两种。凡此种种，都打破了载体区分艺术类型所划定的界限。

载体不过是一种约定俗成的划分方式而已，相对来讲，这种划分最简便，也最易识认。此处的划分，绝没有黑格尔那种理念展开的意义，他将不同载体的艺术当作理念发展的不同阶段来对待，并且为其赋予了本质性的含义。这种做法虽然比较强力，但无疑是一种强力的偏执，这也代表了传统艺术本质观作为一种强力理论的弊端：理论凌驾于现象之上，现象成为理论的玩偶。

如果我们把类型与其适用的环境相结合的话，我们就会发现，诸种类型划分的方式并不是被排斥在艺术类型之外，而是以特殊的方式结合在艺术类型划分之中。以载体艺术类型的划分为例。一旦我们完成一种类型的划分，我们就会发现，另外的划分的可能性隐没了。隐没不是消失，它改变了存在的方式。它之所以改变存在的方式，在于我们看艺术的眼光的变化。艺术类型是一种看，这种看是一种整体地看，是一种综观的把捉。此处的整体"看"不是胡塞尔的本质直观，而是一种调节性的观察，基于语境的观察。当我们基于一种语境的需要而选择了一种类型之后，与其他的语境相适应的类型划分方式就随之暂时失去语境的支持，变为非整体性的不连贯的存在，与其他同样隐没起来的划分方式缠绕在一起，变为艺术类型之下的某种属性。但同时，这些属性不可避免地会超出既有的类型划分，这也是不同类型之间发生跨界的动力。

实际上，无论我们遵照任何一种原则划分艺术类型，都是建议性的，不具有永恒的性质。任何划分都不能脱离语境，艺术类型的划分只是一种便利的工作方法，不具有形而上性质。我更愿意说，各种划分原则如同网络般交织在一起，选定一种划分原则，犹如勾勒一个人的轮廓，不同属性凸显的轻重是轮廓的细节，这些共同构成这一类型的整体存在方式，犹如一个人的整体风貌。我们总能在不同的人之间发现亲缘关系，但这依赖于语境。比如我们能够在不同的民族之间发现一些亲缘关系，但依据地理或国家将其划分为不同的国民。在一个个体身上也往往能发现不同种类的身份和生理标志，其个体的独特性很大程度上依赖于这些因素的融会。[1] 比如我们在莱辛那里就看到艺术类型与语境的结合，他说，

> 我希望把"艺术作品"这个名称只限用于艺术家在其中是作为艺术家而创作，并且以美为唯一目的的那一类作品。此外一切带有明显的宗教祭典痕迹的作品都不配称为"艺术作品"，因为艺术在这里不是为它自己而创作出来的，而只是宗教的一种工具，它对自己所创造的感性形象更看重的是它所指的意义而不是美。[2]

---

[1] 此处关于亲缘关系和个体的独特性的关联无疑是建议性的，并没有强调个体的独特性产生自不同身份属性的交集。个体问题是另外一种语言游戏要处理的话题，也是一个巨大的话题。或者说，此处的论述缺了一半，另一半在"遵行规则"那里。

[2] 莱辛：《拉奥孔》，朱光潜译，北京：人民文学出版社，1984年，第57页。

莱辛努力将艺术从宗教中区分出来，强调艺术为自身而创作，强调美在艺术中的地位，这是一种语境，我们在此不去判断这种的优劣，只是将区分的语境指出来，将莱辛式的艺术观展现出来。至少从他那里，我们可以看到，不同类型的艺术有着明确的边界。

我们也发现维特根斯坦对于类型划分似乎抱有一种嘲讽的态度，他说，"我以这种方式对艺术作品进行分类：有的我推崇，有的我贬抑"①。如此分类很有趣。在推崇或贬抑艺术作品与推崇或贬抑其他东西之间，我们会发现各种各样的联系。如果我们发现（可能是这样）吃香草冰激凌让我们很推崇，那么推崇也就没什么重要了。可能有一个领域，一小块儿使我们推崇或贬抑的经验领域，于此，我从推崇或贬抑的事实中推断良多；也可能有另外的经验领域，于此，我无法从推崇或贬抑的事实推断任何东西。比如，穿蓝色或绿色的裤子在某个社会里颇具意味，但在另一个社会里却无任何意义。

这似乎是在反对艺术类型的划分。但我们看到，维特根斯坦之所以这么说，是有所指的。其实这是在强调划分本身不是最高的规则，相反，划分是依赖语境的，如果我们只向内求，只强调内在的审美感受，我们就找不到一个可以进行商讨的公共平台。更进一步，他所反对的是将艺术类型划分固化的做法，反对为艺术类型赋予特性。如果把艺术类型固化为模型，那么归属于某一艺术类型即意味着服从或分享该艺术类型的某种属性，这样一来，艺术类型被偷换成整体，而某一艺术实践被偷换成整体中的个体。由此，内在本性的思路沿着小门儿再次偷偷溜回来了。这是我们必须防范的。理性的批判从来都不是一劳永逸，只有不断保持警惕，才能清除机体内的毒素。或者如海德格尔提示的那样，所谓的毒素绝不仅仅是毒素，它很多时候是健康的，只是在转换的语境中，它成为有害的。海德格尔这样说，对光明的遮

---

① Wittgenstein, *Lectures and Conversations on Aesthetics, Psychology and Religious Belief*, Berkeley and Los Angeles: University of California Press, 1966, p.12.

蔽的去除绝不是一时之事，甚至从根本上说也绝无可能，因为遮蔽不仅仅来自于黑暗，很多时候光明也是一种遮蔽，在最明亮的地方，可能产生最大的遮蔽。[1]

除了载体之外，在本节一开始的地方已经指出了各种类型划分的大致可能性——无疑还有更多的可能性，只是这里不一一指出。类型的界定最大的好处是方便，但最大的坏处就是方便之后的粗率之蔽。当类型划分方式选定之后，依赖类型的概念也随之建立起来，并强化类型的界限，与此相关的概念系统会组织起某种内在逻辑，形成相应的一致性，并强化为不变的机制性的一致性，由此对系统内的概念产生强大的规约作用。这又不可不察。

---

[1] 海德格尔：《林中路》，孙周兴译，上海：上海译文出版社，2008年，第34页。

第六章 艺术规则与契约
——在艺术训练中习得规则

一、被抛入的艺术实践

我们经常这样问：艺术来自何处？艺术与艺术家的关系如何？艺术有一个基础吗？这是现代艺术理论喜欢的提问方式。

海德格尔在《存在与时间》中提出人在世界中存在，并在存在中发现自身。人的存在(此在)是一个直接展开的境域，在这一境域里，人发现了自己作为主体不断发现着周遭事物，而在他发现之前，他已经遭遇了它们。对此在的分析使主体、客体之类的话语完全没有用武之地。人如何在世界中发现世界的真理，才是重点。现在谈的是此在的生存，它怎样发现自己在这个世界存在的，它以对周围之物的寻视来构成自身存在的样式，它沉沦于这个世界中，但在这种沉沦中它又能惊醒，去发掘自己真正的本源性的存在……在此在的生存中，本源性的存在既是显露的，也是被遮蔽的，它的显露只留待有心人、爱思考的人。客体与主体的区分根本不能达到这个本源性的存在。

海德格尔的观念提示了一种生存活动优先的思路，只有在人的在世生存的活动中一种本源性的东西才展现出来，也只有在艺术活动中，艺术的本性才如其所是地展现出来。根本就不存在纯粹的主体和客体，主体无论怎样努力去发现那个纯粹的客体，都会发现客体上总有主体因素的缠绕，而主体无论怎样努力纯化自己，都会发现客体的影子。所以，从主客二分的角度探索主体如何发现客体的真相，这不过是白费力气,是在做无用功。我们现在要做的事情就是,从这种无用的主客二分思路中摆脱出来,走向艺术存在论,这实际上涉及一个思考视角的转变:从普遍性视角(实际是认识论视角)转入审美视角。这也是一种艺术存在论的转向。

认识论概念先预设了主体和客体,主体与客体之间是相互独立的,但它们能发生相互作用,主体能够对客体进行认识,这种认识活动一直进行,认识活动中存在着各种阻碍,认识就是不断清除这种阻碍,使客体在主体中显现出清晰的形象。在认识活动中,体验是起点,但它是混杂的,没有条理的,认识活动就是从混杂的体验中整理出一个条理来,形成一些概念,并在这些概念间建立起联系,形成体系性的理解。康德哲学就是一个代表。存在论概念指的是人首先在这个世界上生存,忽然有一天发现自己的生存状态,进而对自身存在状态进行反思和审视,但无论人怎样反思自己,他总是已经存在于这个世界中,他已经深深打上了这个世界的印迹,在这个世界,艺术是存在的一种本真方式,通过艺术,我们能够认识存在之真理。[①]

自从海德格尔论述艺术之后,并随着他的思想的影响不断扩张,有关艺术与存在的关系开始变得像老生常谈。然而,一个问题尖锐地摆在那里:如果艺术是被抛入世界中的人把握世界的本真方式,而人是从被抛状态中开始寻视世界的,那么艺术是如何在这个庸常的世界中出现的?海德格尔为我们勾画了一幅艺术保持世界与大地争执的本真图画,而这幅图画表明,艺术不是从艺术过程中的某个点开始的,而是对整体的艺术进行现象学直观开始解释的,解释的入手处不是艺术的现实起点,而是一个方便的解释起点;从根本上说,也没有一个现实的起点,只有解释的起点。这一点深刻地影响了伽达默尔。

伽达默尔提出"解释的循环"概念。"解释的循环"与前理解紧密

[①] 海德格尔:《艺术作品的本源》,《林中路》,孙周兴译,上海:上海译文出版社,2008年。

联系在一起。"前理解"指理解者首先对文本有一个大致的看法,当他面对文本或事件的时候,这大致的看法起到指引和意义预期的作用,当文本的理解进一步深入,起初的前理解会逐渐地与文本产生差距,理解行为就要进行调整,使理解符合文本的含义。进入这一步,前理解完成它的任务。前理解不是内在之意,不是心中深思默念,而是语言自然带有的功能,我们总是在语言中与这个世界打交道,儿童的语言习得中会自然地接受下来语言中已经附加的内涵,这是无法摆脱的,这些构成人的前理解。前理解"其实并不意味着一种错误的判断。它的概念包含它可以具有肯定的和否定的价值"[1]。用海德格尔的话说,前理解是此在生存的被抛处境,这是无可选择的,任何理解行为都是从前理解开始,并且前理解展开的境域是此在生存的基本状态。可以说,前理解首先是无意识的,它经过反思才进入意识,"把某某东西作为某某东西加以解释,这在本质上是通过先行具有、先行视见和先行掌握来起作用的。解释从来不是对先行给定的东西所做的无前提的把握。准确的经典注疏可以拿来当作解释的一种特殊的具体化,它固然喜欢援引'有典可稽'的东西,然而最先的'有典可稽'的东西,原不过是解释者的不言而喻、无可争议的先入之见。任何解释工作之初都必然有这种先入之见,它作为随着解释就已经'被设定了'的东西是先行给定的,这就是说,是在先行具有、先行视见、先行掌握中先行给定的"[2]。"解释学循环"就是以"前理解"概念为基础提出的一个解释方案。

为什么要提出解释学循环?这个概念想达到什么目标?简要地说,其目标是对形而上学基础进行否定。没有任何一种逻辑原子可以成为解释的基础,也没有任何一个抽象的概念成为世界的本体。按解释学理论看,解释是一种无所不在的生存行动,生活就是解释,解释也无

---

[1] 伽达默尔:《真理与方法》,洪汉鼎译,上海:上海译文出版社,1999年,第347页。
[2] 海德格尔:《存在与时间》,陈嘉映、王庆节译,北京:三联书店,1999年,第176页。

所不是生活。所以,解释的循环是一种生存论的行动,这里没有任何选择的余地,有的只是生存本身的要求。无论从哪里开始,解释的循环都在,这是由解释者作为一个存在者的被抛状态决定的。①

然而解释学循环这样的反思并不彻底,主要是对形而上学基础的反思不彻底。从根本上说,"解释学循环"指出了一种不可能性,即寻找基础的不可能性,但海德格尔的本真和真理还是为我们留下了一条通往那个深层存在的道路。海德格尔指出"语言是存在的家",所有的理解必须是语言的理解,而不是别的,但我们知道,语言是属人的,天地人神作为这个世界的四维,语言实际上只占一维,即使我们知道这是在说明其他三维必须在语言中呈现,但这依然还留着一个尾巴:其他三维在语言中是否变形了呢?伽达默尔也对语言的基础地位做了出色的分析,他的语言分析是以海德格尔为基础的,从人的生存入手解读语言问题。语言是人的生存系统中的一个最基础的系统,而且语言被当作一个整体来对待,人的存在真理在语言中呈现。只有维特根斯坦才指出语言的本性是游戏,人的真理问题不在语言游戏中出现,因为真理预设了一种普遍性的形而上学基石的存在,无论它是什么形式展现出来的。但这一点恰恰留下了传统形而上学的尾巴。

世界是语言的世界,超出语言之外的东西不是无意义的,就是不可说的。这是维特根斯坦的思考。而海德格尔还试图将不可说的纳入可说的去言说,伽达默尔好一些,他不谈论不可说的东西,解释只是可说的东西的解释,只是解释的方法变成普遍性的,替换了真理的位置,实际是真理的一种变形,这在思考上不太彻底。只有语言游戏说才开辟了一条大路。

---

① 海德格尔:《存在与时间》,陈嘉映、王庆节译,北京:三联书店,1999年,第210页。

二、艺术游戏与遵行规则

在第五章"家族相似与艺术类型"部分，已经探讨了关于语言游戏的问题。维特根斯坦指出语言游戏是语言活动的形式，是一组语言实践组合在一起形成的游戏活动，从最浅层的意义上讲，游戏不能在娱乐的层面上来理解，而要在严肃的、有所行动的层面上来讲，但即使把游戏当作娱乐，我们也会发现其中规则的重要性，没有规则就没有游戏。游戏中的规则不是一个或几个，而是相关的一簇，哪个规则最重要完全看游戏的方式和需要的语境，如果我们把这相关的一簇规则想象成屏保界面那样的随机变化的电脑线性图形，那么就比较接近这里想表达的意思了。规则的变化是随机的，但不是随意的，它随着语境的变化产生了难以意料的变化，但它毕竟是在语境中的变化，不过是脱语境的变化。更重要的是，规则不能单纯抽象出来，真正的规则必须与语境中的语言实践结合为一体才是规则，它不是语言学家那里抽象出来的一条条语法规则，而是语义层面的语法分析。

语言游戏、家族相似、遵行规则都是对语言使用方式的不同方面的描述，只是遵行规则在解释语言使用方面更细致，更有解释力。语言游戏和家族相似侧重于整体的描述，而遵行规则侧重于分析支撑起整体的那些结构。

无论是语言游戏还是家族相似，其中都隐含着两个关键的层面：一是整体上的相异性，二是相关的一致性。整体上的相异性指语言整体没有一个共同的抽象本质，有的只是不同的语言游戏构成的面貌，不同的语言游戏内部具有家族相似的特性。即使是语言游戏这一概念，也只是对这一整体面貌的一个表述，并不指称什么，也不构成对语言本质的描述。所以，那种试图寻找语言本质的努力注定要失败。因为任何本质都抹掉了不同语言游戏的相异，只能表达一小部分的特性，并将其上升为整体特性，这是形而上学最容易犯的错误。相关的一致性指家族相似的语言游戏间总具有一种一致性，能够摆放在一起的游戏游戏一定具有规则，是规则形成某种语言游戏，同时规则也在语言游戏中展现出来。规则就是语言游戏的一致性，形成规则就是达成一致。

"一致"这个词和"规则"这个词同出一族，它们是堂兄弟。我教给一个人怎样使用其中一个词，他也就学会了另外一个词的用法。①

维特根斯坦指出一致有两种形式：定义上的一致 agreement in definitions 和判断上的一致 agreement in judgements。

通过语言进行交流不仅包括定义上的一致，而且也包括（无论这听起来多么奇怪）判断上的一致。这似乎要废除逻辑，其实不然。——描述度量方法是一回事，获得并陈述度量的结果是另一回事。但我们叫作"度量"的，也是由度量结果的某种稳定性来确定的。②

这里"描述度量方法"相当于定义上的一致，而"陈述度量的结果"则相当于判断上的一致，定义上的一致也需要判断上的一致来保证，如果只有定义上的一致而没有判断上的一致，那么一致也就不存在了。

哈克认为维特根斯坦的一致主要有三层意思：一是规则与应用间的一致，这是定义的一致；二是对于概念的使用来讲，与之相关的世界是一个背景性条件，也就是说，概念与它所指涉的生活世界是一致的，你如何生活，就如何使用概念，这是判断上的一致；三是人与人之间的一致是指他们在语言游戏中形成共识，包含定义和判断上的一致，这不是说说而已，我们千万不要以为这是通过一个概念系统来保障的，不是，它是从整个语言行为中体现出来的。

第一个就先不说了，这是一个很根本的观念转变，前面说得比较多。定义上的一致不是本质保证的，而是规则与具体应用来保证的，两个缺一不可。定义上的一致并不表明定义就可以规定所有的例子应用。第二个一致强调概念与其相关世界的关系，（哈克没提到的是，这

---

① 维特根斯坦：《哲学研究》，陈嘉映译，上海：上海人民出版社，2005年，第224条。
② 同上书，第242条。

反对了感知世界与理知世界的区别，感知世界并非不稳定，只有理知世界稳定，我们的生活世界既没有理知世界那样纯然不变，也没有感知世界那样变化莫测，它基本是稳定的，我们在其中形成的概念与之一致）。但它只是一个背景，我们可以解释语言游戏，但不会去解释背后的生活世界，不需要。如果有解释的需要，只说明情况与平常的不一样了。下棋丢了一个棋子，你拿来一块小石子替代它，我们都能接受；你搬来一块巨大的石头，我们就没法下了，因为棋盘都被盖住了。

第三个已经涉及生活形式的一致了。哈克指出对生活形式的一致有两个错误理解：一、生活形式的一致是定义和判断上的一致的基础。实际上它们是分不开的，没有谁是谁基础的问题，最好是说它环绕着（surrounds）它们，而不是支撑（underpin）它们。二、生活形式的一致指向人类的生物属性。猫不看我们手指的方向，而看我们的手，但人能。这让人觉得维特根斯坦不是一个约定论者（conventionalist）。[1] 维特根斯坦并没有反对人类本性的存在，他举例说，"一个人本性使然地对别人手指的姿势作出反应是从指尖向手腕的方向看，而不是从手腕向指尖的方向看"[2]。可惜从实际观察中可以看到，幼儿的本性不是这样展现的。维特根斯坦在这里表明的观察已经非常深入了，因为幼儿的确不会顺着手指的方向看，顺着手指的方向看是学会的。但依然有需要调整的地方，幼儿绝不是天生就会顺着手指的方向看，也不会反着看，比如"从指尖向手腕的方向看"，而是直接看离他最近的东西。除非大人将指的东西，比如苹果，放在他的眼前，然后不断让手指运动，发生苹果这样的声响。幼儿刚开始会先去看离他最近的东西，并且慢慢熟悉这个游戏，只是在大人发出"苹果"这个音响的时候，他

---

[1] Cf. Hacker, P. M. S., and Gordon P. Baker, *Wittgenstein: Rules, Grammar and Necessity*, Oxford: Basil Blackwell, 1985, pp.159—182.

[2] 维特根斯坦：《哲学研究》，陈嘉映译，上海：上海人民出版社，2005年，第185条。

会随机地看手腕、手指或苹果，原则是哪个离他近。只有不断换指的对象以及更换发出的语词音响，他才会慢慢把手指与对象剥离开，让语词跟着对象走，或反之，手指才慢慢具有指的功能。一般来说，这个能力要到4—6个月龄大小的时候出现，但必须有不断的语言刺激才会出现，否则，我们设想印度的狼孩在狼群里长大的时候，依然不会顺着手指的方向看，但我们能够想象他把头转向要看的东西。只是手指不具有指的功能。所以，幼儿学会顺着我们的手指看，这完全是教出来的，而不是天生的。天生的东西是，我用手接触，比如不断用手指尖点击或用手掌拍击一个东西，幼儿才会知道我们想让他看那个东西，而不是手。这个东西一定要离他近，在他视野所及，可以把手隐藏在东西的背后，或通过训练将手变为中介。只有这时，幼儿才会顺着手指的方向看，而不再看你的手。只有通过语言能够将看与行动结合起来的能力才是先天的，并非顺着手指的方向看是先天的。维特根斯坦在此有一个错误，但这个错误并不关键，只是一种观察上的失误，或者说这是没有最初育儿经验的体现，这并不影响他的思想的论述。对于语言使用来讲，只有当幼儿能够顺着手指的方向看了，他才做好使用语言的准备。

三、艺术标准与超级机制

我们经常这样提问：到底是什么东西让艺术成为艺术？艺术之所以成为现在这个样子是出自什么？

解答这样的问题一般有两种常见途径，一种是历史主义的，一种是本质主义的。历史主义不过是延缓了的本质主义，它所做的看起来没有本质主义答案那样先验独断，但实际上不过是将本质委于历史的变化之中。

什么标准让艺术成为艺术自身？进而，有什么保证规则正确地运行？这种问法里面仿佛藏着什么深刻的东西，因为我们无论如何去探讨这个问题，它好像总是逃出我们的把握，最终，只能得出结论，这一标准是神秘的、人所不能把握的（更多的讨论参见第五章"艺术本质与艺术类型"部分）。

当我们问艺术如何成为艺术的时候，无论我们期望答案是什么，实际上都预设了一种外在的标准，这一标准像一把尺子一样保证了艺术的内涵。只要找到这一标准，我们就可以确认艺术的实质为何。这一标准就像巴黎的标准米一样，它是度量的最后决定者，其他的一米尺度都要以它为标准才能决定是否是正确的一米长。[①] 但是对于它自己呢？我们称它是一米长吗？不行，因为如果它是一米长，那么就在说它是通过别的什么确定了它是一米长，可是它自身就是一米本身。但我们称它不是一米长吗？也不是，如果它具有一个长度，那么就是一米。我们考察一下巴黎标准米，我们就发现，它是最后的标准，其他一米的长度都要以它为衡量标准。但这样一来，标准就是后加上去的吗？它不在任何长度之内，却具有一种长度？就像艺术标准一样，它在艺术之外，以它判别艺术，但却具有艺术的所有特质，甚至是最标准的特质？只要我们看看这个表述，我们就发现这是一种用语上的自相矛盾。如果我们把标准看作外在的，那么我们就会处于这样的自相矛盾之中。那么标准是什么？就像巴黎标准米一样，它不在应用之外，而在应用之内，只是它在度量的游戏中扮演了一个特别的角色，它不具有什么独特属性，但却执行衡量的功能。

对于艺术标准的另一个提问方式是：到底是什么保证了艺术规则正确地运行？

一个回答是，存在一种艺术的机制，这是这一机制保证艺术规则正确地运行。首先，这一艺术机制指的不是生活中各种艺术的制度，

---

① 参见维特根斯坦《哲学研究》，陈嘉映译，上海：上海人民出版社，2005年，第50条。

包括艺术机构、艺术馆、艺术评价机构以及各种艺术组织等等。艺术机制指的是更深层更内在的运行机制，是使规则得以展现为规则的东西，也就是说，机制是艺术规则形成的动力，它就像艺术规则的图纸，指出了艺术规则如何运转，并且如何起作用。这就像在说，"一台机器，或它的图纸，是一系列图画的第一张，而我们是从这一张学会推导出后面整个系列的"①。这种观念的误导性很大。图纸就像一个超级机制的暗示，它似乎指出了其后的机器运作都遵照图纸的规定进行，图纸是最标准的机器运行，没有错误，而实际的机器无论怎样都有错误，或者有损耗，与最标准的总是有差距，所以图纸才是真正的机制。从这个类比上看，艺术机制是所有艺术规则的保证，是所有艺术实践的最终决定者，它超乎艺术规则之上，是最不可变的东西。

我们谈论逻辑必然性的时候就用到超级机制的观念，比如，物理学试图把事物化约为机制或某物撞击他物这样的模型。②

超级坚硬的观念，"几何杠杆比任何杠杆都坚硬，它不会弯曲"。这就是逻辑必然性的例子。"逻辑是由无限坚硬的物质构成的机制，逻辑不会弯曲。"（好，就这样了。）这是我们达到超级之物的方式，某种最高形式呈现出来的方式，它们是怎么用的，比如无限。③

这种超级机制实际是一种概念的误用。所谓的超级，并不是将机制提升到一种独特的高度，在这一高度上，只有逻辑的性质，而没有一般的物质使用性质。比如一台机器是坚硬的，但它有磨损，所以不够坚硬；机器的设计图不会有磨损，所以设计图所代表的机器的机制

---

① 维特根斯坦：《哲学研究》，陈嘉映译，上海：上海人民出版社，2005年，第193条。
② Wittgenstein, *Lectures and Conversations on Aesthetics, Psychology and Religious Belief*, Berkeley and Los Angeles: University of California Press, 1967, p.16.
③ Ibid.

看起来就回避了磨损,所以机制中具有一种逻辑的坚硬,是一个超级坚硬的东西。上述推理看起来有道理,实际不过是适用概念,图纸只是一个机器的结构和使用原理的说明,它并不包含坚硬这一质素,所以与坚硬没有任何联系,也不包含逻辑上的坚硬,将一种不存在的坚硬说成是超级坚硬的东西,不过是用最高级的形式生硬地安在某种使用方式之上产生的,而那种纯粹的逻辑必然性也是脱离开实际使用后才产生出来的。[1]

艺术机制同样如此。没有一种纯粹的艺术机制,在它之上产生出各种艺术实践,并将自己树为标准。只有与艺术实践结合在一起的艺术规则,它是内蕴于艺术实践当中的,我们不需要时不时把它拿出来指导艺术实践,所谓理论指导实践的说法在一多半的意义上是失去指向的。艺术没有标准,艺术本身就反对标准的存在,重要的是在艺术实践中如何遵行艺术规则。

维特根斯坦认为没有先验的、普遍的东西,有的是在语言使用中形成的概念,概念与对象在语言游戏中结合为一体,并不是语言模仿现实,而是语言与现实一起成型。某类语言游戏在使用中形成规则,文学艺术也是这样,真正的艺术评判是按照艺术规则的评判,美的判词没有任何作用。所谓艺术规则的评判既是此门类艺术的存在方式以及具体的语言表述方式。从遵行规则命题演化出来的艺术规则命题将艺术的本质从内在美感中解放出来,将艺术的本质赋予现实和历史的艺术实践,在具体的艺术实践中形成某种暂时性的本质,也就是艺术规则,对艺术实践产生限制和规范作用,同时也使艺术实践产生打破这些规则的冲动,现代先锋艺术实践证明了这种冲动的存在。

---

[1] 对超级机制的批判同时参见本书第一章"美学是一门错误的学科?"第四小节超级概念的批判。

四、艺术之规无处不在

规则有两种：一种是明确的（说出的）规则，一种是默会的（显现的）规则。对于明确的规则，我们可以通过解释来进行说明，但对于潜在的规则，我们只能结合着行动展现出来。而正是后一种规则，才是这里探讨的主要部分。对于这部分规则，我们必须通过言语实践的语法分析使其可以被说明。所以规则必须与具体的言语实践相结合，才能得到展现。而明确说出的规则是以这部分规则为基架的。

凡是能够说出的规则，就可以进行解释，但默会的规则不是解释出来的。更进一步，假如规则都是可以解释的，那么我们就会发现我们可以不断对规则进行解释。本来规则就是在树立行事的标准的，如果规则可以进行解释，那么所有的规则不过是浮在空中的东西，不能与具体行动结合在一起。

"但一条规则怎么能告诉我在这个地方必须做的是什么呢？无论我怎么做，经过某种解说都会和规则一致。"——不，不应这样说。而是：任何解说都像它所解说的东西一样悬在空中，不能为它提供支撑。各种解说本身不决定含义。①

我们依照这条思路提出一个接一个解释，这就已经表明这里的理解有误；就仿佛每一个解释让我们至少满意了一会儿，可不久我们又想到了它后面跟着另一个解释。我们由此要表明的是，对规则的掌握不尽是 [对规则的] 解说这种掌握从一例又一例的应用表现在我们称之为"遵从规则"和"违反规则"的情况中。

于是人们想说：每一个遵照规则的行动都是一种解说。但"解

---

① 维特根斯坦：《哲学研究》，陈嘉映译，上海：上海人民出版社，2005年，第198条。

说"所称的却应该是：用规则的一种表达式来替换另一种表达式。①

"我盲目地遵行规则。"遵行规则不需要理由。遵从规则的实践是有主题的实践，但遵从规则本身却不需要额外的理由。遵行规则是自然的，是莫不中规，我们不需要把规则做成理由，理由都是事后才找的，是为了行动的辩护或说明而找到的，我们不需要事先知道什么规则，然后才去遵行，而是行动本身就是遵行，自然地遵行。

"正确地运用规则就是理解规则的标准。"② 我们一般会认为，如果我们理解了规则，就是会把规则运用得正确。理解是保证正确运用的基础。这种观念看起来如此普遍，但却是最需要警惕的观点。如果把理解当作正确运用的保障，那么理解就成了一个先在的基础。比如，假如我们质疑一个人运用一条规则的正确性时说，"你到底理解这条规则了吗？"——没有理解，就说明没有正确运用，有了理解，就有了正确运用。很多时候，我们都是这样发出质疑的。而且，这样的质疑往往是有力的，因为与这个质疑联结在一起的往往有一个错误运用规则的结果。我们再假设一种情况，当我们认为一个人运用规则没有错误时，我们会质问他到底有没有理解这条规则吗？不会，我们直接认为他理解了规则。这时，依然有一个正确运用的结果与理解规则的判断相联结。强调理解是运用的基础，实际就是在强调内在理解的优先性，而理解就是到规则那里去，与规则达成一致，然后把规则运用到各个实例当中去。这样的理解观依然是传统的本质论理论观，不是语言论的理解观。如果"理解"是运用的标准，那么我们就必须考察何谓理解，在理解的时候发生了什么？这时，我们倾向于向内心倾斜，似乎向内心观看，看在"理解"的时候内心出现了什么样的状况。其实，我们也知道这样的状况是不可靠的，具体状况因人而异。

---

① 维特根斯坦：《哲学研究》，陈嘉映译，上海：上海人民出版社，2005年，第201条。
② Hacker, *Wittgenstein: Rules, Grammar and Necessity*, Basil Blackwell, 1985, p.259.

这样的思路看似进行深入的事实观察，实际是走错了方向。在这里没有更深的观察，没有更深处的存在，只有语词的运用。我们应该考察的不是概念所对应的对象，而是考察概念的使用，考察诸概念在概念系统中的相互位置。在这里，我们应该分析这几个关键词：理解、正确、规则、运用。规则在那儿（我们暂时先这么说，因为规则如何成为规则是另一个重要问题，只是在这里，我们先讨论已经确立的规则）。运用是对整个过程的一个描述。正确是一个判断，这是无疑的，这是对运用规则的判断。从这个角度上，正确或错误都是一个层次上的判断。那么理解呢？是什么？一般会把理解当作一种内在心灵状态，是内心对规则的一种彻底把握。如果是这样来看待理解的话，那么一定会把理解这一内心状态树立为规则运用正确性的标准。由此，我们就要分析理解是一种什么样的内心状态，因此，我们要想知道是否正确地运用规则就要经常检查一下自己的内心状态。但实际上根本不是这样。我们无法孤立地判断别人的内心状态，原则上也无法孤立地判断自己的内心状态。[①] 理解是一个判断，这一判断不是对内在状态的判断，而是对规则运用的判断，也就是说，理解是对运用规则的正确性的判断，正确与理解在规则运用上是同一个层面的判断，它们具有亲缘关系。这是一组语言游戏。

传统的思路明显摆错了"理解"在概念系统中的位置，把"理解"认作一种内在之意，而没有看到，"理解"不过是语词使用中的一个路标而已，能够遵行规则，我们就说"理解"了，没有则否。在这里，正确地运用规则成为理解的标准，而不是反过来。而且这一标准也不是外在的，不是从外部树立起来作为判断的标尺，而是"内在"于规则的运用当中。只是从概念位置上看，理解作为判断稍后于"正确运用"，但在实际的语词使用中，两者是一致的。"理解"指的就是"正

---

① 具体可参考本书第二章"私有语言命题与内在心灵"的论述。

确运用",而"正确运用"就是"理解"的基本内涵。

遵从一条规则有道理可讲吗?我们往往倾向于说,有道理可讲,就像我们问为什么冬天要用暖气,回答可以是防寒。但是假如我们问:为什么 1+1 = 2;或者,为什么我们要叫爸爸的弟弟为叔叔,那么就只好说,我们也没有理由,我们就是这样被教会的,我们只是照着做。如果这里产生一个谁创造了这一规则的问题,那么这只好说,他把规则想成了一个明显的规则,而不是默会的规则。规则从根本上说,不是创造出来的,而是在生活中达成的。但也的确存在某人创造一个规则的用法,在这种情况下,指的是这条规则在整体规则系统里被接受下来,成为规则系统的一部分。

"我怎样能够遵从一条规则?"——如果这还是在问原因,那么它就是在问我这样来遵从这个规则的道理何在。

如果我把道理说完了,我就被逼到了墙角,亮出我的底牌。我就会说:"反正我就这么做。"

(记住:我们有时要求解释并不是为了解释的内容,而是为有个解释的形式。我们的要求是建筑学上的要求,房檐装饰般的解释,并不支撑什么。)[1]

一种常见的要求是,请向我解释为什么要遵从某一规则。对于这样的要求,我们往往是将规则换一种方式说出来。

当然我们也可以继续追问,为什么是换一种规则的解释方式,而不是给出形成这条规则的规则?我们一般会认为规则的规则更加具有说服力,因为这是对一条规则的形成原因做的解释,而这一解释是原因性的解释。对于这样的要求,我们可以换一个角度来思考它。我们

---

[1] 维特根斯坦:《哲学研究》,陈嘉映译,上海:上海人民出版社,2005年,第217条。

假定对于一条规则还有一条规则来保证它起作用,明确后一条规则更基础。这就像为一条规则给出标准一样,根据这一标准,我们可以判定某一规则符合标准,所以规则正确。如果规则是由一个外在于它的标准决定,并保证规则与运用之间达到一致的话,我们也可以继续对标准追问,是什么保证这一标准与规则之间的一致性呢?进而,我们假定原理、法则等是保证这种一致的上位规则,我们依然可以继续追问这一"保证"的正确性。可以说,这一追问并非无止境的,而是在某个时候,我们不得不说,"反正我就是这么做的"。没有什么理由可讲。

可以说,规则从来不直接对我们说话,仿佛它随时向我们面授机宜,对我们做的事情不住点头。从来不是这样。我们无所不在规则当中,规则就是我们的生活,没有不存在规则的生活,也没有不存在规则的艺术。只要我们还生活在世界上,只要还有艺术活动,就存在日常规则和艺术规则。我们从来不选择生活,也不选择艺术。而是生活和艺术围绕着我们,它们使我们成为如此这样的我们,也使生活和艺术成为如此这样。

> 我遵从规则时并不选择。
> 我盲目地遵行规则。①

五、艺术类型与规则习得

我们有没有可能一次性的遵从规则?如果存在这种可能,一次性的遵从规则意味着什么?所谓一次性的遵从规则,不是指规则在那里,别人一直照着规则做,而我只是一次性地偶然遵从规则。这样的一次

---

① 维特根斯坦:《哲学研究》,陈嘉映译,上海:上海人民出版社,2005年,第219条。

性遵从规则所在皆是。比如我只去过一次画家的画室，我偶然地拿起笔，在画面上画画。这样的一次性遵从规则是存在的。无论我是怎样画的，画在纸上甚至画在墙上，都是画画。但是假如我到了画室，只是向四周扫了一眼，然后说我画了一幅画，这才是让人迷惑的。

> 我们称为"遵从一条规则"的事情，会不会是只有一个人能做，在他一生中能只做一次的事情？——这当然是对"遵从规则"这个表达式的语法注解。
>
> 只有一个人只那么一次遵从一条规则是不可能的。不可能只那么一次只作了一个报告、只下达了或只理解了一个命令，等等。——遵从一条规则，作一个报告，下一个命令，下一盘棋，这些都是习惯（风俗、建制）。
>
> 理解一个句子就是说：理解一种语言。理解一种语言就是说：掌握一种技术。①

维特根斯坦反对只遵从一次规则的可能性，当然这么说是有特定层面的，这是在遵从规则的语法层面上讨论的，不是指偶然性地遵从或不遵从。可以说，任何一次遵从规则的行为都是在某种文化习惯当中才有可能的，没有任何一次遵从规则的行为能够脱离文化建制。

一个很自然的疑问是这样：我们私下里遵从规则不就可以脱离文化建制了吗？我只在没有人看见的地方，或只在内心里遵从一次规则，这与文化建制有什么关系？这样的疑问是很自然的，但同样走在错误的遵从规则的方向上。我们的确可以在私下里遵从规则，比如老师教学生画画，学生表面上不画，但回到家里，自己照着老师教的那样练习；或者没有任何实际的动作，但在内心里模仿着做了一次。从具体

---

① 维特根斯坦：《哲学研究》，陈嘉映译，上海：上海人民出版社，2005年，第199条。

的练习角度讲,这些都是可以做到的。但之所以能够做到私下里练习规则,完全是因为学生掌握了大量的绘画规则,并能够在私下里来依靠相近规则以及他的观察来遵从一次新的规则,没有前面两个条件为基础,他根本无法去私下来遵从规则。

在关于私有语言话题的讨论中,我在第二章"私有语言命题与内在心灵"中总结过这个问题:"所谓规则,就是公共的,为很多人订立的东西。它必须具有三个特点:一是群体性,二是重复性,三是约束性。三个特点同时具备才能构成规则。如果没有其他人参与,只是一个人在重复一个行动,这不叫遵守规则。如果没有重复的行为,也不能算作规则。当然约束性就是规则这个概念本身内蕴的,规则本身就具有约束的力量,如果一些人只是偶然地重复行为,也不可能形成规则。当然,一个人可以在私下里遵守一条规则,私下里遵守一条规则不等于遵守一条私人规则。私人规则好像是一个人为自己制定的,而私下里遵守一条规则却是在公共领域中形成的。两者有天壤之别。"

> 因此,遵从规则是一种实践。以为[自己]在遵从规则并不是遵从规则。因此不可能"私自"遵从规则:否则以为自己在遵从规则就同遵从规则成为一回事了。①

要想讨论一条规则,必须有一个样本才可以进行。样本概念与例证不同。例证是对一条规范规则的证明,规则是高级的,例证则是对规则的一个证实。从这个角度讲,规则与例证是可以分离的,因为例证可以无数多。样本从表面上看与例证差不多,都是单一个体,但样本却是最典范的个体,这一个体不是外在于规则的,而是内在于规则,与规则结合在一起形成整个规则的呈现。要想讨论规则,必

---

① 维特根斯坦:《哲学研究》,陈嘉映译,上海:上海人民出版社,2005年,第202条。

须有样本，所以合适的样本决定了规则是如何展现的，样本选择得好，规则呈现出来的适用性就比较强，选择得不好适用性就差；同样，规则呈现得如何决定了选择什么样的样本，两者具有相关促进的关系。

在艺术领域，这一点尤其表现得明显。比如康德在《判断力批判》中选择的样本是美的艺术，所以他更多地去论述天才的创造，讨论天才如何决定了艺术的高度，也决定了艺术规则的创造与冲破，同时天才的艺术也如此符合康德对无功利、无目的诸鉴赏契机的陈述。相对来说，现代的大众文化艺术观就要离这种天才的艺术远一些，强调大众艺术的普遍化接受，样本变为普通的、平庸的艺术作品，因为绝大部分艺术作品都是这样的，而这种样本更适合表现大众艺术对民主化和普遍共享、共同参与的要求；进而，我们看到当生活变为审美的时候（我指的是日常生活审美化观念），这一样本从普通的、平庸的艺术品变为日常行为，所有的日常行为都可以入艺术，这时发生的变化是天翻地覆的，不仅艺术的范围被无限扩大了，艺术的规则也变得更加变化多端。但无论怎样，规则与样本是紧密结合在一起的，什么样的规则就决定了什么样的样本，什么样的样本也决定了什么样的规则。两者彻底结合为一体，没有哪个更基础的问题。

为什么要提出样本这个概念？它的提出是为了避免实指对象这一概念的误导性。有些东西我们是通过实指学会的，比如苹果、桌子、电脑。但有些没有进行实指，比如勇敢、仁慈、悲痛、爱等较为抽象的概念，我们可以一个具有这些品格的人为典范来解释这些概念。其中当然还有实指的成分，但实指成分不断降低，重要的是一个概念在其相邻的概念结构中的位置。但对象概念就不关注这些用法的差异，它做了一个普遍性的判断，一切皆对象，概念是对对象的指称，这就把概念与概念之间的差别抹杀了，概念通过单一指称确定了它与对象的关联，概念系统建立在多个概念的关联之上。所以让我们产生了这样的理论感受：概念成了对世界的逻辑表述，让我们觉得真实的世界隐藏在概念逻辑之下，而不是在概念结构中呈现出来。这些歧路都是指称理论带给我们的副产品。

> 但这正是意向之为心灵活动的奇特之处；它无需乎风俗、技术的存在。例如，可以设想两个人在一个没有其他游戏的世界里下棋，哪怕他们只是刚开始下——接着就被打断了。①

这是一个反例。这个例子设计了这样一种情境：两个人下棋，还没有下就被打断了，所以他们要下的棋只存在于意向中。还有一个关键的条件，就是这个世界没有其他游戏，因此，他们不可能从其他游戏中借用规则。这就只存在意向。维特根斯坦举的例子乍看上去总是极其特殊，因为这样的例子明显不存在。维特根斯坦的意思是说，如果我们主张意向产生游戏，那么就是在说，这个游戏是从最孤独的心灵中产生的，没有任何规则和惯例的借鉴，也不需要实际行动。意向必然是隔绝了这两个主要条件才成其为决定性的意向。如果这样的意向我们依然称之为下棋，那么我们就可以判断说，游戏的动因不在外部规则和风俗，而在人的内心。如果我们真的能够下这样的判断，那么游戏就不再是我们现在看到的这样，而是一种内在的孤独自娱。即使退一步说，我们无法判断这种游戏存在不存在，因为玩这种游戏的人根本不会说出来，所以我们只好假定这种游戏存在，那么这是否意味着我们就要改变对游戏的判断？这是否意味着我们要改变游戏的疆界，把彻底意向性的游戏与技术性的游戏放在一块儿考察，才能对整个游戏进行判断？——不，这是不可能的。那种彻底意向性的游戏我们没有任何根据去判断它，因为它没有任何显现，我们也就失去了判

---

① 维特根斯坦：《哲学研究》，陈嘉映译，上海：上海人民出版社，2005年，第205条。

断它的根据。而且，我们不可能依据他人的自我断言就进行游戏的判断，比如一个人说自己玩了一场游戏，但除了"游戏"这个词，他没法给出任何证据。绝对表现主义曾经主张艺术只存在于人的内心，不需要把它展现出来，也是一种艺术。这种观念存在两个主要不可能性：一是不能对其进行艺术的判断，我们最多赞同他在内心中进行了艺术创造。但这一判断不是对他所创造的艺术作品做出的。这是两种判断。后一种判断才是艺术判断；前一种判断其实不过表达了一种同情心。判断本身是空的，没有内容。二是没有其他艺术形式作为参照，一个人甚至不能去言说艺术。假设他是真诚的，他说的内心进行的艺术创造是真实进行过的，那么，他能够如此表述的根据在于，他曾经运用艺术介质并使用某种艺术手段进行过作品的创造，或至少看到过同类或相似的艺术作品，否则他也无法对自己的内心创作进行表述。也就是说，他必须已经在一种艺术惯例当中了，才能进行如此表述。

什么是艺术？这个问题往往会把我们引向一种本质论的回答；艺术最初是怎样的？这个问题往往会把我们引向一种发生论的回答；然而，当问题变成：我们怎样就理解了艺术？这就把问题保持在一个语言学的范围内。从根本上说，上面三个询问方式其实是同一组问题，如果我们从语言游戏的角度去解决这三个问题，会发现最终问题域和方向比较接近，重要的是不能沿着本质论和发生论的方向着手解决。我们怎样就理解了艺术，这个问题乍看之下，很容易把我们引向一种内在理解上去。一般倾向认为，我们的内在经验保证了这种理解。A理解事物，产生一种经验，B理解事物，产生一种内在经验，A对B说出事物的语词，B拿出自己的内在经验看看，然后理解了A。内在经验是保证理解的基础。假如真是这样，那么我们就要问，A的内在经验与B的内在经验相同吗？判断的标准何在？解决这个难题的方式往往是：人同此心，心同此理。一旦走到这里我们就不再追问下去了。

如果再追问下去，只能得出没有判断标准的结论，即我们只剩下做出选择：如果选择相信 A 的内在经验不同于 B 的话，那么人与人就无法进行交流，人就无法达成理解，人在世界上根本就是孤独的，我们只是表面上装作理解对象，原因只是为了让这个世界在假象中维持在一起。这是一种消极的世界观；如果选择相信 A 的内在经验同于 B，世界才能达到一致，我们的生活才能顺利进行下去，这是一种积极的世界观。无论是哪种世界观，"相信"成为最根本的，是这个世界继续下去的根基，因为"相信"为这个世界定下最本质的生存调子。这是一种最常见的思路，然而是错误的思路。

所以，理解不是一种发生在内心的事情，包括艺术这种看起来特别倾向内心的东西。我们怎样理解艺术？这个问题跟原初语境联系起来会好说明一些。原初语境不是原始社会，而是我们面对的讨论一个问题的典型语境，即学习语境，理解跟学习、训练是一组游戏。我们理解绘画，完全是在学习中理解的，孩子有画的天性，但并不是绘画，只有通过绘画训练，孩子才能知道怎样画才是绘画的方式，他才能理解绘画。

想一下这个问题："诗应该怎样读？什么是正确的读诗方式？"如果你讨论的是无韵诗，那么正确的读诗方式应该是正确地重读——你讨论的是怎样一来就要重读韵律，怎样一来就得轻读。某人说应该这样读，并且读给你听。你说："哦，是啊，现在它有意思了。"[1]

维特根斯坦用一个长长的例子来说明我们是怎样在训练中理解的，理解完全与例子结合在一起，根本没有脱离具体例子的内在理解，理

---

[1] Wittgenstein, *Lectures and Conversations on Aesthetics, Psychology and Religious Belief*, Berkeley and Los Angeles: University of California Press, 1966, p.4.

解也不是一种内在状态，它不需要乞灵于内在之意的帮助。

  对于一个还不具备这样概念的人，我会通过例子或通过练习来教他使用这些词。——这时我教给他的东西并不比我自己知道的少。

  教他的时候，我就会指给他看一样的颜色，一样的长度，一样的形状，会让他指出这类东西，做出这类东西，等等。我会指导他，让他在听到相应的命令后"照原样"把某些装饰图案继续画下去。——也指导他把一些级数展开。例如把……这样展开………

  我示范，他跟我的样子做；我通过同意、反对、期待、鼓励等各种表现来影响他。我让他做下去，让他停下来；等等。①

  这就是理解。理解指的是照着老师教给的东西做出来。教和学、示范和练习都是不断往复进行的，反对、鼓励等都是教师帮助学生练习的话语方式，只要学生能够跟随示范，在多个练习中不犯错误，我们就判断说，这个学生理解了。理解根本不是一种内在的心灵状态，在理解的时候也根本不必有什么恍然大悟的感觉伴随着。从根本上讲，理解只是对学生训练效果的一个判断，这个判断来自于教师或旁观者，不来自于学生。所以他对自己理解或不理解的判断根本是不重要的，重要的只在训练的效果，做得对不对。做得对，那么说明他理解了。做得不对，就说明他不理解。根本不存在那样的情况：因为他内心中充满了理解感，但在训练中却做不对或时对时错，我们也认为他理解了。这种强调内在理解的路径根本是错误的。

  怎样判断一个学生做的是对的？就是做一样，能够在学习和训练中，跟随老师的教导做得一样就是做对。当然做得一样不是说，老师做什么，

---

① 维特根斯坦：《哲学研究》，陈嘉映译，上海：上海人民出版社，2005年，第208条。

学生就完全复制性地做什么。这种机械地照抄不能算是做对。必须能够沿着老师教的例子往下走,还能够做对,我们才能判断学生做的真正跟老师的一样,这个"一样"一定包含着超出老师教的例子,但必须是规则上一致,否则我们也不能判断学生做得一样。教师通过例子教规则,学生通过例子学会规则,从规则的角度,教师和学生知道得一样多;而从例子的角度,学生要想证明自己理解了,必须遵从规则,把例子展开得更多。做对,就是在规则上做一样,在例子上能够把规则展现得明明白白。

文学和艺术也同样是这样。对规则的学习要通过一个个具体的例子特别是卓越的例子来把握。只有在不断地运用中,才能把握作品创作的真谛。根据悟性的不同,不同的创作者有长短不同的学习期。学习期一定存在,只是具体的形式不同。

做对,就是做一样。[1]这种观念在于反对内在情感支配论。我们经常听到这样的论调:艺术如何是真实的,其根源在于我们的内在情感是真实的。艺术之本源在于艺术家的情感涌现。这样的观念不用说,可以上溯到两千多年前的柏拉图,真正滥觞是现代浪漫主义,在我们这个时代也是支配性的艺术观念。然而,艺术之为艺术真的来源于情感吗?如果把情感认定为艺术的本源,那么是哪种或者是哪一类情感支配了艺术?甚至我们也会说,情感也不是艺术的目标,艺术并不一定唤起某种情感,也不以某种情感为指向,或者愉悦或者恐惧,或者崇高,这些都是艺术类型的附带。

六、艺术灵感的误区

艺术灵感可靠吗?我们经常看到艺术家这样告诉我们:我凭借着内心的声音找到了一种天才的表述,在进行这一表述的时候,我也不

---

[1] Hacker,*Wittgenstein: Rules, Grammar and Necessity*, Basil Blackwell, 1985, p.165.

知道这一灵感的由来，只有顺应灵感的倾吐。的确，艺术中的灵感现象是不可否认的，陆机《文赋》中说："若夫应感之会，通塞之纪。来不可遏，去不可止。藏若景灭，行犹响起。方天机之骏利，夫何纷而不理。"刘勰《文心雕龙·神思第二十六》中说："夫神思方运，万涂竞萌，规矩虚位，刻镂无形。登山则情满于山，观海则意溢于海，我才之多少，将与风云而并驱矣。"从这些传统的论述里，我们看到了艺术灵感在艺术创造中的作用（应感、神思并不完全等同于灵感，但与其构成一组相似的概念组，所以我们可以将其放在一块来考察）。

  我们是否就可以认定，艺术来源于灵感呢？从前人的论述中，我们也能发现这样的观念：这一方法是把灵感推向最初发生的时刻，认为是某个人的灵感导致了艺术的产生，并且这种灵感推动成就了艺术的本质。那么，这一遵从灵感的指引是否能够完成艺术？我们知道这样的思路比较单一，还有一条修正的思路：灵感决定艺术的高低，但在灵感之间依然还存在着按照艺术规则进行的创作。这是一条略为复杂一些的思路，为前面过于简洁又显粗暴的思路加上了一些修饰。但依然不改本质面目：艺术的真正本质来源于灵感，来自心灵感召或以心灵为途径的神灵感召。对这样的思路，维特根斯坦如是说：

  假设有条规则让我感觉到应该怎样遵从它；就是说，当我的目光跟着这条走的时候，就有一个内在的声音对我说："这么画！"——遵从某类灵感和遵从一条规则，这两种过程有什么区别？因为它们确实不一样。在遵从灵感的情形下，我等待指示。我将无法教给别人怎么遵从那条线的"技术"。除非是说我教给他某一类倾听方式，某一类感受性。但那样的话我当然就无法要求他像我那样来遵从那条线了。[①]

[①] 维特根斯坦：《哲学研究》，陈嘉映译，上海：上海人民出版社，2005年，第232条。

灵感来自外在，柏拉图认为诗人是神谕的代言人，柏拉图在《伊安篇》中借苏格拉底之口将诗人说成是一种轻飘的长着羽翼的神明的东西，认为他们得不到灵感，不失去平常理智而陷入迷狂，就没有能力创造，就不能作诗或代神说话。在《斐德若篇》中，他说："有一种迷狂是神灵的禀赋，人类的许多最重要的福利都是从它来的。就拿得尔福的女预言家和多多那的女巫们来说吧，她们就是在迷狂状态中替希腊创造了许多福泽，无论在公的方面或私的方面。若是在她们清醒的时候，她们就没有什么贡献。"这就是著名的迷狂说。亚里士多德则在《诗学》中讲到，诗歌需要一个人具有独特的诗才，或者具有狂迷的色彩。这些观点都说明灵感不是诗人自身的特质，而是外在的神秘力量的参与。如果真的是这样，那么就说明诗是不可教的，诗人只有等待神灵的凭附才能完成伟大的诗作。而这样一来，诗到底是什么，其他就根本不知道了。

从实际创作来看，有时我们的确遇到灵感沓来的情况，但这并不表明创作必须由灵感来推动。而且灵感也不是外力的推动，而是创作经验丰富之后的自然反应，其中存在创作者禀赋的差异，但创作是可教的，灵感指的是创作者个人禀赋与创作经验结合的产物，灵感是技巧与禀赋的结合体的衍生物，而不是艺术的本真来源。

一般观点认为，灵感是由于心灵中积聚的大量无意识内容瞬间突破了意识阀的限制，从无意识奔涌到意识领域中所引发的。人类的意识可以分成有意识和无意识两部分。大约从大脑皮层开始形成时起，一直到脑死亡，大脑都在不断从事各种各样的思维活动，形成对外部世界的种种感官印象。有些信息刺激通过我们的思考、回忆、体验感受等进入有意识领域，成为可知觉到的印象。而当我们在浑然不觉状态或者睡眠、心不在焉、昏迷等情况下，大脑皮层仍在接受大量的外部信息刺激，但是思维的主体认识不到它们，这些信息刺激就被意识所忽视，沉积进意识阈下的无意识领域里。它们数量极其丰富，就像沉没在海洋中的冰山，而思维所能意识到的，其实仅仅是冰山浮出水面的极小一部分。在意识层面上完成的大脑活动是主体可以觉察把握的，就像我们在电脑显示屏上看到的图像那样，但在意识阈下的无意识世界中的思维活动，则像是在电脑内部运行着的数量庞大而复杂的运算活动，我们无法看见，主体自身也浑然不知。那么艺术家是怎样把无意识领域中沉睡着的记忆唤醒的呢？日常生活经验中的理性思维对无意识的心灵世界有束缚和压制的功能，所以无意识的苏醒必然有赖于日常理性思维方式和意识活动的弱化，而艺术家们善于沉思冥想的气质恰恰有利于他与无意识世界的沟通。

这种文艺心理学的观点颇为常见，但形迹可疑。对于意识与无意识的区分本身就是一个值得商榷的事情，更何况这种内在意识变化的确定也是一个非常难以做到的事情。[1]

维特根斯坦说："这些都不是我根据灵感行动的经验和遵从规则行动的经验；而是语法注释。"[2] 这句话太精彩了！事先就把行动或规则来自经验（内在经验）的路堵死了。我们谈论灵感的经验的时候，往往很自然但错误地走向内在经验，实际上，谈论灵感的时候涉及的根本不是经验，而是语言注释！我们必须分析清楚灵感这个词是如何使用的，在哪个位置使用，达到哪些功能，才能清楚灵感到底指的是什么。这就是考察某类心理意象概念的理论方法：我们必须进行概念的语义上行，即考察概念的使用方式，而不能使用概念意指这样的下行到事实的思路，并不是因为事实不可靠，而是因为一个概念的错误运用不会关涉到准确的事实，而是虚设了一个事实，引人误入歧路。所以语义上行才是基本的。[3]

---

[1] 参见本书第三章"维特根斯坦反弗洛伊德"的论述。
[2] 维特根斯坦：《哲学研究》，陈嘉映译，上海：上海人民出版社，2005年，第232条。
[3] 参见陈嘉映《语言哲学》，北京：北京大学出版社，2003年，第35—36页。

七、艺术制度还是艺术契约？

> 我要说，我们称为"语言"的，首先是我们寻常语言的建制、字词语言的建制；然后才是其他东西和这种建制类似的东西，或和这种类似的东西有可比性的东西。①

维特根斯坦强调建制、习俗等规则与生活相纠缠的形式在语言游戏中的主导地位。这一点被其后的分析美学所继承。维特根斯坦之后的艺术理论家受到后期维特根斯坦思想的强烈影响，莫里斯·魏茨（Morris Weitz）提出艺术无本质论，指出艺术根本无本质，艺术的界限是彻底开放的。目前在中国影响巨大的艾伦·丹托（Allen Danto）不同意魏茨这样强烈的无本质论观点，他认为艺术界中存在一些可以进行临时界定的因素。而乔治·迪基（Gorge Dickey）的艺术制度论直接承接丹托的艺术界理论，提出艺术制度决定何者为艺术。魏茨的观点相对更忠实于后期维特根斯坦，但其后的艺术理论讨论更多地偏向于否定激进的艺术无本质论。丹托和迪基在很大程度上偏离了维特根斯坦，他们深受维特根斯坦艺术游戏观和艺术规则论的启发，将两者结合在一起，提出基于松散的有限界定的艺术观，其中迪基的艺术制度论在很长一段时期成为学术界争论的焦点。

艺术制度是对艺术界的机制的描述。艺术界有核心成员，也有非核心成员，核心成员包括艺术家，他们创造作品；展示者展出作品；追随者（goer）鉴赏作品。而非核心成员则极为宽泛，凡是自己愿意成为艺术界一员的都是其中一分子。批评家、历史学家、哲学家都是在核心之外进入艺术，并对艺术发挥影响的。② 这样宽泛的认定几至于无边界，但这只能理解外延上的无边界，迪基既然主张了艺术界存

---

① 维特根斯坦：《哲学研究》，陈嘉映译，上海：上海人民出版社，2005年，第494条。
② George Dickie, *Art and Aesthetics*, Cornell University Press, 1974, p.36.

在一个小核心来保障艺术，那么艺术从内涵上就可以进行原则上的认定（虽然具体内涵并不能认定，但范围却可以划定）。

在迪基看来，使艺术制度运行的并不只是正式的那些艺术制度，还包括很多非正式的艺术制度，艺术展览馆、博物馆、艺术学院、艺术评价机构等都是正式的艺术制度，但有些艺术制度不是这样的形态，它们深藏于艺术运作本身中，比如一些日常的艺术鉴赏、作品印刷、出版发行，日常对艺术的谈论，以及作者与欣赏者的往来互动等等。这些都在改变着艺术制度。

按照迪基做出的著名定义，

> 一个艺术品在分类的意义上必须是
> （1）一件人工制品；
> （2）能够为提供鉴赏而授予候选者地位的一系列方面，这一授予由某个或某些人代表特定的社会机构（艺术界）进行。①

> 那么，一个自然中的存在物怎样在分类意义上成为一个艺术品？它一定先在艺术的延伸义或评价义上被视为艺术品的。这样一来，当它从分类意义上被当作一个艺术品时，一定不是因为上面有了人的"劳作"，而是被授予了人工性；授予人工性与授予审美地位两者同时发生，但是两回事，是艺术活动必备的两个属性。②

迪基的艺术制度论里面有一个关键的"授予"（conferring of status）概念，总是让人理解为单方授予，其实这一授予从来不是单方的，而是在契约中形成的授予"形式"，也就是说，之所以存在一个"授予"，完全是契约多方向某一方让渡的结果。艺术之认定并非一方做出，即

---

① George Dickie, *Art and Aesthetics*, Cornell University Press, 1974, p.34.

② Ibid., pp.44—45.

它表现出来是一种动力，但实际上却不是，而是一种结果。授予者如何具有授予身份？这不是在问赋权的历史，而是在问授予的原初赋权的情况。

艺术契约是对艺术制度论的一种变更形式，正如艺术制度论是对艺术界理论的一种变更形式一样。相对于艺术制度论来说，艺术契约更深地遵守维特根斯坦的艺术规则原理。这是基于对艺术活动和艺术游戏规则更深一步的观察得出的理论解释模式。

什么是艺术契约？艺术契约与迪基提出来的艺术制度论（constitutional theory of art）[①]密切相关。我们一般想象契约是一种社会契约，是人在社会中形成的多种紧密相关的生活形式，是为了更好的生活而达成的必要规则组合（不需要口头达成一致，只需要在生活中达成一致，这正是规则的本义）。我们可以想象有些规则可能根据实际生活情况出现不同的规则组，但规则组与其生活境况必须是一致的，否则就会发生改变。比如平常生活有其规则组，而监狱生活有其不同于平常生活的规则组，等等。艺术或文学与上述的生活境况不同，它们构成另外的规则组，具有形式规则组与表现内容规则组两种规则组合形成的复杂规则组，这就让文学或艺术比实际生活境况的规则组更难解释。艺术契约就是这些形式规则组（或形式契约）与内容表述规则组（或表述契约）的复杂组合。在这儿并不是强调形式契约与表述契约的实际分离，这一分离只是陈述契约的方便，它是一种陈述方法，而不是对契约事实的描述。声明这一点是至关重要的。

艺术契约本身就蕴涵着多重性，是多重的契约关系共同构成了艺

---

① "constitutional theory of art"这一概念无论是译成艺术制度论，还是译成艺术惯例论，都有失义之处。艺术制度论可能更接近迪基本词的原义，但这个制度指的是"制度性的"，英语中是形容词，但汉语译过来却成了一个实指，把一个性质坐实了，这是一个问题；译成艺术惯例论可以避免这种坐实的错误引向，但弱化了制度这种正式的形式。按迪基的意思，这是一个既有正式的制度也有非正式的惯例的概念，而且英语中也兼有两种含义，只是汉语中不同时包含两种义，所以选取任何一种译法都是可以的，但应该都附有必要的解释。

术，这一点可以说，与艺术制度论没有区别。但艺术制度论强调艺术由艺术家、艺术批评家、艺术鉴赏者以及艺术作品的保管者美术馆、画廊以及国家艺术体制（这个迪基似没有加入，这个因素因国家而异），等等。

艺术制度不能囊括自身，制度（惯例）作为内在于艺术各方参与者的成规成为其自身，但制度不能成为其自身的一部分。制度是描述性的，而契约则是实践性的，它可以将构成契约本身加入契约之中，使艺术契约不断被表层规则化，并形成新的契约形态，所以艺术契约是多重契约的累积组合。

艺术授予这一行动在艺术契约中依然存在，我们可以看到艺术家在艺术品中的授予权，也可以看到艺术保管机构在艺术品授予方面的支配性，但是这一授予并不如表面那样主动。迪基的艺术制度论中的授予也不像表面看起来那样主动，对于授予者，我们不如将其理解为代表，是代表在行使制度的授予权，而不是别的方面。当然，艺术制度中的授予即使经过上面的解释也依然是不合适的，它还是存在一种强势权力的特征。这也是为什么要转向艺术契约论的一个理由：我们不否认授予的存在，但否认将授予放在制度中讨论，而应该放在契约中讨论。在艺术契约中讨论的一个优点就是：授予权是契约赋予的，而艺术契约是有语境的，有应用的，契约改变，授予权就会变换；并且，授予权是一种协商授予，而不是主动授予，是欣赏者协商授予了创作者的作品授予权，而不是创作者主动授予作品艺术资格。权力形式从主动权力变为协商权力。福柯所说，这种权力的考古学，不是在强调有权者的权力，恰恰相反，从权力的考古之中，我们看到的是无权者的权力比有权者的权力更稳定。

另外，艺术制度概念中蕴涵着一致，即对艺术品的一致界定，而这一界定往往是内涵稳定的，保有一种内在的一致性，即概念内涵和外延的稳定；而艺术内涵的一致性会变更，只是这时变更的是整个制度方式，也就是说，构成艺术制度的元素发生改变了，由此发生了艺术品认定方面的变更。但这样一来，我们就无法容纳艺术品认定不一致的情况：艺术品在一种矛盾认定中依然获得存在。比如现代艺术的诸般变化。艺术制度论要解释这一点就相当困难，只能将艺术内涵变更的历史性带入才能解释艺术品在矛盾认定中依然获得存在这一状况。但艺术契约本身却承认这一点，并且，更重要的是，把艺术地位的矛盾认定视作艺术品的正常存在。归其原因，在于，艺术契约论本性是一种多重契约关系。在这里，我们看到，艺术制度论中的诸元素转化为艺术契约论中诸元素互置形成的多重双方契约关联。这种错置并存的形态，是多重契约的复杂形态的恰当描绘。这是更彻底的关系论艺术观。[1]

并不是说，契约决定了艺术的具体语境和整体形态，而是说，从艺术的具体语境和整体显现中，我们发现契约起到结构性的作用。

八、杜尚与艺术试验

现代最著名的现代派艺术家非杜尚莫属。他所创造的一系列现成品艺术成为现代艺术的经典。比如《泉》《下楼的裸女系列》《大玻璃》等。杜尚的《泉》在近一百年以后的 2004 年，击败了毕加索的《亚维农少女》和安迪·沃霍尔的《金色玛丽莲》，被选为现代艺术中影响力最大的作品。可见杜尚现成品的超前和对后世的影响之大。艺术界由一系列系统构成：剧院、绘画、音乐、雕塑、文学等，这些都是杜尚的现成品艺术的惯例背景，各个系统内纵横交错，形成复杂的形态，

---

[1] 戴登云在《论文论研究的范式转型》中提出当代文论研究的差异错置形态，这一形态在他看来是一个暂时性的状态，必将随着内在错置的存在状况和中西古今学术的总体性视野的建立部分地消解。如果我们暂时忽略掉其未来展望的部分，那么在当代的文论或艺术观念的研究中，各种艺术契约的差异错置形态又何尝不是如此显豁呢？详见戴登云《论文论研究的范式转型》，《文艺理论研究》2013 年第 2 期。

没有任何一个单一的系统能够授予现成品以"艺术"之名，这是各部分规则相互叠加，产出新规则的可能性正是在叠加错位中出现的，而"艺术家"这一授予者角色在这一艺术事件中得到了极度强化。在这一艺术事件中，我们甚至可以说，"艺术家"成了一个聚光灯下的演员，而此前，他不过是一个默默劳作的园丁，只有他种植的芬芳馥郁的花儿才偶然地把人们的兴趣引向主人，而现在，人们都喜欢观看种花的表演，对花本身的要求却降低了。

我们常常以为杜尚进行的是一种艺术试验，这一艺术试验带给我们整个艺术观念上的革新。其实这要反过来，艺术观念上的革新才能让我们进行一种所谓的艺术试验。是契约形式的改变才让我们看到了这一艺术实验。

当人们使用艺术实验这一概念的时候，往往是指向那些具有冲毁旧的艺术界定，开拓新的艺术边界的艺术活动。比如行为艺术的一次性上。在试验艺术家看来，艺术的一次性是最纯粹的在场，而传统艺术不断地在场不过是僵化的，没有活力的，艺术品就是一次性纯粹在场，因为艺术是不可重复的，这种一次性恰好正合艺术的本性。艺术品的一次性展现，现代先锋艺术仿佛是在用平面化、一次化来瓦解传统艺术的连续性，实际上这只是一种表象，这种平面化、一次化的无深度实际上是另一种深度，它分享了某些隐秘思想，依靠这种思想，先锋艺术获得新的深度：与生活一致。

传统艺术、行为艺术努力与生活保持一致吗？并非如此。我们在生活之中并不随时意识到我们在生活，但行为艺术无论多与生活一致，它总是提醒这不是生活，而是艺术。比如有些彻底与生活一致的行为艺术，走到街上与人不断地交谈，没有人能发现这与平时生活有什么不一样。或者，不停地呼吸也是一种行为艺术。但能够把握到这一点还有些困难，因为这样一来别人无论如何也发现不了这与生活到底有什么不同。如果一定要在现代艺术层面上区分艺术与生活，也许是这样的：艺术需要展示，而生活不需要展示。

以往的传统艺术在具体作品的形式上有所改变，而行为艺术则追求改变本身，认为改变即艺术，改变是行为艺术的母题，是一种深度。但是同样存在一个悖论，如果只有改变，而没有具体形式上的改变，那么就没有艺术，这是向传统艺术的妥协，还是艺术去不掉的特性？

然而，我们依然得出这样的判断：行为艺术不是实验，它没有去向，没有效果。如果需要效果的话，是什么效果？审美震惊？审美愉悦？可以说都是，但又都似是而非。

需要反思的不是人们需要什么样的艺术实验，而是到底什么是艺术实验。为什么人们喜欢用艺术实验这个词，因为这个词有两个用处：一是带来一种表述上的魅力，这是从科学而来的魅力，仿佛艺术家像科学家一样在实验室里忙碌着，这样艺术家就具有了一种科学精神；二是暗指实验效果，仿佛我们可以从效果就知道这个实验会走向哪里。但是艺术可能不需要效果，再者我们怎样判断艺术的效果？不就是艺术本身吗？

实验这个词与艺术联系在一起产生怎样的效果？实验本是一个科学词汇，指科学中基于某种理论指导下的不断尝试和检验。在实验中，指导实验的模式或理论是确定的，不确定的是实验结果。整个实验过程处在一个假想—验证的框架里，实验难证了理论的假想。另外实验处于严格的环境控制中，若干项基本条件不能改变，否则会改变实验的结果。那么艺术实验（如果真有一种艺术实验的话）与上述的实验一样吗？明显不一样。艺术实验严格说来不是实验，不可能设定基本条件，而是一种创造，是在创造新形式，只有这种新的形式才与科学实验的新结果有类似之处，其他迥异。艺术实验也不仅仅是控制下的实验，而是理论本身，所谓的实验结果已经包含在理论设计当中。这也是现代艺术的一个特殊之处：艺术自身中就包含对自身的解释。

杜尚作为一个最具表演性的艺术家，将艺术过程表演为一种艺术品，在此前艺术中艺术授予从潜在的状态变为显在状态。但杜尚的授予绝不等同于传统艺术中创作者的授予。传统的授予中创作者无疑地位显赫，但授予本身是通过各方协作的严密性来保证的，在授予中，各方力量基本平衡；但杜尚的授予却使授予变成了向创作者一方的完全倾斜，这就使授予从深藏的状态中完全突显出来了。同时，我们也注意到，只有杜尚这样的艺术授予活动，才是艺术史上最独一无二的；这不是因为他开启了现代艺术，而是因为从来没有艺术家像杜尚这样打破既有的艺术制度，将授予这一潜在规则变成可以操纵的明面儿规则。

  杜尚的现成品艺术的行为意义就在于改变了艺术界的契约形式，使契约观念变为一项具体的契约关系。这一点到底是放开了艺术创造的手脚还是打开了艺术崩溃的潘多拉盒子，我们站在杜尚之后的百年还依然不敢下一个轻率的判断。

第七章 文学伴随论
——论"真实"作为文学的伴随因素

文学既不是模仿真实,也不是创造真实。这种整体性判断方式是错误的。我们不能将真实与文学对立起来进行整体性判断,而应该把真实放在文学的不同类型中进行实际考察。在不同的文学类型中"真实"占有不同的成分,只有在极度强调现实性的文学类型中,"真实"才具有支配性地位,而在虚构性的文学类型中,"真实"地位变得相对不重要。从类型中的"真实"的角度来考察,"真实"是文学的一种伴随因素,它与其他伴随因素一样,执行对文学的解释功能。这种思路的关键之处在于,将"真实"从一个文学所要面对的实际存在转变为文学的解释功能。

一、类型与情节的合理性:一个例子

《神雕侠侣》中有一个情节,就是在绝情谷里,杨过和小龙女中了剧毒,小龙女已经无药可医,而杨过还有救,小龙女为了让杨过吃下解药,就跳下悬崖,写了几行字,说十六年后在此相聚。这里对这段情节复述得很简单,只是整体情节的概述。既然是概述,就省略了很多东西:曲折。曲折的产生有两种可能,一种是外来因素的干扰,一种是掩饰。在这里曲折的产生出自掩饰。掩饰是一种假意为之。谁为之?小龙女。她明明跳崖了,但却留下十六个字:十六年后,在此相会。夫妻情深,勿失信约。她知道自己必死,却给杨过传递必活的信息。十六年后再相遇。这话说得模棱两可,就像赫尔墨斯所传递的神谕一样令人难以琢磨。首先因为十六年后再相遇这一点不太可能：她中了毒，危在旦夕，从实际情况看可说必死，但她留的话里的意思却说还可能活十六年，这不能不让人迷惑。此话充满矛盾，一般无解，小龙女写下这行字的时候难道认为杨过会相信吗？我们不知道。不知道的原因不是因为小龙女的心思难猜，而是因为我们问了一个不该问的问题。这里根本没有相信不相信的心理变化，只有一个：情节设计的合理性。而情节设计的合理性与其后的解释和发展直接相关。还有一个隐性的相关，这个不在情节中直接出现，而是作为类型在起作用的，即武侠小说的特质。

情节上的发展需要此处有一个对这一"神谕"的解释者，这个解人就是黄蓉。从小说所塑造的人物来说，黄蓉是有此才能的，她天资聪颖，语言便捷，擅长揣测别人心理。黄蓉说"十六年后，在此相会"是大喜。这话就很不同凡响。其实如果小说情节线索不发生大的转变，一个悲剧的模样已经出来了。如果照直了写，就只有杨过跳崖自杀这一种可能。要想不把它写成悲剧，在这儿必须转一下。怎么转呢？怎么转到最后的大团圆结局上？黄蓉这个解人的话就要把这种悲剧的气氛转过来。她说，有一个南海神尼，十六年一现江湖（对应小龙女的十六年之约），而且性情古怪（可以解释小龙女的不告而别，因为南海神尼不让说），说不定小龙女遇上了南海神尼也未可知，如果是这样，当然是大喜。为了增强现实性，黄蓉拉上了在场的一灯大师，问一灯是否听过南海神尼这个人。一灯从来不说谎，就含糊其辞，"老衲无缘，未曾得见"（《神雕侠侣》第三十二回）这话没断定什么，但听起来是真的，因为否定的是没见到，而不是这个人物不存在。但对于一个心存希望的人来说，反而坐实了这个人的存在。黄蓉又说她的父亲，大名鼎鼎的黄药师还蒙南海神尼开恩，传授了一套掌法（说明南海神尼武功之高，也很真实），这就更增强了可信性。然而这些可信性，都是黄蓉说的，没有任何别的证据。

我们来看这里的情节元素：两个十六年，两个不合情理。这两种元素对应上，就产生了一种微茫的可能：小龙女被南海神尼所救。末了，黄蓉加上了"也未可知"。这个限定反而更加增强了可能性。因为对于一件不那么笃定的事情，用揣测的方式说出来反而更加增强了事件的可信度，让杨过在等与不等之间选择等待。小龙女的留言，和黄蓉杜撰的南海神尼，两种行为合在一块儿似乎比较合拍儿，那么一个解释就成了。

情节巧合的运用是武侠小说的一大特征，这实际是对生活中的不可能性的反对，是对奇迹生活的追寻，表征了人的内心欲望。小龙女被南海神尼所救，是一件概率极低的事情，但在武侠世界中却可以发生。杨过这一人物处于这样的类型设计产生出的武侠世界中，他选择相信这一偶然性，倒是在现实情理上有根据。当然在阅读的时候，读者是闭上眼睛，并不会跑到小说外面，用现实生活中不可能出现之类的话来要求小说，而只关心情节的发展。情节的其后发展从现实角度看更离奇：小龙女跳下悬崖竟然没死，并且遇到奇遇，在碧水深潭里治好了奇毒，等待了杨过十六年，杨过竟然真的跳下来，而且跳下来还没摔死，竟然又发现了这个深潭，同时也发现了小龙女。除了奇迹还是奇迹，所有的奇迹，构成了小说最后的大团圆结局。如果有人把这个故事当作真实事件向我们讲述，我们决不会相信；但我们同时也决不会说，武侠小说是假的，不合情理。阅读至此，我们只会感到一阵阵的阅读快感，有一种畅快淋漓的感觉。但我们设想一下，把这样的情节安在《山乡巨变》这样的小说里，我们除了感到不可思议以外，没有别的。所以奇迹也不是随意的——写到这儿，让我想起了恶搞文学和电影，似乎这些作品是随意的，其实根本不是。我们既然叫它恶搞了，就说明这是一种类型，否则我们根本没办法称呼它。

对于一部小说而言，情节的合理性最终是需要由它所属的小说类型来保证的，而不是由它所描绘的真实与否来保证。比如这里的武侠小说，顾名思义，是关于武术与侠客的。在这类小说中，武术是至高无上的，比如在侠客岛上，岛主说他招的那些徒弟本来都是读书人，一生愿望都是功名利禄，结果被侠客岛主掳到岛上，去解那旷世武学难题，却从此浸淫其中，以为，习武比功名好。这就是一个典型的类型设计。只有在武侠当中，我们才会认为习武比功名高；在现实生活中实际情况完全相反。这个武侠类型设计是金庸的创造，并贯穿金庸所有的武侠小说之中，梁羽生也没有打破这一现实性。在这儿要附加一句，类型是不断改变的，没有一种先验的类型，更没有一种关于类型的先验推理，我们只能根据某一类型的实际变化来谈论这一类型。

类型最终保证叙事的合理性，情节的合理性显出作品水平的高低。当然顶级的类型作家，如金庸，运用情节设计以及场景等各种类型契约创造了新的类型，情节设计与类型之间达成一种共振，这是我们称他为大作家的原因。或者说，情节是类型的脸，而类型是情节的外形。——用这两个词是想说，这都是摆在表面的东西，没有深藏之物。两者结合在一起。

二、真实（reality）在文学中的地位

这个例子中有真实的位置吗？

传统的讨论方式是：文学中一定有真实，我们可以从文学作品中发现真实的存在。比如武侠小说是社会现实的曲折反映，一定有真实在里面。这是比较传统的观念。传统的激进观念认为小说里什么真实都没有，有的只有虚构，唯有虚构才有小说。

激进观念中的虚构其实是真实的反面，其基础还是真实。虚构一定与真实相对，否则它什么也不是。那么，剩下的问题是，这个真实是什么样的真实。如果我们不去追踪真实（reality）复杂的概念史，——这是一个如此艰巨的任务，只将真实做粗线条的区分，即理念的真实、生活真实和情感真实，那么这里的任务就简化多了（从后面的理论陈述中，我们将会看到，那些真实概念史的追踪根本就不在应该行进的

道路上，根本解决不了文学真实概念所面对的困境）。

　　虚构的作品模仿生活吗？是的，模仿。从生活出现在作品前面这一点来说，是这样。后面的东西如果与前面的东西有相似之处我们会认为后面的模仿前面的。但从另外一个角度，我们也说不模仿，因为虚构明显与生活中的事情不一样。的确如此，假如作品与生活中的一样，我们为什么要看作品呢，生活本身就足够了。还有一个可能的角度，即认为作品就是生活，由于我们在生活中实际上看不到完整的事件（故事），所以我们就求助作品，可以让我们看到一个完整的事件（故事）样貌，或者在诗中我们窥破生活的真相。但这样一说，我们就发现，实际上生活与作品不可能一样，我们只是预设了作品完整地把握了生活，实际如何，我们根本不知道，只有相信。

　　如果我们再进行一下概念的内涵划分，我们就发现，虚构与模仿也可以说并不矛盾。我们可以把模仿视为一种艺术手法，它遵循的是现实性的原则，比如《西游记》，人物的性格写得活灵活现，事情的发生符合生活逻辑，虽然它在给我们讲故事，但是又让我们觉得事情这样子是可能的，是合情合理的。这个现实性原则指的是现实可能性，就是说这样的个性或事件是可能在生活中发生的，但这个人不一定在生活中出现。比如猪八戒这个人在生活中是没有的，但猪八戒的某些个性或处理事情的方式在生活中却比比皆是。模仿在这儿是部分模仿，而这个部分模仿可能被视为更深刻的模仿。再说虚构。人们常说"艺术源于现实而高于现实"，"高于"这两个字里面就是虚构的意思。为什么要"高于"？就是某个部分不是模仿，而是模仿之外的东西。这个东西可以称之为虚构。当大家说《西游记》或者《荷马史诗》不真实的时候，是因为它们是神话传说，现实生活里面没有神仙，可是当《西游记》把孙悟空等人的出身写得清清楚楚以后，我们就相信了取经过程中发生的一切故事都是有可能的。这一可能性，或我们经常说的文学真实性是类型赋予的。作品是虚构的，但它是真实的，并不虚假；

当大家在嘲笑一部艺术作品虚假可笑的时候,完全是另外一种情形。我们在看某部电视剧的时候经常会说,这部电视剧太假了。它里面并没有神仙妖怪,全都是活生生的演员,表演的是活生生的生活,为什么还要说它假?这是因为它与类型中的细节要求相左。类型有其强大的力量,它会筑成一些更细致的规则要求,这些要求由卓越的文本来建立,其后作品一般要遵从。所以,在作品中,虚假和类型规则相对,不是与现实生活相对。在生活中,虚假与真实相对。大部分的文学作品都可以说是虚构的(当然报告文学除外),但是有的作品却是虚假的,这指的是低劣的作品。

纳博科夫说:"一本书中,或人或物或环境的真实完全取决于该书自成一体的那个天地。一个善于创新的作者总是创造一个充满新意的天地。如果某个人物或某个事件与那个新天地的格局相吻合,我们就会惊喜地体验到艺术真实的快感,不管这个人物或事件一旦被搬到书评作者、劣等文人笔下的'真实生活'中会显得多么不真实。对于一个天才的作家来说,所谓的真实横祸是不存在的:他必须创造一个真实以及它的必然后果。"[①]这说的主要是情节方面的合理性,其中隐含着小说类型的力量,即"自成一体的那个天地"。

在《为人生而阅读》一文中,吉布森指出文学可以是一种档案的作用,它记录人类的各种处境和情感,就像巴黎的标准米一样,它既是一米,又不是一米,因为它跟一米这个标准是完全一致的。所以文学既是生活,也不是生活,它是保存下来的生活,也是生活的一部分。"倘若没有陀思妥耶夫斯基的创造,没有我们的更一般的文学遗产,毫不夸张地说,我们就不能恰如我们已经看到的那样看待这个世界。正是文学作品给我们提供了一个共享的织布,由它,我们可以编织出如

[①] 纳博科夫:《文学讲稿》,申慧辉等译,上海:上海三联书店,2005年,第7页。

此错综复杂的世界图画。"①

　　这里认为文学就是关于我们整个世界，它既不反映世界什么，也不表现世界什么，而是世界的一部分。文学就是生活，而不是反过来，生活是文学。文学只是对于有此需要的人的生活，无论这个人是多么偶然或多么经常地生活在文学中。我们直接在现实生活中发现意义，文学不是发现生活意义的必要方式，但文学作为一种生活形式让我们看到生活的某种独特意义，正如法律、政治、经济都是一种生活形式一样。而作为一种生活形式，文学有其自身的特点和游戏方式。

　　虽然文学是文字的，它看起来就跟我们日常生活不一样，但我们不能把生活跟文学分开。文学与生活编织在一起，很难把两者完全剥离，所以那种认为文学与生活相对的文学观念是十分可疑的。但同时，我们也应该看到文学语言与日常生活语言②又不一样。日常的生活语言有其自身的实践性，它是严肃地实践着的语言形式，但细节上容易消逝；文学语言作为一种模仿性话语实践却起到情感和细节的保存作用，它是从日常的生活语言中的剥离，也是从其他的书面语言记录的剥离。如果没有剥离，也根本不会产生"编织"这样的理论观念。

三、"真实"之为文本解释的功能

　　对于真实，我们可以说得很多，这时最好的办法就是考察一下在文学这个情境中，真实这个词一般是怎样使用的。无疑，在一个具体

---

① John Gibson, "Reading for Life", *Literary Wittgenstein*, Ed. John Gibson & Wolfgang Huemer, London & New York: Routledge, 2004, p.122.
② 塞尔《虚构话语的逻辑地位》一文为文学语言和日常语言的区分做了极其重要的工作，深深地影响了英美文论界对此问题的看法，本书采取了与塞尔相近的立场。详见 Searle, John R. "The Logical Status of Fictional Discourse." *New Literary History*, 1975, 6(2): 319-32. 同时参见本书下一章对塞尔此文的反思。

的文本中不会对这个文本真实与否进行提问（我们也可以设想存在一种极其特别的写作方式，在文中就对此文的真实性进行质疑，但那样的写法只是一种技巧，并不能瓦解上述判断）。在文本内部，会出现"真实"这个词，但这个词往往内蕴在文本所描绘的事件中，并不对文本本身进行判断。提出文本与真实这个问题就意味着，我们进行的是另一种不同于具体文本的游戏，这个游戏与文本内部游戏不同，又极其密切。这个游戏就是对文学的整体反思。只有在这个游戏中，"真实"才成为不断被提及的，起到支撑作用的概念。

对于这种极其复杂的概念使用，维特根斯坦建议我们回到概念的原初语境中去考察，才能发现这个概念的真正内涵[①]，但概念的原初语境的意义不是时间上的，即不是回到文学最初草创的时代，研究那个时代文学是怎样使用的，这种历史主义人类学思路不是维特根斯坦的方法。在文学中提及真实，其原初语境就在文学中，不在文学之外，这一真实与文学是不可须臾离之的。原初语境指的是概念的使用方式。"文学真实"的概念使用里面有一些历史因素，但并不是决定性的。那么什么是决定性的？什么是原初的？就是我们现在怎样在文学中使用"真实"这个词的。——更进一步说，连"文学"这个词也是与"真实"结合在一块儿的，不可能分开谈论。

"真实"在文学中怎样使用？它执行什么功能？我们再回到头来看南海神尼的例子。在文本中，南海神尼这个人物的功能是什么？解释一些事情，解释一些关联，这些关联存在一些麻烦，所以要解释。而这个解释是对准一个人的，就是杨过，当然也连带其他不知情者。解释有利于疏通某些关联，它不是作为一个实际的事情处于事情的关联当中，而是作为一个网的结处于网的某个位置上。文本当中的事件或人物可以从解释功能的角度来理解，那么从文学整体的反思上来看，

[①] 参见维特根斯坦《哲学研究》，陈嘉映译，上海：上海人民出版社，2005年，第二部分第5条。

是否也可以这样来理解呢？同样可以。文本内部构成一系列解释的网格，对整个文学做出的解释也构成解释的网格。

我们往往把某个特殊的情节发展视为一种解释，但并不把全部情节都视为解释，因为更多时候，我们不解释，而只是跟随情节；从作家的角度来说，他也并不总是在解释情节，而是在设计情节，我们判断一部作品成功与否，往往就是从情节设计的角度来判断。所谓情节合情合理，这一判断中包含两个标准：合情、合理，达到这两个标准我们就认为作品成功了。这其中有解释的成分，但如果解释成分过多，一定会形成败笔。当然，从另外一个角度讲，如果我们把每一个情节的推进都视为对其前或其后的情节的解释，那么我们也可以说，情节就是解释。只是这样一来，我们就在改变"解释"的一般含义。而我们应该努力在平常义上来思考。

文学的整体解释与具体文本内部的解释不同。文学的整体解释往往在文学批评或主要在文学理论这一层面上做出的。一般来说，只有在这一层面上，我们才真正谈到真实的问题，比如文学反映了生活的真实，文学包含着本质性的真实，真实是文学的基础，内在真实是文学之为文学的保证，文学真实来源于生活与心灵，等等观念。这些只是一长串文学与真实观念的简单罗列而已，如果要更细致的区分可以写一个长长的书系。但我们看到，这里的"真实"往往被预设为三种：生活的真实、理念性的真实和心灵的真实。这些"真实"都提醒我们某种"存在"，文学必须与这种"存在"相联才能得到真正的解释。然而，无论哪种"存在"都不过是一种解释框架中的概念而已，所以我们不如先把这种"存在"的实在性放在一边，先看看在理论解释框架里面，这种"存在"是怎样用的，它在整个理论解释框架里面执行什么样的解释功能，这样可以从过于复杂的语境中摆脱出来，回复到一个相对简单的语境中进行分析。这一语境就是原初语境，它是对概念的用法进行澄清和分析的语境。在这一语境中，"真实"不再是一种实际的存在，而是一个有待解释的概念，我们的工作将由勘定真实的疆域和地图变为犁清"真实"这一标尺的标准和使用方法。

四、一个独特的例子：诗如何成就生活事实

诗是从生活中剥离得最彻底的语言形式，相对诗而言，小说和散文剥离得没有这么彻底。正由于它剥离得彻底，所以我们一般只在诗中寻找纯心灵的东西，它保存着最心灵化的记录。但是诗也可以是生活，从诗里我们能够找到生活的踪迹。然而，从诗中可以考证出实际生活来吗？往往不能。但一个极端的相反例子是陈寅恪创立起来的。——在这儿，我们只能说创立，因为只有陈寅恪的《柳如是别传》，才存在着这么极端的以诗证史，而不是以史证诗。以史证诗易，而以诗证史极难。今人屡屡出现承接以诗证史手法者，与陈寅恪的手法高下不可相提并论。

以《柳如是别传》第二章"河东君最初姓氏名字之推测及其附带问题"为例。陈寅恪首先指出"明末人作诗词，往往喜用本人或对方，或有关之他人姓氏，明著或暗藏于字句之中。斯殆当时之风气如此，后来不甚多见者也。今姑不多所征引，即就钱柳本人及同时有关诸人诗中，择取数例，亦足以证明此点。……"[①] 这一条理据极为重要。此为诗史互证的重要部分：诗与人的经历有关。这在唐诗中是不可想象的。李白："桃花潭水深千尺，不及汪伦送我情。"(《赠汪伦》) 仅见汪伦人名而已。而明末人的游戏习气却可以提供某些史料，这必定是诗发展到一定阶段才有的事情。诗不仅吟情，而且记事（清人喜排律，但并不一定可以做史料用）。这是其一。其二是游戏习气。这两条，可以提供某种佐证，但对于判断者来说要求却很高，一是对当时其他史

[①] 陈寅恪：《柳如是别传》，北京：三联书店，2001年，第16页。

料的熟悉度要高，二是诗词修养要高。判断者既要是史家，也是诗家。这一点陈寅恪正好具备。当然，仅有上面两条准则尚不足以从诗词中推出哪首与柳如是有关，哪首不是，还必须涉及相关人物复杂的生活经历，而如何择选哪条生活经历又是一个巨大的难题。——正因为如此，我们才惊叹陈寅恪的诗才和史才。这种以诗证史以实证为基础，但不完全是实证，在实际证据缺乏之处，我们是允许做可能性的推测的，陈寅恪在做这样的推测时往往多重材料参证，在似无可证之处依然提出让人信服的证据来，在《柳如是别传》中呈现的如此精致的考证让人极为惊叹。

比如，有关河东君（柳如是）少年时的事迹的资料比较少，有些材料还是以诋毁为主，陈寅恪如何处理这些材料的呢？以王沄为例。

> 乾隆修娄县志二五王沄传略云："王沄字胜时。幼为陈子龙弟子。处师生患难时，卓然有东汉节义风。以诸生贡入成均，不得志。著有辋川稿。"
>
> 李叔虎桓者献类征初编四四四顾汝则传，下附王沄事迹，引章有谟笔记略云："陈黄门子龙殉难后，夫人张氏与其子妇丁氏居于乡，两世守节，贫不能给。王胜时明经沄常周恤之。"①

记载者的个人事迹以及他与此事之关系，决定他如何记载这件事。事实往往掩盖在陈述的后面。但如果由此判断事实根本无法寻出，那不过是未深入材料的缘故。

上述两条可见王沄与张氏关系。王沄孙女嫁给陈子龙曾孙，这种姻亲关系更加让王沄憎恶河东君。不过王沄憎恶河东君并不是结为姻亲之后，而是一开始就对河东君不喜欢。想来也是自然。河东君是擅

---

① 陈寅恪：《柳如是别传》，北京：三联书店，2001年，第43页。

长诗词的名妓,以情与色迷惑子龙,自然让家庭不满。子龙夫人张氏是精明强干之人,为子龙选妾也只中意良家女子,必不喜河东君。河东君入子龙家也不会如意,而河东君禀性刚烈,也无法受气,所以很快就离开了陈子龙,另投他处。王沄与子龙家庭接近,故憎恶河东君可想而知。他出于尊师与尊亲(张氏),不能提及此事,所以只是以诗词贬刺河东君。陈寅恪出一片爱护之意,说:"明季士人门户之见最深,不独国政为然,即朋友往来,家庭琐屑亦莫不划一鸿沟,互相排挤,若水火之不相容。故今日吾人读其著述,尤应博考而慎取者也。"①其爱护柳如是之情溢于言表。王沄直接言及河东君的材料有一则。

> 辋川诗钞四"虞山柳枝词"第一首云:"章台十五唤卿卿。素影争怜飞絮轻。('影'及'怜'二字可注意。)白舫青莲随意住,淡云微月最含情。"("云"字可注意。)自注云:"姬少为吴中大家婢,流落北里。杨氏,小字影怜,后自更姓柳,名是。一时有盛名,从吴越间诸名士游。"②

去其讥讽,则可作为一则史料。

在这里,文学中的"真实"变成一个个的事件,我们不能说这是错的,因为我们同样没有根据这样来判断,但文学中的"真实"是如何成为生活中的事件的,却是一个独特的话题。从上面已经展开的理论阐述中,这个例子似乎是个反例。在这里,文学中的描述的确变成真实的事件。我对于这个例子中的分析是叹为观止的。这是一个最高级、最有难度的学术分析,兼通文史,而且不是一般的通,要兼有诗人才情、史家眼光、杂家广博以及超前意识(预流),其中自然有从实证的角度来说过不去的地方,但作者可以用其他方面来补,审情度势极富

---

① 陈寅恪:《柳如是别传》,北京:三联书店,2001年,第44页。
② 同上书,第46—47页。

创见，而又合情合理，只有大师才能做到。这就是卓越的学术范例。

然而，前面不是说，"真实"是文本解释的功能吗？这个例子中的"真实"最后就是变成了生活中的真实，这不是矛盾了吗？并非如此。"真实"既非是文学中的一场横祸，也非真实的事件，这里举的例子正好表明：文本中的一些描述通过什么样的方式解释为生活中的事件。请注意这里做的工作是由文本通过解释转变为生活，不能得出这样的逆向推论：生活是文本的基石。我们变换一个角度会将问题揭示得更清楚：为什么其他的描述不能解释为生活中的事件，而这些可以？其中有什么特殊的情况？只能说，陈寅恪提供了解释的周边情况（我们必须把明末之季的诗人游戏情绪视为这样一种周边情况，而不限于一些事件，比如子龙弟子王沄与子龙家的密切关联），我们依据这些周边情况，可以对一些诗句描述做合理推测。——这里存在的完完全全是解释，而没别的。即使关于柳如是的生活情况也是解释中得出来的。

真实，在文本解释的层面完全是伴随进去的。"真实"这一成分在文本解释中会随着文本类型的变化发生变动。我们对诗进行史的研究，其中一个隐含的维度就是对作者写作进行推测，而作者的写作对于文学解释工作而言永远处于另一端，它既是敞开的，又是隐匿的，我们不可能通过猜测作家心中之意来进行解释，而只能通过掌握的周边情况进行文本解释，并且，不同的周边情况构成不同的解释。比如，1949 年后的三十多年时间里，文学理论观念是现实论，那么现实论就是一种最强的周边情况；80 年代后，表现主义倾向抬头，主张内在心灵的优先性，那么表现主义成为周边情况的一个构成部分，虽然它不如以前的现实主义那样强大；新世纪以来，文类创新性写作开始占上风，那么文本的类型试验成为最强大的周边情况。在不同的文本类型中，"真实"的成分在其中是变化的。这一点从 20 世纪以来各种真实观的论争及其调和就可以看出。

五、文本内的"真实"

文学的意义需要真实来保证吗？它必须通过复杂的方式指向文本外部世界以保证语词构成的文本具有深刻意义吗？对这样问题的回答，构成了传统或现代现实主义观念的各种变形。然而，从语言学出发的文学理论已经越来越远离这样的现实主义倾向，因为只要问一下，到底我们怎样知道的文本反映的一定是那个现实，文本与现实之间不可跨越的鸿沟就如实地展现在我们面前。无论是哪一种回答，无论在文本与现实间设立什么样的曲折关系，都难以填平这一鸿沟，除非彻底转向，将切断文本与现实关联的先验做法[①]抛弃掉，重新建立文本"真实"观，才有可能寻着正确的路径。

文本是第一要义，没有文本，就没有呈现出来的世界，我们不要从现实生活出发，把文本设计成现实生活的反映，而要从文本出发，把现实生活（或真实）设计为文本中的要素，只有这样，才可以找到一条道路。这条道路既是现象学的，又是语言学的，或者说是语言现象学的。走在这条道路上的，基本来自现象学（比如英伽登、伽达默尔、日内瓦学派等）领域和语言学领域（主要是日常语言学派或结构主义）。对语言现象学的描述当然不是从语言出发的意识流描述，而是对文本现象的语言分析。从语言游戏的角度，我们可以把意识的本质直观转换为语言的本质直观，因为我们之所以看到一种游戏，完全是语言让我们如此看到，这也是语言的功能，"本质在语法中道出自身"[②]。

文学作为人的一种生活形式（或作为本质直观的形式现象），同时也是一种语言游戏，它有自身的规则和范围，它既可以看作脱离生活，也

[①] 各种关于真实与文学的实在性关系的讨论都预设了文学文本与某种真实的一致性，但正是这种一致性预设，让我们看到了这种先验观念的可疑，因为这种一致性还需要其他的标准来保证，并在具体的论证中被无限期拖延以致放弃实现的可能。
[②] 维特根斯坦：《哲学研究》，陈嘉映译，上海：上海人民出版社，2005年，第371条。

可以看作内在于生活。但对于文本本身而言，它的意义并不来自外部的世界，而源于内部描绘以及它所属的体裁，更进一步说，外部世界的现实生活已经凝结在文本的语词当中，根本不可能分出单纯的现实或单纯的文本，然后再将现实赋义给文本。这种康德式的先验思路是导致错误的根源。所以，文学的意义是在体裁中，或者根本性的说，是在描绘中展现出来的。继续以《神雕侠侣》为例。武侠小说是一种体裁，它本身就预设了一些东西，比如现代武侠小说中预设了一个独立的江湖，武功至上、侠义精神等。但具体是怎么回事，我们还得看小说里具体是怎么写的，我们往往是一边看小说，一边调整自己的预设（这就是文学的教化），我们判断小说的好坏是依照小说本身的预设来进行的，而不是根据它是否符合现实来判断它。当然，我们也有自己的口味，如果小说的某些预设与我们的口味不符合，我们就不喜欢。但一个成熟的读者，或者说一个批评家，就应该尽量地放弃自己的口味，尽量地从作者在作品中的预设进入，进行同情的理解。此所谓理想的读者。我们也可以想想魔幻、各种变形小说。从现实论的角度我们该怎样说它们：曲折地反映了现实。到底有多曲折？——曲折只是一个形容词，它让我们知道某种程度，但不能形成某个图画，如果有某幅图画的话，那不过是一条弯曲的路。

那么，"真实"在文学中是什么地位呢？[①]

"真实"在文学中的地位可高可低。在某些文学类型中，比如纪传体文学，"真实"几乎就是生活中的那个样子，或者我们预设是这个样子。在这样的文学类型当中，也并不表明文本中的情节一定就与生活中的真实事件一样，因为把一些事件摆入文学中就意味着选择，不同事件的排序，建立前后因果关联就意味着从一个人的纷繁复杂的生活经历中选择出来明确因果内涵的脉络进行描绘，而这样一来，就意味着或潜或显地改变生活的样态。在1949年后的30多年里大

---

① 在文学中，"真实"一词应该指"相信为真实"（the truthful），而不是真（truth），所以它与现实（reality）有关联，但不等同。

陆文学一直主张现实主义,"真实"生活是文学的绝对意义来源。但从实际上看,这种"真实"完全是一种假想,是虚伪的"真实"。从这段极端的文学观念史来看,"真实"也绝不是像一般想象的那样处于意义的中心。从其他类型上看,文学也不提供所谓"真实的内核"。从写实性文本到幻想性文本,以及其间各种过渡形态,"真实"在其中的位置都是变动的,在不同的文学类型当中,它执行的功能也不一样。比如在抒情诗中,所谓的生活真实在此是隐退的,剩下的是所谓情感的真实,但我们决不去考量诗人在抒情的时候是否真的激情澎湃、泪流满面。一般来说,激情必须受到控制,语言才能自如地吐露;而且我们之所以能够判断"情感的真实",完全是从文本中得出的结论,而不是从创作者的神态。

就像南海神尼是一个杜撰一样,小说也是杜撰,但它像那么回事儿,在这一类型当中,像是真的事情,这就够了。假如你照文学来索隐实事,那就让人不知说什么好了。当然古人有借传奇讥讽他人的实例,比如据说《江左白猿传》就是讥讽欧阳询的,这是一时习气,并不是主流。而且我们也可以说,那是古代的传奇,与现代的小说还不一样,还不是成熟的文学。对于这样的讥讽文学或更严重的恶意文学,我们也不会去拿情节中的事件取代真实的生活事件,除非存在这样糊涂的读者。所以,"真实"只是保障文学描绘进展下去的手段,文学描绘是否成立,不取决于它的内容的真实,而取决于它描绘的整体是否有理有据。这一整体包含类型、情节以及与上述两个因素通过语言结合在一起的生活事件。生活事件为文学的解释提供周边情况,而不是解释的基础。

六、"真实"作为文学的伴随要素

在本质论看来,真实是一个实际存在的对象,这种事实研究曾经带给我们无数的启示,但它的诸种路线延伸也慢慢让我们警觉其无法跨越的障碍，"真实"在文学中慢慢变成了一场"横祸"——我们在文学中看到的事件在生活中往往并不真实。语言学的研究方法转换本质论之处就在于消解了"真实"的横祸，这一"横祸"本来就不存在。"真实"从实存变为概念考察，这就消解了模仿论的诸多困境。当然，它还要处理文学如何与现实相关这一传统话题。新批评曾经以为文学只是文本，文学研究应该只关注文本，而不应该关注文本之外的东西。但这样一来，文学文本就成了一种与现实生活的完全隔离（literary isolationism）。这一思路已经渐渐被研究者怀疑：如果文学只是它本身，它与生活有什么关系呢？人们为什么需要它呢？

文学与人的生活相关，这基本是一个自明的观念，重要的是怎样相关。模仿论是文学与现实关系中最强的本质论表述，而形式主义的隔离论是站在模仿论反面的本质论表述，在此中间存在着各种理论表述，都力图解决文学与人的生活相关性问题。这些理论都属于强理论形态。强理论一般是建构型的，本质论是最强力的理论；而弱理论则是防御型的，是为解决某些强理论无法解决的难题的情况下提出来的。这里的伴随论就是一种弱理论，不提供建构和体系，也不提供预测，只提供解释。

吉布森提出为人生而阅读[①]，这是力图从文本向生活回溯，但这一回溯的问题也是存在的：我们无法判断这一回溯的合理性，主要是标准缺失。吉布森的观点从后期维特根斯坦出发，但还是偏离了后期维特根斯坦的观念，没有把语言游戏和遵从规则贯彻到底，在游戏中，只关注了规则，而忽视了规则的样本，即生活中的事件。因此，他微妙地在文学文本和生活中插入了一个空间，小心翼翼地将两者分开，然后再力图填补这一空间。错误发生在第一步，而不是其后的步骤。更恰当的理论设计应该是，阅读即人生，文学本来就是生活，它是人

---

① John Gibson, "Reading for Life", *Literary Wittgenstein*, Ed. John Gibson & Wolfgang Huemer, London & New York: Routledge, 2004.

的不可或缺的一种生活形式。当然，文学不是生活的全部，生活形式多种多样，与之对应的语言游戏也多种多样，我们不能为整个文学与现实设置一个泛泛的关联模式，我们只能为它设计一个能够随着生活形式变化的关联模式。

文学伴随论就是这样的一个模式。"伴随"指"真实"这一概念在文学文本中的伴随，它是相对于文学本质论说提出的一个解决方案。伴随第一层面的内涵指文学的意指功能是弱化的，它的所谓真实性并不是基础性的，它可以抽掉，只是作为一个建议性的因素保留在文学论述当中。第二层面是文学形式并不因此替换真实性成为基础性要素。它与真实性因素一样，是一种建议性的伴随因素。第三层面的内涵，文学并不因此成为空心的、无所指的对象。从对象与意指方面来思考文学问题本来就是一条错误道路。它本来并不是一个对象，而是一种充满了各种相近或相似游戏形式的游戏类型，不同文学形式具有不同的要素组合方式，而且各要素间在某一特殊组合中重要性各不相同，变换一种组合也会改变各自的重要性。

从上面的陈述可以看出，文学伴随论是一种弱理论，一种防御性理论，是对本质论基调的否定。伴随只是表示出一种关系的变化，在不同的文学类型游戏中，"真实"作为一个构成性概念其位置也是变化的。"真实"所指涉的现实是与文本相伴随的。我们不再主张反映现实论了，但并不代表现实不重要，现实非常重要，只是在伴随论这一理论框架里，现实生活不再是文本的支架或基础；而是，文本表述与现实共同构成文本的支架，规则在文本表述与现实的交错中，形成一个文本整体。在本质模仿论指导我们去寻找现实生活的地方，应该仔细思考一下我们是如何使用这些语词的，在文本表述中执行什么样的功能，那么对于文学与真实的关系会有不一样的理解。同时，也应该看到，文学描述与语言分析不一样，文学与现实的关系不过是文学呈现与现实呈现的关系，它不同于词对物的描述关系，而是两种呈现方式的不同，是不同的语言游戏。

第八章　虚构与语言行动
——论塞尔的假装的以言行事观

塞尔在那篇著名论文《虚构话语的逻辑地位》中对虚构这种以言行事类型做了相当精彩透彻的分析,其中对文学与虚构的复杂关系提出了一些建议性的见解。从其所见来看,虽然不乏精彩透彻之处,但文学与虚构以及虚构作为假装这一话语行为类型的特点却不无可议之处。此处从后期维特根斯坦的观念出发,对塞尔的虚构这一以言行事类型做一番批判性分析,期望将塞尔对语词意向的强调转变为阅读惯例的决定作用,将虚构与文学的区分转变成虚构与文学的内在相关性。

一、文学与虚构的关系

塞尔认为虚构不等同于文学。

有些虚构作品是文学作品,有些不是。如今越来越多的文学作品是虚构的了,但是这并不意味着所有文学作品都是虚构的。大部分漫画书和笑话都是虚构的范例,但是并非文学:《冷血》和《夜幕下的大军》具有文学的资格,但不是虚构的。因为大多数文学作品是虚构的,因此也就有可能把对虚构的定义和对文学的定义混为一谈,但是,并非文学的虚构的例子存在着,并非虚构的文学的例子也存在着，这足以说明把它们混淆起来是不对的。①

这个区分不让人满意。应该是有些文学作品不是虚构的，但虚构的都是文学作品。塞尔举了漫画书和笑话的例子。但这两个例子是不合适的。漫画书属于有情节的图画类，这是跨类的一个艺术门类，塞尔想说，漫画书情节上是虚构的，但从图画的角度，却不能叫作文学。这是一种虚假分类。而笑话，他的意思可能有两个方向，一是笑话比较简短，它没有情节，或情节是高度变形的，所以它不是那种标准的文学；二是笑话是口头的，它就不是字面的，所以它不是文学。从上面的两个例子，我们看到的是，塞尔把文学当作是一种形式上（字面、书籍形式）的区分，而不是一种类型的游戏。他引用了维特根斯坦，指出文学是家族相似概念，是一种游戏，但很快就抛弃了维特根斯坦，走在自己的道路上。这可能与塞尔本人并非文学理论家，不愿意过多纠缠于文学的范围有关。我们注意到塞尔提醒我们，"而即使没有这些例子，这种混淆也是不对的，因为文学与虚构在概念上就不一样"。这说明，虚构与文学的区分不是经验的，而是概念性的。塞尔做了一个表述的分析，"于是，比如说，'作为文学的圣经'表现出一种神学上的中立态度，但是'作为虚构的圣经'就带有了倾向性"。之所以能够说"作为文学的圣经"表现出一种神学上的中立态度，那是因为文学只是提供了《圣经》的一种解读，更重要的是，塞尔认为，文学并不全是虚构的，还有非虚构的部分，而《圣经》就属于这非虚构的部分。但"作为虚构的圣经"却不一样。按照塞尔的定义，虚构是一种假装(pretending)②的

---

① Searle, John R., "The Logical Status of Fictional Discourse", *New Literary History*, 1975, 6(2): 319. 同时，也参考了冯庆发表在《南京社会科学》2012年第6期上的译文，因为在引用的时候有些改动，所以直接标注出原文出处。
② Pretend 可以译为假装，也可以译为伪装。汉语中，"假装"相对中性一些，而"伪装"存在道德上的贬义，从塞尔使用本词的方式来看，是去除道德上的贬义的，所以译为"假装"为宜。

以言行事,而假装有两种含义:

> 在一种意义上,"假装"做某事却不去做,这是一种欺骗的形式,但是在另一种意义上,"假装"做某事是为了实现一种施行,即某人"好像"做了什么或成了什么,但是却并不带有欺骗的意图。如果我假装成尼克松以欺骗特工处让我得以进入白宫,我是在第一种意义上假装;如果我在模仿比赛上假装成尼克松,这就是第二种意义上的假装。①

在第一种含义上,"虚构"是一种欺骗,而在第二种含义上,"虚构"是一种表演,同样有不真的暗示,所以,"作为虚构的圣经"是有倾向性的。但是"作为文学的圣经"就没有倾向性,因为文学中可以有真实发生的事情。如果真的如塞尔所建议的那样,对虚构与文学做出这样区分的话,我们就会沿此线索发现,"作为文学的圣经"不过是向基督教信仰者做出的让步,以保持圣经的真实性暂不被否定。——因为虽然文学大部分是虚构,但圣经毕竟是可以为真的。这就是塞尔所说的文学的"中立性"。我们暂且同意这样的区分,来看看,虚构是否就与真实事件厘清了界限?当我们说文学中的真实事件的时候,指的就是在日常生活中发生的事件,对这些真实事件的记述就转变为文学。然而,我们也知道,并非所有的真实事件的记述都能成为文学,除非我们持一种像卡勒建议的那种开放的文学观,即所有写下的文字都可以成为文学,而某些专门的虚构性写作如莎士比亚剧作却可能排除出文学之外。② 对于这样的真实事件的陈述成为文学的原因我们暂不去讨论,但它们与虚构性的文字构成并置却一看便知。这些真实事件的陈述构成文学吗?我们会说,它们是文学的一部分,但虚构性文

---

① Searle, John R., "The Logical Status of Fictional Discourse", *New Literary History*, 1975, 6(2): 324.
② 参见卡勒《文学理论入门》,李平译,南京:译林出版社,2008年。

字构成文学的绝大部分。在一般语境中，我们提及文学的时候，往往指虚构的那部分，真实事件的记述我们也会目之为文学（偶尔地，我们只是很勉强表示赞同），那是因为，除去真实事件的部分，我们看到了一种与虚构性写作相似的特点。至于这一相似特点是什么，我们可以暂时不去判断。但由于这一相似性，真实事件的陈述可以与虚构性写作并置于文学中，却是可以看到的。如果我们问，文学到底是虚构的还是真实的，那么我们是无法回答这个问题的，因为这是在对一个超级概念进行本质赋义。我们更主张文学不过是一个常见的语言游戏，无论是虚构，还是真实，都可以在其中找到位置，而我们也会根据讨论话题的语境来分配两者的比例或重要性。塞尔的分配方式就是这一语言游戏的一例。

从这个例子，我们看到，虚构不等同于文学，但这并不能证明文学不包括虚构，文学是包括虚构的。所以，仅从虚构的表演义上做出虚构不在文学内，它只是与文学有大部分交集的判断，这是可疑的。从上面塞尔所举例证和概念分析来看，都不能完成塞尔自己所做的文学与虚构的区分，我们在这个例子中看到的是概念边界超出理论的需要以及为了这一超出做的概念边界的变更，一味地保持概念边界不变的要求是不恰当的。

让我们来看看"虚构"这一语词的使用。除了文学中，我们想想生活中怎样用"虚构"这个词。

"你真会虚构。"一般我们在这么说话的时候往往有讥讽的意思，根本不是在说这个人会写小说，而是说，它像写小说一样杜撰了一个不存在的事件。这不过是在暗示他说的话不是真的。这里用虚构的意思是欺骗。

"他虚构了一个场景，可以让我们理解这个观念。"——这里的虚构为什么不用设计来代替？因为更准确的表达是"他设计了一个场景"。虚构不是设计，虚构与真实相对，而设计则是一种情景的设置。

"他说的这件事是虚构的。"——为什么不直接说假的呢?一种文艺范儿的说法。

可以说,生活中用"虚构"这个词往往显得与众不同,它不是显得有些文绉绉,就是觉得有些别有用心。用这个词的时候,往往隐含着假装的意思,是一种欺骗的假装,但从字面上听来,却仿佛没有这层欺骗的假装,而是一种表演的假装。这实际上只是一种潜性修辞,而且是从文学中借来的修辞方式。

也许更根本的原因在于,塞尔对文学的划定是相当固定的。在他看来文学的范围比较稳定,而在我这样的维特根斯坦式学者看来,文学一点也没有塞尔以为的那样稳定,文学是变动不居的,它会很自然地把虚构的作品拉入文学中,根本原因就在于虚构与文学是一类游戏。而塞尔这样的言语行为论者却要保证概念有一个清晰的边界,以此进行以言行事的分析,这与语言游戏论相当不同。其实,虚构的以言行事主要在文学这一语言游戏类型中呈现出来,它的面目也在文学中变得清晰,如果想考察清楚"虚构"这个词的用法,文学是最好的考察对象。

二、区分三个概念:虚构、说谎与假装

虚构(fiction)与说谎是两回事。塞尔也认为,把虚构变成说谎,这是对柏拉图的一个传统误解。虚构从来不说谎,说谎是有伦理责任的,但虚构没有。或者说虚构也具有一定的伦理责任,但这一责任不在虚构话语之中,而在虚构话语之外,是对虚构文本的言外意的解读。说谎是生活中的,我们一般不在生活中说虚构,而直接说对方说谎,除非我们在此采用了一种特别的修辞方式,即从文学表述中借代来虚构。这时虚构的词义用的是一个修辞性的转义。

说谎是一个伦理判词,从词语用法上看,说谎的背后总有一个事

实与之相对；而虚构却与事实无关，虽然我们经常说，它是一种与真实相关的语言游戏。其实这不过是在玩弄语言技巧，这个表述的功用不过是把真实与事实分开，强调真实是存在于事实之外的东西，往往与某种系统性之物联系在一起。

虚构和说谎是假装的两个方向，假装可以带有欺骗性质，不让别人发现事实；也可以是另一种语言游戏，即存在于文学中，没有事实相对的语言表演。在文学中，不一定有真在后面，也不一定有原本，只要假装像是具有一个原本就可以了，我们从来不去探究那个原本是否真的存在，它应该是什么样子的——这似乎应该是一个常识，但这个常识却在很多文学研究中没能贯彻下来，比如中国赫赫有名的红学，数量极多的研究往往以作品来索引实事，从作品中猜测作家身世，或以清代史实妄断作品好坏，实在是文学研究的笑话。虚构与说谎作为假装的两种含义从语义上看相隔非常远，语义的相互交叉只是一种假象。比如不能因为小说是虚构，就判断小说就是说谎，因为中介项"虚构就是说谎"是错误的，它混淆了虚构与说谎的界限。但是，从一般性常情来看，这一混淆又是非常可以理解的：它们是假装的两条歧义方向，两者不交叉，但通过假装可以放在一起，而这种并置又往往给我们一种同义的假象。如果我们在生活中遇到一个冒充银行的职员的骗子编造了一些银行账户危险之类的假话，来骗取我们的金钱，我们就不再说他的那些编造是在虚构，而是直接判断说，那是在说谎。在这种情况下，这种混淆就不再发生。

对塞尔的批评中，有一种把假装演变为佯装（make-believe）的方向。[①]扮演也要有原本，但可以改变这个原本，"像"很重要，但也可以不像，更多的是一种宣称（declaritive）。佯装（make-believe）一定是一种假装，但有一种愿望在里面，这种愿望只是假装的单纯愿望

---

① Cf. Gregory Currie, "What Is Fiction", *The Journal of Aesthetics and Art Criticism*, 43(4), (Summer, 1985): 385–392。

（即让人单纯相信），不包括主观意图的欺骗，而只留下主观意图的存在。按照塞尔的意思，假装已经是一种意向动词，那么佯装（make-believe）直接地展露了这一意向，将意向动词这一用法直接摆在词形中。

虚构、相信与真的关系。在文学中，虚构就是文学的基础语法。进入文学，读一个作品，虚构就是被接受下来的，这里有一系列规则。但一定需要真吗？如果需要，它是一种什么样的真？真实(truth [or truthful?])，还是真诚（sincerity）？

让我们先假设存在一种虚构之真。那么，我们是把虚构之真当作一种真理展现的方式接受下来还是把信以为真接受下来？如果是前者，那么我们就要探讨这一真理之展现来自何处；如果是后者，就要探讨这一信以为真是在哪一层次上体现出来的。可以说，虚构之真这一概念从语词内部来看已经存在着一种矛盾，仅依靠语词本身是不能调和这一矛盾的，只能说虚构的语词中存在着一种超出语词的真理，而这一真理不在单一语词中，而在语词整体的外部。如此，则真理是从外输入语词的，对于这一输入进来的东西如何与词语结合在一起是没有规则可以明述的，只有信念才可以完成这一步骤。所以，所谓的虚构之真不过是信以为真而已。

信以为真是相信虚构的事件是真实事件，这一相信存在于阅读过程中。米勒提出一个"天真阅读"的概念，并利用他自己曾经的阅读经验指出天真阅读的重要性。在福克纳的笔下，白痴儿的情绪变化既快速又无逻辑，我们认为这几乎复现了白痴儿的思维特征。如果我们处于对小说世界的天真信任中，那么无疑这是对的，米勒以自己为例描述了天真阅读的快乐：

> 小时候我不想知道《瑞士人罗宾逊一家》有个作者。对我而言，那似乎是从天上掉到我手里的一组文字。它们让我神奇地进入一个世界，其中的人们和他们的冒险都已预先存在。文字把我带到

了那儿。……在我看来,我通过阅读《瑞士人罗宾逊一家》所到达的世界,似乎并不依赖于书中的文字而存在,虽然那些文字是我窥见这一虚拟世界的唯一窗口。我现在会说,那个窗户通过各种修辞技巧,无疑塑造了这一世界。那扇窗并非无色的、透明的。但无比荣幸的是,我当时并未意识到这一点。我通过文字,似乎看到了文字后的、不依赖于文字存在的东西,虽然我只能通过阅读那些文字到达那里。我不乐意有人告诉我,标题页上的那个名字就是"作者"的名字,这些都是他编出来的。①

不幸的是,现代读者已经丧失了曾有的天真阅读。大量的阅读经验让我们不再轻易相信小说所描绘的世界,相反,对小说世界保持一种警惕的心态。现代小说的作家们也有意识地将读者拒绝于小说世界之外,认为利用读者的天真是一种羞耻的行为。现代理论家们也加剧了这一趋向,认为让读者进行天真阅读是一种欺骗,应该让读者进行批判性阅读才能把握文本的真正意义。如此一来,天真阅读与审视阅读之间就形成了巨大的张力。但米勒认为,读者的天真是必要的,审视阅读不能取消天真阅读:

> 我觉得我已经显示出,《瑞士人罗宾逊一家》可以代表我在本书中"论文学"的一切方面。那我最赞赏和推荐什么样的阅读?我最赞美主动献出自己的阅读,不是那种想着每本书都会洗脑的阅读?如果是后者,书就必须被质询、抵抗、去其神秘、去其魔力,重新将其纳入历史,尤其是虚假而错综的意识形态的历史。当我说你必须同时以两种方式去阅读(这难于上青天),我是认真的。但最后,我得承认,我对第一次阅读《瑞士人罗宾逊一家》

---

① 希利斯·米勒:《文学死了吗?》,秦立彦译,桂林:广西师范大学出版社,2007年,第23—24页。

时天真的轻信,有一种忧伤的怀念,那是一种已经失去,永远无法收回的东西。除非你已经做了这天真的第一次阅读,否则不会剩下什么让你去抵抗和批评的。如果自觉抑制文学的力量,书首先就被剥夺了对读者产生重大影响的机会。那么何必还读呢,除非是为了满足不甚光彩的毁灭的快感,并且不让别人着魔(怕对他们有害?)无疑,对文学的这些抗拒,其动机迥异于撒旦嫉妒亚当、夏娃的天真快乐。但是,难道真的就那么迥异吗?①

这种模糊的态度相当说明问题。如果只存在审视阅读,结果会怎么样?答案是明显的,阅读会死亡。所以米勒提醒我们天真阅读与审视阅读之间必须保持必要的张力才能保持文学的魅力,丧失任何一维都是不可想象的。

然而我们看到,米勒的这种"天真阅读"观将信以为真认作是外来输入的,是把文学视为虚构之物后的一种假装相信,这一相信是不真诚的。米勒虽然也模糊地认识到这一不真诚导致的摧毁作用,但他也提不出别的办法。可以说,只要我们把信以为真当作外来输入的,那么这一模糊态度就无法避免。

那么,对文学中所描述的一切信以为真来自哪里?来自于我们对文学的整体判断吗?这一点出自我们的信念?如果这是一个明确意识到的信念,那么我们总会失去这一信念。那么,这是一个潜在的无意识的信念?依然不是。它跟有意识无意识根本没有关系,或者说,意识到或没有意识到只是这一事情的表面关联,还不是真正的关联。关联在哪里?在语言中。作为文学这一虚构的艺术类型,它就是如何形成的,信以为真编织在所有的表述中,而一旦一个文学理论家把这一信以为真作为问题提出来并讨论它的可能性才是一件怪异的事情,因

---

① 希利斯·米勒:《文学死了吗?》,秦立彦译,桂林:广西师范大学出版社,2007年,第229—230页。

为这仿佛是在问：你如何不依靠外力让自己离开地面？只有一个回答：从悬崖上跳下去。

冯庆以为，"这里的'真实'指的是语言哲学与文学理论所关注的语言的'真实性'问题，亦即言语或文本与实在世界之间的符合—再现问题。本文并不打算论证文学是否能够再现或者干脆就是'真实的'，而是试图通过展现塞尔言语行为理论的研究范式，提供一个探讨'文学真实性'的理论起点"①。这依然受到了真实性问题的困扰，这实际上把生活之真与语词之真混淆一处，没有看到，文学之真不过是生活之中的一种变形，两个概念完全在两个层面上。

虚构与文学具有高度亲缘关系，但是两者若说有区分，那是一定的。文学指的是一种体裁类型，而虚构则指一种话语用法，我们不能想象这一话语用法覆盖这一体裁类型，也不能想象体裁类型里只有一种话语用法，但两者的高度重合却是文学发展所不断证明的事情。我们一般会把文学当作一个游戏，但很少会把虚构当作一个游戏，虚构是文学中一个最重要的游戏方式，如果有非虚构的文学游戏方式，那么这一游戏的意义（或玩游戏的方法）基本是在与虚构的文学游戏对照下才能获得。

三、虚构：意向还是惯例？

塞尔在讨论假装的时候无疑采用了第二义，虚构的假装必须是没有伦理责任的，才能真正成为虚构。塞尔说，"'假装'是一个意向性动词"②。的确，假装里面存在着意图。这个意图是可以明确看出来的。这里存在两种东西，一种是表面行为，一种是隐藏起来的意图，必须两者共存，才可能谈到假装。当然这两者共存只是一种非常单纯的情

---

① 冯庆：《虚构之为以言行事：约翰·塞尔的虚构理论》，《文艺理论研究》2012 年第 4 期。
② Searle, John R., "The Logical Status of Fictional Discourse", *New Literary History*, 1975, 6(2): 325.

况，可以说，这不过是对一个单句的单纯分析，而这样的单句其实不能实际单独应用，它只有同语境结合起来才具有实际的使用意义。"他假装是尼克松总统。"从单独这句话里，我们根本无法判断是第一义的假装还是第二义的。但如果我们给出周围的语境，我们就能进行判断。单一句子中的词义的确具有意向，但如果缺乏周围语境，这一意向的具体方向根本无法判断。

塞尔同时兼顾到假装作为一个意向动词的语境以及假装这一意向动作的发出者：作者。对于一个文本而言，只要我们从一个过程的角度去思考文本的创造、成型以及接受这些问题，我们就一定会把作者、文本、读者放在一个过程流中去考察。塞尔虽然从语词的角度思考文本的问题，本来这是一个语言学考察，但他同时将这一语言学做成一种发生现象学的过程考察，这就使整个考察显得极其复杂、多变。一个文本的发生过程如果与一个文本状态的语言学结构达成一致，那么，就可以建立起一种语言的发生性逻辑，但这种东西除了让我们看到两种矛盾存在结合在一起建立一种虚假的逻辑以外，找不到更有建设性的思路。

既然考察了语词的意向，那么自然就出现了意向的施行者，这就是作者。塞尔做出的这样区分也很关键："一个文本是否是虚构作品的判断标准必须由作者的以言行事意图决定。……因为既然已经把一个文本判定为小说、诗歌或仅仅是文本，那也就已对其作者意图做出了判断。"[1] 塞尔将文本的创造视为一个假装或非假装活动的整体，那么这一活动自然要有发出者和接受者。在塞尔这里，发出者就是作者，接受者就是读者。从这个类比来说，这样的划分没有什么问题。但这里有一个重要区别没有说出来：假装作为一个虚构文本的意向活动的特征，这是对文本活动的整体描述；而假装作为一个意向动词，则是对一个动作的描述。如果我们把创作文本的活动与写出这一文本的意

---

[1] Searle, John R., "The Logical Status of Fictional Discourse", *New Literary History*, 1975, 6(2):325.

向状态等同起来,那么我们就可以说,作者的意向决定了文本是否具有虚构性质。而从上面的引文中,我们看到"把一个文本判定为小说、诗歌或仅仅是文本,那也就已对其作者意图做出了判断",这是恰当的,因为这是从文本执行功能的角度做出的表述;而"一个文本是否是虚构作品的判断标准必须由作者的以言行事意图决定"则容易将我们导向对意图的先行判定,实际上,后一句是前一句的条件。

德里达把塞尔称作现象学者①,这是一个错误,但也有合理性。错误在于,德里达有意对塞尔的语言学维度做了忽略,而夸大了意向的发生现象学的成分。合理性在于,塞尔的意向性的确具有发生现象学这样的导向。

塞尔不是不知道:"构成虚构作品的伪装的以言行事是因一系列的惯例而得以可能的,这些惯例暂停了那些让以言行事得以与世界关联的规则的正常运行。"②这是在谈横向惯例的重要性。但是他对意向性的强调导致了他在作者和读者之间做了特别的区分:作者负责虚构,他明知其不真,而读者应用横向惯例来阅读作品,不必知其真与不真。

> 一件作品是否是文学,这由读者决定,一件作品是否是虚构的,这由作者决定。③

> 对以言行事行为的伪装施行实际上包括施行言语行为以及唤起横向惯例的意图,它们构成虚构作品的写作,而横向惯例中止了对一般话语的以言行事承诺。④

在某种程度上,某些虚构的风格就被虚构作品中引入的对非

---

① Cf. Searle J. R.: "Literary Theory and Its Discontents", *New Literary History*, 1994, 25(3): 664.
② Searle, John R., "The Logical Status of Fictional Discourse", *New Literary History*, 1975, 6(2):326.
③ Ibid., 6(2):320.
④ Ibid., 6(2):327.

虚构的承诺所决定着。自然主义小说、童话、科幻虚构作品和超现实主义小说之间的不同，在某种情况下，是被作者对客观事实的再现的承诺的程度所决定的。①

塞尔没有提醒我们的是，这一承诺在同一个文本中也是可以改变的，我们并没有什么标准来确定这一承诺。我们只可以说，在这种类型的小说里，也可以这么写，或者惊叹到：竟然可以这么写！

塞尔把承诺摆在风格类型之上，可见，作者在作品中占有多么重要的位置。可以说，作者在跟作品缔结条约，作品的面貌由作者来承诺决定，而读者在作品形成之时，只是一个无所相关的外在者。承诺就是意向性动词的自然延伸，既然作品的语词由作者写出，而且是一种主观的有意为之的假装行为，那么最终形成的文本类型就必须由作者承诺来保证。在此之后，才有读者与作品关于惯例的契约。在这里，我们不仅发现话语分析，还发现一种意向行为的发生过程分析，这也是为什么德里达把塞尔当作现象学家的一个重要原因。而我们要问的是，承诺是对于虚构的方式的承诺，这一承诺的准则来自哪里？如果是来自作者的，为什么作者就能够对虚构类型进行承诺？是因为他明知自己在假装但却必须承担起他对虚构的真实性的义务吗？如果这一承诺来自读者，也就是来自于作者与读者达成一致的横向惯例，那么我们依然可以问，这一横向惯例是如何达成一致的，标准何在？

塞尔以戏剧的写作与表演为例说明作者承诺对虚构的支配性。

> 剧作家在写作戏剧文本时的行动更多的是像在写一篇关于伪装的说明书，而不是自身在塑造一种伪装。一个虚构的小说是一个对事态的假的再现；但是一个戏剧，一个被表演的戏剧，并非

---

① Searle, John R., "The Logical Status of Fictional Discourse", *New Literary History*, 1975, 6(2):331.

是一个对事态的假的再现，而是假的事态自身，这个事态就是演员伪装成为角色。在这个意义上，戏剧作者一般说来并没有伪装下断言；他是在给出如何从事一种伪装的指引，而演员们将会跟随这种指引。①

可以说这段区分真是精彩，作者不假装，他只是给出假装的指引，表演者才假装，因为他要像真的一样在舞台上行事。但我也注意到，塞尔举的虚构的例证都是文学的。为什么要选取戏剧文本？就主要的原因在于戏剧可以分为两个部分：剧本和表演，这两个部分共同构成戏剧的创造。而剧本明显是优先于表演的，也就是说，如果表演是作品的最后形成，那么剧本作为作者的虚构意向表达就是作品的指引，所以我们才看到塞尔强调作者"给出如何从事一种伪装的指引，而演员们将会跟随这种指引"。

在此，我们不得不重新思考整个文学过程中的作者优先性问题？塞尔不止一次地批评新批评对作者的忽略产生的误差。的确，新批评切断作者与作品联系的方式是成问题的，或者说，这样的思路只是一种临时性的措施，类似于现象学对本质问题的悬搁。我们知道，作者怎么可能在作品中不现身呢？没有一个文学理论家能够对作者忽略不计。塞尔通过意向性动词来定位作者的方法就是一种可以接受的方式，无论这样的方式还存在哪些需要调整的地方。

那么，从语言游戏的角度，作者具有哪些优先性呢？第一，作者不假装，但他给出一种假装的指引（一种说明书）。也就是说，作者知道他做的是什么，他是清醒的；第二，作者创造一个虚构人物，他把这一虚构送到读者那里，读者把虚构接受下来，认以为真。作者"通过伪装指称一个人，她创造了一个虚构人物"。现在只要虚构人物被创

---

① Searle, John R., "The Logical Status of Fictional Discourse", *New Literary History*, 1975, 6(2):328.

造出来，我们这些在虚构故事之外的人们就能够真切地指称一个虚构人物了。注意在关于夏洛克·福尔摩斯的那段话里，"我的确指称了一个虚构人物（譬如，我的话满足了指称的原则）。我没有伪装指称一个真的夏洛克·福尔摩斯；我所确实指称的是虚构的夏洛克·福尔摩斯"[1]。

第三，作者的最大优先性在于，他假装指称，而读者则真实指称。这种语法表述带来作者与读者地位的彻底不对等。由于作者只是进行假装指称，所以他只是在创造一个假装的说明书，这一说明书具有调动读者情绪的功能，而读者则首先相信他所面对的是一个真实的人物，这一相信如果不是一种天真相信就无法完成对文本的阅读。但作者那里不存在相信的问题，因为读者相信的对象就是他创造的，在文本中，他对于读者就像造物主一样。所以只有作者有意向，因为只有他才假装，而读者没有意向，他只陷于文本的横向惯例当中，是被决定的存在者。只有以这个区分为基础，塞尔才会引领我们思考如何在作者与读者之间达成一致的问题。横向惯例的契约在塞尔这儿地位并不高。意向性才是优先者。

的确，我们在一个作品的整个结构中发现作者与读者不是对等关系，但这是否让我们再次倒向文学虚构的作者倾向呢？我认为不必。塞尔将作者与作品的关系和读者与作品的关系分而视之，相对忽略了作者那里同样存在着横向惯例的作用，并且正是这一惯例才决定了作者如何能够并且以什么样的方式进行创作。这一惯例与读者惯例表面不同，其来源却无法区分。我们暂时只能这样来判断：读者掌握的惯例规则相对于作者掌握的惯例规则少，而且作者掌握的惯例规则往往是明确意识到的惯例，那种潜在惯例规则虽然同样大量存在，但比起读者来还是要少得多。读者掌握的表层惯例少，而潜在的惯例规则多，从比例上正好与作者形成反面。

---

[1] Searle, John R., "The Logical Status of Fictional Discourse", *New Literary History*, 1975, 6(2):330.

横向惯例优先还是纵向原则优先,这才是关键之处。我们从塞尔这里看到了纵向原则与横向惯例的对峙。在塞尔这里,纵向原则优先于横向惯例。纵向原则完成整个虚构行动,如果虚构的确可以理解为一个从意向发出者开始到达意向接受的完整行动的话,而把横向惯例留给了读者,也就是说,意向+横向惯例=纵向原则。意向优先于横向惯例。这乍看起来毫无疑义,但仔细思考却让人疑惑丛生。意向不是单纯意向,而是与实现的行动结合在一起的语词意向,这一点塞尔也同意;更重要的是意向是一个词语与所对事物的关联中产生的意向,还是一个位于词语系中的词语与所对事物系中的事物的关联产生的意向。如果是前者,那么无疑塞尔是对的,而如果是后者,那么塞尔的理论就存在没有考虑周全的地方。后者是后期维特根斯坦的思考路径。假装作为一种以言行事行为并且作为在语言中起作用的一个语词,是与具体行动和语词系统结合在一起的,如果我们想看清楚这一使用方式,一个最好的方式就是回到语词使用的原初语境中去,简单的语词在一个简单的语境中习得,而复杂的语词在复杂的语境中习得,而假装无疑是一个复杂语词,它在复杂语境中习得。但塞尔并不同意这一点:

> 我认为维特根斯坦的这种看法是错的:他认为撒谎是一种也像别的那些语言游戏那样需要学习的语言游戏(见《哲学研究》第249条)。这是一种误解,因为撒谎体现为对关于施行言语行为的调节性原则之一的冒犯,而一切调节性原则在其自身中本来就包含着关于冒犯的概念。由于原则本身就定义了什么会构成对其自身的冒犯,学会了遵循原则,也就并没有必要再特地学会一种打破原则的行动。[1]

---

[1] Searle, John R., "The Logical Status of Fictional Discourse", New Literary History, 1975, 6(2):326.

这是把对原则的打破包含进原则里面,但这个原则毕竟也是习得的,除非塞尔认为这个原则是先天成立的。对于幼儿来说,说谎就像一个游戏,构成一种特别的游戏方式,与要求真实行为的语言游戏完全不同,它包含了两种不同的行为。塞尔在此没有看到两种行为吗?我认为塞尔与维特根斯坦的区别在于,维特根斯坦回到原初使用语境中去考察语言,而塞尔则是从一种日常交往的理性语言中去考察使用,后期维特根斯坦关注幼儿语言习得的重要意义,而塞尔关心成人语言的使用方式,这就让两者的语言观念在同中有异,在异中有同。在解决更根本的语言本体性问题上,后期维特根斯坦无疑更胜一筹。

四、文学虚构如何与世界相关

塞尔用以言行事模型来解释文学与虚构,其目标就是这样一个问题:如果虚构只是对以言行事的施事行为的模仿,那么他如何与世界相关?日常的以言行事行为是与世界相关的,因为世界就是在以言行事中展开的世界,但是虚构的文本却只是对以言行事的模仿,它不对世界真正发挥施事作用,那么它用什么样的方式与这个世界发生关联?

塞尔建立假装的以言行事这一伪施行模型是为了保证虚构言语与日常言语的一致性,其要义在于指出没有与日常言语相分离的虚构言语。这一观点包含了这样几个要点:1.日常以言行事是严肃的,是模板;2.虚构是对以言行事的一种运用;3.这一运用加入了新的语言元素,即装作那种以言行事;4.假装以言行事就是虚构,它经过假装这一层,与日常的以言行事发生关联,只是这一关联不是直接关联,而是一种变形的关联。由此推论:5.虚构不是独立的语言世界,它就来自日常语言世界;6.它发挥关联的方式不是日常的以言行事,而是假装有此关联；或，它不导致施行，而只是一种"看作"。

最终，为什么要有假装的以言行事？塞尔说："跟着我将推理进行到此的读者们如果听到我说我认为对于这个问题没有任何简单甚至唯一的答案，将并不会感到惊讶。答案部分取决于那些通常被低估的在人类生活中的想象力所扮演的关键角色，和那些在人类社会生活中被广泛认同的想象力的产物所扮演的同样关键的角色。"塞尔在此假设了某种需要，但这种需要是想象力的需要，这是什么呢？塞尔没有给我们答案，"迄今为止，尚没有一种通用理论涉及某种机制，即那种让伪装的以言行事得以传达严肃以言行事意图的机制"。① 也就是说，这种伪装的以言行事为什么能够达成严肃的意图，这还需要进一步讨论。塞尔的结论是没有结论。

理查·奥特 (Richard van Oort) 在《三种虚构类型》② 一文中提出三种虚构类型：塞尔的话语逻辑型、英伽登的现象学型和冈斯的人类学型。奥特认为塞尔的话语逻辑型预设了"真诚原则"与"假装行为"的矛盾以解决虚构话语与世界相关的问题，但话语行为本身却不能回答这一问题。相比英伽登的现象学型尚显不足。英伽登的局限在于他为了回避非理性的经验心理学，回退到唯理主义，这也导致他的理论太形而上学了。相比而言，冈斯的人类学观点是奥特赞赏的，冈斯认为，语言、意向和虚构是与原初指号（originary sign）的矛盾性紧密结合在一起，所以，我们不需要像塞尔和英伽登那样，把虚构预设为一个独立世界中发生的东西，而是设想为与原初指号结合在一起的东西。再现允许我们去指称一个独立的本体真实，但这一真实不是再现的生活真实，或者说，原本不是单一的，而是双重的（矛盾的），即虚构不是指向真实，而是指向符号的自我指涉和自我再现。这就说明，虚构

---

① Searle, John R., "The Logical Status of Fictional Discourse", *New Literary History*, 1975, 6(2):332.
② Oort R. V., "Three Models of Fiction: The Logical, the Phenomenological, and the Anthropological (Searle, Ingarden, Gans)", *New Literary History*, 1998, 29(3): 439-465.

不过是符号的内在功能，虚构或假装，不过是符号的自我再现功能而已，并不是对日常话语行为的假装施行（如塞尔），也不是独立于现实界的单纯意向的表达（如英伽登），这样，冈斯就把塞尔和英伽登思想中的对原本的模仿转变为内在矛盾的展现。虽然从具体分析上看，奥特有过分强化塞尔和英伽登形而上学一面的倾向，但他所指出的问题也的确或潜或显地存在。冈斯的观点有合理性，但对原初指号的矛盾性预设却显得有些过于理念化，也残留着形而上学气。"原初指号不过是一个无果的动作，它不是对对象的模仿，而是关于对象的谋划。"① 奥特对原初语言中的矛盾性的预设除了让他回复到冈斯，找到矛盾性在原初指号中的结合以外，最终也只能走上语言与世界的符合问题这一思路，而这样的思路，虽然在技巧上看起来解决了塞尔和英伽登语言与意向的难题，抽取了意向性这一中介，但这种日常话语与虚构话语存在内在分裂（并统一）的思路其实并不能解决话语与对象的关系这一难题。最终留下的难题依然是：虚构话语如何与日常世界相关。

让我们重新回到上面指出的塞尔理论要点第六点中的"看作"作为一个结论。这是文学与虚构作为家族相似的游戏的关键之处。"孩子们做这样的游戏：例如他们指着一个箱子，说它现在是一所房子；然后他们从这箱子的方方面面把它解释成一所房子。把一种虚构编到这箱子上。"② 虚构是一种"看作"的游戏，这是一种语言游戏方式。"看作"的用法是把某某看作另外某某，这里就存在着两个形象，一个是看到的，一个是看成的。要两个形象都在场才能谈得上虚构。（1）这两者之间存在着一种相似的面相，而且（2）将其一看作另外一个里面有一种稳定的连续性，（3）必然具有使用的语境背景，即同一类的语言游

---

① Oort R. V., "Three Models of Fiction: The Logical, the Phenomenological, and the Anthropological (Searle, Ingarden, Gans)", *New Literary History*, 1998, 29(3): 458.
② 维特根斯坦：《哲学研究》，陈嘉映译，上海：上海人民出版社，2005年，第二部分第94条。

戏。① 所以虚构是一种复杂的语言游戏方式，假如仅仅从一个形象转变成另一个形象的过程来说，这里面包含着假装，但假装过于强调意图，不免带上伦理色彩。而"看作"只是一种语言游戏的运用，它带有意图，但其指向却不是意图，而是语词的使用及其周边背景。

塞尔则先建造一个日常语言的以言行事模型，再来改变这一模型，适应"虚构"这种活动。如此一来，"虚构"的地位反而被降低了，它只好在日常的以言行事行为面前努力争取自己的平等地位。而在维特根斯坦这里，只有对"虚构"的概念分析，而没有模型分析，更不会像塞尔那样，为虚构的以言行事中的行动者设立一种意向性，虽然这是一种语言意向性，不是胡塞尔的意向性，但却难以逃脱德里达对这种意向与胡塞尔的类似的指责。

所以，虚构，当它成为一种语言游戏的时候，它就与文学这种类型的游戏密不可分，而且两者越来越紧密。虚构成为为了文学的虚构。

---

① Lycan W. G., "Gombrich, Wittgenstein, and the Duck-Rabbit", *The Journal of Aesthetics and Art Criticism*, 1971, 30(2): 229.

总结论

后期维特根斯坦美学对中国的美学研究具有实际的理论价值。首先，它是一种基础性的美学观念转变。自20世纪80年代以来，中国美学经过一场美学大讨论，基本上走在健康的理论建设道路上，同时，西学再次涌入中国，各种思潮轮番上阵，西方人文学术百年来的发展被压缩在十余年的时间里表演一遍，这种快餐式的饕餮盛宴解决了营养不良问题，但同时带来了营养过剩以致厌食的后遗症，"追新逐后"既成为一时令人侧目的行为，同时也不断证明这是博取学术成绩的不二法门。西方人文学的语言论转向从时间上看准备期较长，可以从20世纪初索绪尔思想算起，60年代语言论转向获得普遍承认，并演化为基本的人文学术方法。中国学术界从90年代开始注意到人文学术的语言论转向，并成为十余年间一个热烈的话题，但很快，随着90年代末文化研究的兴起，语言论转向渐渐衰落，变为一种普通的人文学术潮流，随着新潮流的兴起，这一潮流的光彩慢慢褪色。这真是人文学术研究的遗憾！语言论转向不仅仅是一种学术潮流而已，它是20世纪学术中最具有创造力的思想之一，而维特根斯坦后期思想，无疑是这一语言论转向中最具有思想深度和启示的一个。延伸到美学上，后期维特根斯坦美学彻底地质疑传统美学，他的一系列思考动摇了传统美学的基石，让我们认识到以真理面目出现的美学基石不过是语言误用产生的虚妄，去除这些虚妄必须进行整体的语言学观念的转变，将错认作存在之真理的东西重新转回到语言概念中去考察。这一转变可与康德的认识论美学转变相媲美，当然，这同时也是对认识论美学最彻底的清理。

其次,具体错误观念的纠正。这主要表现在三个基础方面:1. 反对艺术符合现实论。2. 反对审美情感决定论。3. 艺术规则才是艺术的关键。

再次,提出新的美学、艺术理论。后期维特根斯坦并未提出新的美学观念,但在他的著作中,关于美学和艺术的论述却很多,这里从其后期著作《哲学研究》的基本思想出发,结合其具体的美学和艺术论述,提出新的美学、艺术理论,这在西方维特根斯坦研究界也是普遍的方法。从英语研究界情况来看,目前关于后期维特根斯坦美学研究还没有其他学科那样兴盛,这也给本研究留下了比较大的空间。根据后期维特根斯坦的思想,除了对美学研究中既有的误区进行勘误以外,我们还能从中得到更有建设性的启发,比如,艺术本质到底可以不可以探讨;艺术是不是真的死了;艺术规则与艺术类型之间的紧密关联;艺术契约是否能替代本质论;文学艺术的虚构与语言的关联,等等,有些解释是国内外其他研究者未曾做出的,如艺术类型、艺术规则等问题的解释。维特根斯坦美学与艺术思想博大精深,不断对其做出新的解释可以继续探讨其美学思想中的精髓,发掘和发现新的美学与艺术观念,推进当代美学建设。除了对维特根斯坦美学与艺术做出解释性的贯通外,还对其进行新的阐发,如将其定位为一种治疗的美学,艺术类型成为美学与艺术的关键领域,等等。新的阐发有利于对维特根斯坦美学与艺术思想做进一步的延伸。

最后,提出美学语法的理论意义。后期维特根斯坦美学从整体上显现出什么样的样貌?这是研究者必须要处理的问题。根据我的研究,美学语法是后期维特根斯坦美学一个比较恰切的概括。只是这里使用的语法一词一定要加以说明,它指的不是语言的逻辑结构,而是在语词使用中的用法探讨,它是灵活的、变动不居的。语法一词来自于《哲学研究》,指的就是语词使用的用法探究。一般来说,语言的逻辑结构是一种表层语法，而语词用法是一种深层语法。维特根斯坦本人并没有美学语法的提法，但他说过，神学有其语法，而神学、美学在其前期看来都属于不可说的东西，由此美学语法也是一个可以接受的提法。另外，美国一个后期维特根斯坦诗学研究者帕洛芙有一篇长文《从逻辑到语法》[①]，深入探讨后期维特根斯坦美学思想，美学语法的提出也受到这篇文章的启发。

　　接受一种新思想总是有一个渐进的过程，国内对后期维特根斯坦思想的翻译、介绍、整理是起始阶段，这一过程很长，这种知识性的介绍是必须的，没有这一阶段就谈不上理解和化用维特根斯坦。同时，我们也不应该满足于知识性介绍，新思想要想吸收为自己的养分必须用它真正解决问题，并且能够解决一系列本来不容易解决的问题，新思想才能站稳脚跟。因此，解释、整理、化用后期维特根斯坦美学思想就成为当务之急的工作。本书本着这样一种设想和目标，在理解的基础上努力化用其方法，力图解决一系列美学难题，并提出相关的美学思考建构，希望这一思考既是合乎后期维特根斯坦原意的，又能实际地融入中国美学思考，为中国美学做出建设性的拓展。

---

① Perloff, Marjorie, "From Theory to Grammar: Wittgenstein and the Aesthetic of the Ordinary", *New Literary History*, 1994(4).

附　录　维特根斯坦论美与美学[①]

第一部分

1.这个论题（美学）太大了，就我所见，它完全被误解了。如果你看看句子的语言形式，你就会发现"美"这个词的使用极易被误解，它比大多数词用得频繁。"美"（或"好"——里斯注）是一个形容词，因此，你倾向说："确实有一种性质，美的性质。"

2.我们正在从一个哲学问题转到另一个问题，从一组词转到另一组词。

3.一个明智的做法是，把一本哲学论著分为话语部分，几类语词。实际上，在这儿你区分的话语部分比一般语法区分的多得多。你可能通宵达旦地（hours and hours）谈论动词"看""感觉"等等，谈论描述个人经验的动词。由这些词我们产生一种或几种特有的（peculiar）混淆。[②] 你可以另辟一章讨论数字——那会是另一种混淆：关于"全部""任一""一些"等等——或者另一种混淆：一章关于"你""我"等等——另一种：关于"美""好"——再一种。我们进入一组新的混淆；语言完全是在和我们玩新把戏（trick）。

4.我常把语言比作工具箱，包括锤子、凿子、火柴、钉子、起子、

---

① 译自 Wittgenstein, *Lectures and Conversations on Aesthetics, Psychology and Religious Belief* (Berkeley and Los Angeles: University of California Press, 1966) 第一部分。

② 这里我们发现"相似"——我们发现随所有这些词而来的各种特别的混淆。——里斯

胶水，它们不是偶然地放到一起——而是，不同工具间的确有重要区别——它们的用法属于同一个族类——虽然再没有比胶水和凿子更不同的东西了。当我们进入新的领域，我们会惊讶地发现语言在跟我们玩新的把戏（trick）。

5. 讨论一个词的时候，我们常常问，我们是怎样被教会这个词的。这样做一方面可以摧毁一系列概念误解，另一方面可以直接面对原初语言的语词使用。虽然这种语言不是你20岁时使用的那种，但你可以大致领会你所说的是哪种语言游戏。比如，我们如何学会"我如此这般做梦"？最有趣的一点是我们并不靠展示一个梦来学会它。如果你想一下儿童如何学会"美""美妙"这些词，你会发现他大致把它当感叹词（"美"是一个很古怪的词，因为几乎用不到它）。儿童一般先把"好"这个词用到食物上。教的过程中最重要的事情是夸张的手势和面部表情，词是作为面部表情或手势的替代被学会的。这种情况下，手势、声调等就是表示赞同的。是什么使这个词变成了赞同的感叹？[①]是它出现其中的［语言］游戏，而不是词的形式（如果需要指出当代哲学家犯的主要错误，包括摩尔，我就会说，那就是在看语言时，看的是语词的形式，而不是由语词形式构成的用法）。语言是一大组活动中重要[②]的部分——说、写、巴士旅行、会见客人等[③]。我们并不关注"好""美"这些词，它们完全不重要，一般就是作为主语和谓语（这是美的），而是关注它们使用的场合（occasion）——注意大量复杂的情境（situation），审美表述置身其中，而表述本身则恍若不存。（in which the expression itself has almost a negligible place.）

---

① 比如，不是否定或惊讶的感叹？
　（儿童理解我们教他时使用的手势，如果他不理解，那么他就什么都不理解。）——里斯
② Characteristic 根据上下文需要，有时译作"典型的"，有时译作"突出的"。——译注
③ 我们造房子时，说话和写东西时。乘车时，我对售票员说："三分钱。"我们不是注意词或使用词的句子——这完全不重要——而是注意说话的场合：在结构中，（注意）审美判断完全无用武之地。——里斯

6. 如果你去一个异族部落，那儿的语言你一点儿也不懂，你却想知道哪些词对应"好""妙"，你会观察什么呢？你会观察笑容、手势、食物、玩具。{［回应质疑：］如果你去火星，那儿的人是些球体，表面有些枝茎，你就不知道该观察什么。如果你去一个部落，那儿的人用嘴巴发出声响就是呼吸或唱歌，而语言却是由耳朵完成的（你也不知道该观察什么）。比如，"你看见树枝摇摆，那是它们在相互交谈"。（"万物有灵"）你是把树枝当成了胳膊。当然，我们必须根据我们类似的手势来解释部落的手势。}这能把我们从普通美学（和伦理学——泰勒）带开多远啊！我们不是从某些词开始，而是从某些场合或活动开始。

7. 一大堆在语境中使用的词都是形容词，这是我们语言的一大特点——如"妙""可爱"等等，但你也明白决非必然如此。你已经看到它们首先用作感叹词，如果我们不说"这很可爱"，而是笑着说"啊！"或者揉我的肚子，这是不是就不一样了呢？就原始语言而论，这些词是什么的问题，"它们真正的主语"（它被称作"美"或"好"——里斯）[①]的问题根本没有出现过。

8. 在现实生活中做出审美判断时，值得注意的是，审美形容词如"美""妙"等很难有用武之地。审美形容词用在音乐批评中吗？你说："注意变调(transition)"[②]，或者（里斯说）"这一段不连贯"，或者诗评中，（泰勒说）"他的意象使用得非常准确"。你使用的词儿类似于"对"和"正确"（日常语言中也是如此），而不是"美"和"可爱"。[③]

9. "可爱"这样的词最先用作感叹词，然后是在一些特别有限的场合。我们可以说一段乐曲可爱，这不是赞扬而是赋予特性（当然，许多不能正确表达自己的人频繁用这个词，他们这么说的时候，是当

[①] 这就是真正好的东西。——泰勒
[②] "正确表演出来的变调。"——泰勒
[③] 最好描述性地使用"可爱"这个词，就像使用"庄严""壮丽"等一样。——泰勒

感叹词用的）。我会问："哪段旋律我最喜欢用'可爱'这个词？"其实，我可以称这段旋律"可爱"，也可以称它"有青春气息"。把一段乐曲称作"春天的旋律"或"春天交响曲"是很愚蠢的，但"（春天般的）轻快"却并不可笑，"庄严""壮丽"同样如此。

10. 如果我是一个绘图好手，我可以用四种笔画来表示数不胜数的表情——

"壮丽"和"庄严"这些词也能用面部表情表示，借此，我们的描述就比用形容词更灵活多变。如果我说舒伯特的一支曲子是忧郁的，这就像给了它一副面孔（我不是要表示赞同或反对）。我也可以用手势或（里斯说）跳舞。事实上，如果我们想（表达得）精确一些，我们恰恰就是用手势或面部表情。

11.（里斯：当我们说"这是正确方式"时，我们用的或指的哪种规则？一个音乐教师说一支曲子应该这样弹，并且弹了，他想要干什么？）

12. 想一下这个问题："诗应该怎样读？什么是正确的读诗方式？"如果你讨论的是无韵诗，那么正确的读诗方式应该是正确地重读——你讨论的是怎样一来就要重读韵律，怎样一来就得轻读。某人说应该这样读，并且读给你听。你说："哦，是啊，现在它有意思了。"有一些韵律诗的例子——这里韵格像水晶一样清澈——另一些就完全不显著。我有过读18世纪诗人克洛普斯托克①的经验，我发现读他的诗要非同寻常的重读韵格，克鲁普斯托克把～—～（等等）放在他的诗前，

---

① 弗来德里希·歌特利伯·克洛普斯托克（1724—1803）。维特根斯坦指的是《颂歌》（作品全集，斯图加特，1886—1887）克洛普斯托克认为诗的语言不同于流行语言，他摒弃通俗格律，引入古典文学中的韵格。——编者

当我以这种新的方式朗读时，我说："啊哈，现在我明白他为什么这样做了。"发生了什么？我已经读过这类东西，多少有些乏味，然而一旦我以一种新的方式，热情的方式读它，我笑了，说，"真是太棒了"，等等。但我也许没说任何东西，重要的是我读了又读。当我读这些诗时，我做手势，做出一些面部表情，它们可以被当作赞同的姿势，但重要的是我以一种完全不同的方式读诗，非常热情，并且对别人说："看！就应该这样来读。"① 审美形容词很难扮演什么角色。

13.一个颇具服饰品味的人在裁缝那儿试衣服，他说什么呢？"长度正好""太短了""太窄了"。哪怕衣服称其心意他也无须使用赞许之词。我可能会说"看"，而不是"太短了"或者说"就这样吧"，而不说"很好"。好裁缝可能一句话也不说，就是拿笔一划，然后改一下。我怎样表现我对衣服的喜爱呢？就是经常穿它，看到它时喜欢它，等等。

14.（如果我在一张图上画出主要部分的明暗，你就能见到它的轮廓，如果我把图像全涂成亮色，你就不知道它的轮廓。）

15.你会在"正确"这个词的例子下发现许多与之有关的例子。首先它让你学会了规则。裁缝学会上衣应该多长，袖子有多宽，等等。他学习规则——他被反复灌输——就像你学习音乐，练习和声和对位一样。假设我学裁缝，我首先就得学习所有规则，大体上我可以有两种态度：（1）利维说："它太短了。"我说："不，这正好，这是根据规则来的。"（2）我对这些规则有了感觉，我解释这些规则，我会说："不，这不对，这不是根据规则来的。"② 在第（1）种意义上，我是对遵从规则的东西做了一个审美判断，另一方面，假设我没学过这些规则，我就不能做审美判断。通过学习规则，你的判断越来越精微，学习规则的确改变了你的判断（然而，假设你没有学会和声，没有一双好耳朵，你就永远不可能察觉一串和弦中的不和谐音）。

---

① 即使我们谈论正确读诗的方式——赞同的领会，但它在境况中是个小角色。
② 你看到了吗？一旦我们扩大范围，就犯错误，不再遵守规则。——里斯

16. 你可以把裁剪上衣的规则看作某些人欲求的表达①，人们在上衣尺寸方面意见颇不相同：有些人根本不在乎它的宽紧之类的问题；另一些人则心细如丝。② 你会说，和声的规则表达了人们希望一起合唱的方式——他们的希望结晶于规则之中（"希望"这个词也太模糊了些）。③ 所有伟大的作曲家创作时都遵行规则（[回应质疑：] 你可以说每一个作曲家都改变了规则，但这种改变却非常轻微；并不是所有的规则都改变了，一大堆旧规则保障了音乐的美妙。——这里暂不讨论）。

17. 艺术使人的判断力发展成熟（有判断力的人不是那种对着某个东西惊呼"妙极了"的人）。④ 如果我们谈论审美判断，我们在数不清的东西中想到的是艺术。一旦我们做出一个审美判断，我们不是呆看着一个东西说，"啊，妙极了！"我们把两种人区分开：知道自己讨论什么东西的人和不知道自己讨论什么东西的人。⑤ 一个人必须懂英文，才能赞美英文诗。假如一个俄国人不懂英文，但是被一首公认为佳作的十四行诗所倾倒，我们会说他根本未得其中精要。同样，如果一个人不懂韵律但又为之折服，我们就说他根本是门外谈禅。音乐中就更明显了，假设一个人赞美音乐并陶醉在公认为佳作的音乐中，但却记不得最简单的调子，不知道低音部何时响起，等等，我们就会说他其实没懂。我们说"某人有音乐细胞"，并不是指他听到一段音乐时只会说"啊！"，否则我们倒宁愿如此看待一条狗，如果它听到音乐会摇尾

---

① 这些表述可能极其清晰并可教授，也可能根本表达不出来。——泰勒
② 然而——这就是人们如此这般地制定规则的事实，我们说"人们"实际上指某个阶层……当我们说"人们"就是指一些人。——里斯
③ 这里虽然谈论的是"希望"，但实际上指的就是制定规则。
④ 我们称为艺术的地方就发展出我们称为"判断力"的东西——例如，某人有判断力，这并不意味着他赞同或不赞同，这儿有全新的因素。——里斯
⑤ 他必须长期连续地做出反应，必须知道各种东西。——泰勒

巴的话。①

18. 我们要讨论的词是"鉴赏",鉴赏由何构成呢?

19. 如果一个人在裁缝那儿浏览了数不清的衣料,说,"这有点儿太暗了,这有点儿太闹了",等等,我们称他是面料的鉴赏者。他是一个鉴赏者,但这并不是通过他所使用的感叹词表现出来的,而是他选择、淘汰的方式表现出来的。音乐中相同:"这协调吗?不,低音部不够响,我需要点儿不同凡响的东西……"这就是所谓的鉴赏。

20. 困难不仅在于难以描述出鉴赏的构成,更在于描述根本是不可能的。为了描述它的构成,我们必得描述整个环境。

21. 我清楚地知道一个通晓服饰的人到裁缝那儿去会发生什么,我也知道一个对服饰一无所知的人去那儿会发生什么,——他说什么,怎么做,等等。② 还有很多鉴赏的例子。当然,我知道的与别人知道的无可比之处。我应该——说明什么是鉴赏——例如,解释像艺术和手工艺这样巨大的赘疣,就像解释某种疾病。当然我还得解释今天摄影师做的事情——为什么你不可能得到一张像样点儿的朋友的照片,即使你付了1000块。

22. 你可能有一幅所谓高雅文化的图画,如十八、十九世纪德国音乐衰败时的情形。一幅图画:你拿到仿制品时——或成千上万的人对建筑细节感兴趣时建筑领域的情形。一幅图画:多少随意地选择的一张餐桌,但没有人知道它是从哪来的。③

23. 我们谈论正确性。好裁缝只使用"太长""好了"这样的词。

---

① 比如,某人喜欢听音乐,但却完全不能谈论它,在这个话题上还颇有些愚钝,我们就不说"他有音乐细胞",如果他听到音乐时感到快乐,而其他的一些东西没有出现。——泰勒
② 这就是美学。——泰勒
③ 解释手工艺衰落时的情形,一段时期里所有的东西都是稳定的,大量热情花在细节的精雕细琢上;一段时期所有东西都抄来抄去,毫无想法。——泰勒
许多人对餐厅椅子的细节很感兴趣。的确,有一段时期餐厅椅子是摆在画室里的,没人知道它来自何方,也许人们曾经想好好琢磨一下,好知道如何设计它。——里斯

我们谈论贝多芬的交响乐时不需要谈论正确。一些完全不同的东西进来了。人们不会谈论(如何)鉴赏艺术中极妙的东西。某种建筑风格中门(设计的位置)很正确,你欣赏它,但对哥特式大教堂我们就不是去发现"正确"——它对我们起着完全不同的作用。① 游戏完全不同了。判断一个人,一方面说"他行为得当",另一方面却说"他给我留下深刻印象",这也是两种不同的游戏。

24. "正确""迷人""美妙"等等是些完全不同的词。比如,布封——一个了不起的人——关于写作风格的著名演说;他做了如此多的区分,他自己不见得很模糊,但我理解起来很模糊——各种细微差别比如"巨大""迷人""妙极"。②

25. 我们称作审美判断的那些词儿在所谓的时代文化中起着很复杂但又很确定的作用,要描述它们的用法或者描述你所指的文化趣味,你就不得不描述整个文化。③ 我们称作文化趣味的东西也许在中世纪并不存在,不同时代它玩完全不同的游戏。

26. 属于语言游戏的是整个文化。描述音乐趣味你就要描述儿童是否开音乐会,女人是否开音乐会,还是只有男人开音乐会,等等,等等。④ 维也纳的上层社会有这样那样的趣味,它们渗入中产阶级,女人参加唱诗班,等等,这就是音乐传统的例子。

27. [里斯:黑人艺术有传统吗?欧洲人能否欣赏黑人艺术?]

28. 黑人艺术传统应该是什么样子的?女人穿干草裙?等等,等等,我不知道。我不知道弗兰克·多布森(Frank Dobson)对黑人艺术的鉴赏与一个有教养的黑人比会怎么样。⑤ 如果你说他鉴赏,我就不

---

① 这儿没有等级的问题。——里斯
② 《论风格:法兰西学院就职演讲》,1753年。——编者
③ 描述一大套审美规则就意味着要描述一个时期的文化。——泰勒
④ 儿童是被那些去听音乐会的成人教导的,等等,学校就像它们是的那个样子,等等。——里斯
⑤ 弗兰克·多布森(1888—1963),画家、雕刻家,将非洲、亚洲雕刻趣味带到英国的第一人,他很快就在一战及战后的毕加索和其他立体派画家的作品中打下印迹。——编者

知道这是什么意思。① 他可能在房间里放满了黑人艺术品,他只是说"啊!"吗?或者他跟最好的黑人音乐家做的一样?还是对此表示如此这般的同意或不同意?你也许会说这就是鉴赏,但这与一个有教养的黑人完全不同。有教养的黑人也许在房间里同样放满了黑人艺术品,但黑人与弗兰克·多布森的鉴赏完全两回事。你做的事情也跟他们不同。假设黑人以他们自己的方式着装,我说我欣赏一件优雅的黑人束腰外衣——这意味着我要做一件吗?或者我说(就像在裁缝那里):"不……这太长了",或者我的意思是说:"多迷人!"?

29.假设利维在绘画方面有所为的文化趣味,这与15世纪称为文化趣味的东西完全不同。一种是完全不同的游戏。他做的事与那时的人做的事完全不一样。

30.有很多人,生活富有,进好学校,能够周游世界,游览卢浮宫,等等,并且知道成打儿的画家,熟稔地谈论他们。另一个人只看过很少的画作,但他对一两幅画印象深刻,热情关注。② 另一个人浅尝辄止(broad),既不深也不广。另一个视野狭窄,所知极少,备受限制。他们是不同的鉴赏类型?他们也许都被称为"鉴赏"。

31.你以完全不同的措辞谈论爱德华二世的加冕礼服和一套衣服。③ 他们怎么谈论加冕礼服的?加冕礼服是裁缝做的?也许它是意大利艺术家设计的,有意大利传统;爱德华二世直到穿时才见到它。像"那儿有什么标准"这样的问题完全与"你能像他们评价礼服一样评价它吗"这样的问题连在一起。你以完全不同的方式欣赏它;你的态度与设计它的那个时代人的态度完全不同。另一方面,"多精美的加冕礼服啊!"这句话那个时代人可能会说,同样,现代人也完全会说。

---

① 在这儿你并没有把"欣赏黑人艺术"的意思表达清楚。——泰勒
② 某人从未旅行过,但他能做某种观察,并显示出他"的确做了鉴赏"……集中在一件事上鉴赏,很深入——由此他也许会倾力支持他。
③ 忏悔者爱德华。——泰勒

32. 我让你注意不同，说："看看这些不同有多不同！""看看这些不同相同的是什么"，"看看审美判断共同的是什么"。一大堆复杂情况的家族放在这儿，还有最显著的部分——赞赏的表情、微笑或手势等等。

33. [里斯问了维特根斯坦一些他的衰退"理论"的问题。]

你认为我有理论？你怎么想我说的衰退？我做的是描述被称为衰退的不同事情，我也许赞同衰退——"所有你那些精妙的音乐文化都很好；我非常高兴现在的儿童不用再学和声了。"[里斯：你所说的是不是暗示一个以某种方式使用"衰退"的偏好？]好，如果你愿意(也可以这么说)，但顺便说一下——不，没关系。我举的衰退的例子是我知道的东西，也许是一些我不喜欢的东西——我不知道。"衰退"用于我知道的很少的一点儿东西。

34. 我们现在的着装要比 18 世纪时的着装简单，服装更适合某种剧烈运动，比如骑车、走路，等等。假设我们注意到建筑和发式上的相似变化，等等。假设我谈论生活形式的衰退。① 如果有人问："你所谓的衰退是什么意思？"我描述一番，给出例子。你一方面用"衰退"描述某种演变，一方面表达反对意见。我可以把它和我喜欢的东西合在一块儿；你可以和你不喜欢的东西(合在一起儿)；但这个词使用时可以不掺杂任何感情因素；你用它来描述一种发生的事件。② 这更像使用专业术语——可能，但并不完全必要，包含一种贬义的意味。当我谈论衰退的时候，你可能断言："但这很好。"我说："是的，但那并不是我所谈论的，我用它来描述某种演变形式。"

35. 为了弄清审美词汇，你不得不描述生活形式。③ 我们认为我们必须谈论像"这很美"这样的审美判断，但我们发现，如果我们一定

---

① 风格的和生活的衰退。——里斯

② "衰退"从我举的例子中获得意义。"那就是衰退"可能只是反对的表述或描述。

③ 比如，"这件衣服太精美了"。——里斯

要谈论审美判断，我们就完全找不到那些词，而要使用像手势之类东西，并伴随着复杂的活动那样的词。①

36.［利维：如果我的女房东说一幅图画很可爱，我说它很骇人，我们并没有反驳对方。］在某种意义上［并且，在某些例子里——里斯］你们确实反驳了对方。她小心地掸掉上面的灰尘，时常端详它，等等。你却想把它扔进火炉。这恰是哲学里举的愚蠢的例子，好像"这很骇人""这很可爱"之类的事情是唯一谈论过的事情，但这只是很多事情中的一件而已——一个特别的情况。假设女房东说"这很骇人"，而你说"这很可爱"——好的，就这样了。

第二部分

1.人们认为有一种美的科学，这种观念颇为有趣。我差不多更愿意谈谈美学指的是什么。

2.你会认为美学是一门告诉我们什么是美的科学——光看用词就很可笑。我建议它应该包括哪种咖啡味道好的问题。②

3.我大略这样想——这是"喜好"语汇的领域，你品尝喜欢的食物或闻喜欢的气味，等等，这是非常不同的艺术领域，虽然你听一段音乐与你品尝美食一样做出相同的表情（虽然你会对你喜欢的东西号啕大哭）。

4. 假设你在街上遇到一个人，他告诉你他失去了最好的朋友，他的声音恰当地表达了他的心情。③你说："他表达自己的方式太美了！"假设你接着问："我赞美这个人与我吃喜欢的香草冰激凌有什么相似之

---

① 判断是一个手势，伴随一些宏大结构的活动，无法用一个判断来表达。——里斯

"这很精美"，某种层次就是与一个手势相联——或者几乎就是与所有其他手势、活动和整个情境和文化相联。美学和艺术中我们称作惊叹词的东西作用很小，形容词才更接近"正确"这个词的使用。——泰勒

② 很难找到边界。——里斯

③ 某人……以一种克制的方式告诉你他失去了朋友。——里斯

处？"把两者进行比较看来不讨人喜欢（但你可以用间接的例子把两者联系起来）。假设某人说："这是两种不同的喜好。"你学过两种不同意义的"喜好"？在两种境况里我们用一个词。① 这些喜好之间有某种联系。虽然第一个例子中，我们的判断难以估量其中的喜好情绪。②

5. 这就好像说："我以这种方式对艺术作品进行分类：有的我推崇，有的我贬抑。"如此分类很有趣。③ 在推崇或贬抑艺术作品与推崇或贬抑其他东西之间，我们会发现各种各样的联系。如果我们发现（可能是这样）吃香草冰激凌让我们很推崇，那么推崇也就没什么重要了。可能有一个领域，一小块儿使我们推崇或贬抑的经验领域，于此，我从推崇或贬抑的事实中推断良多；也可能有另外的经验领域，于此，我无法从推崇或贬抑的事实推断任何东西。④ 比如，穿蓝色或绿色的裤子在某个社会里颇具意味，但在另一个社会里却无任何意义。

6. 什么是喜欢某个东西的表述？它只是说话或感叹或面部表情吗？显然不是。它往往是我多经常地读它或多经常地穿一件衣服。也许我不会说："太妙了"，但经常穿它，看它。⑤

7. 假设我们造房子，门和窗户有一定的尺寸。我们喜欢这些尺寸这个事实一定表现在我们说话中吗？我们喜欢的东西一定要以喜欢的表述展现出来吗？⑥［比如——里斯］假设孩子画窗户，他们一旦画错了，我们就惩罚他们。或者某人造一栋房子，我们拒绝住进去或逃开。

8. 注意时尚的例子。一种时尚怎样流行起来的？哦，我们的翻领

---

① 但要注意，你用了相同的词，但不像用"bank"一样可以用同一词条表示两件事（如"河岸"和"银行"——里斯）。——泰勒
② 虽然在第一个例子里喜好的手势或表述在某种程度上一点儿也不重要。——泰勒
③ 你会发现我们推崇之物的更进一步的性质（以使我们更推崇它）。——里斯
④ 有些人过分夸大指示类型的重要性。——泰勒
⑤ 我喜欢一件衣服我会买下来，或常穿着它——不需要感叹或面部表情。——里斯。我也许从不对它笑。——泰勒
⑥ 我们对它们的喜爱以各种方式表现出来。——泰勒

比去年宽。这是否意味着裁缝更喜欢它们？不，不必要。他如此裁剪，只是今年剪得更宽些。也许今年他发现翻领太窄了，把它弄得更宽一些。也许无须任何［喜好的——里斯］表述。①

9. 你设计了一扇门，打量它，说："高点儿，再高点儿，再高点儿……哦，好了。"②（手势）这是什么？这是满意的表达吗？

10. 也许和美学有联系的最重要的事情是被称为审美活动的东西，比如不满、厌恶、不快。不满的表述与不快的表述不同，不满的表述是这样："弄高些……太低了！……做成这样。"

11. 我称作不满的表达是什么？就像不快的表达加上知道不快的原因并消除它吗？如果我说："门太低了，高一点儿"，我们是否会说我知道我不快的原因？

12. 我们以非常不同的方式使用"原因"一词，如：（1）"失业的原因是什么？""这个表述的原因是什么？"③（2）"你跳起来的原因是什么？""那个声音。"（3）"轮子转动的原因是什么？"

你在寻找一个机制。④

13. ［雷德帕斯："把门做高点消除了你的不满。"］

维特根斯坦问："为什么这是不好的装门方式？"它之所以错误是因为预设"—消除—"吗？

14. 说你知道不快的原因意味着两件事：（1）我正确地预计到，如果你把门装低点儿我就会舒服些。（2）但事实上当我说："太高了！"

---

① 但裁缝不说："太妙了。"他是个好裁缝，他只是很惬意。——里斯。如果你的意思是"今年他剪得更宽些"，你可以就这么说着，我们感到惬意的方式，别人倒不一定。——泰勒
② "……就那儿，感谢上帝。"——里斯"……对，这回好了。"——泰勒
③ 这种句子有些不符汉语习惯，汉语里一般这样表述："为什么失业？""为什么这样表述？"英语里一般也不这样表述，但维特根斯坦在这里为了突出"原因"这个词，译文就先使用了这些有点儿奇怪的句子。下面的两组句子与此相同。参见17。——译者注
④ 原因：（1）经验与统计
　　　　（2）推理
　　　　（3）机制——泰勒

这里"太高了"就不是一个感叹词，太高了能不能与"我想我今天吃了太多的番茄"相比较呢？

15. 如果我问："如果我把门装低点儿你的不快是否会消失呢？"你会说："我相信会的。"重要的是我说："太高了！"这个反应与我把手从一只滚烫的盘子上抽回相似？——它也许不会减轻我的不快。这个不快的反应就是在说"太高了"或别的什么。

16. 说"我感到不快并知道原因"，这完全是一种误导，因为"知道原因"一般意味着不同寻常的事情。误解的程度依赖于当你说"我知道原因"时你是否把它当作一种解释。"我感到不快并知道原因"听起来就像是我的灵魂里有两件事同时展开——不快和知道原因。

17. 这些例子里，"原因"一词几乎不好用，你用"为什么？"和"因为"，而不用"原因"。①

18. 这儿有一种可称作"直接"不快，比如我害怕你，我的不快很直接。② 说"我知道原因"时脑海里出现的是统计的例子或寻找机制的例子。如果我说："我知道原因"，这看起来就像我分析了感觉（就像我分析听到自己声音的感觉，并且同时，擦擦手），当然，我并没有这样做。我们已经给出了一个语法解释（例如说，感觉是"直接的"），如其所是。

19. 与审美不快相联的是"为什么"而不是"原因"，不快的表述采取批评的形式而不是"我的大脑没闲着"之类。它可能采取这样的形式：看着一幅图画并说："它有什么问题？"③

---

① 你为什么感到厌恶？因为太高了。——里斯
② "我害怕的感觉是直接的"与"我知道原因"相对比，好处是什么？
③ 如果我看着一幅图画说："这有什么问题？"那么最好说我的感觉有指向，而不是我的感觉有原因，我不知道它是什么。否则我们认为"痛"与"痛的原因"类似——例如，你吃的东西。（译注：你吃的东西不是你吃的原因，你吃的东西与你吃也不相似，而是你吃指向你吃的东西）这是错误的或误导的，因为，虽然我们在"有所指"的意义上使用"原因"这个词儿（"什么让你跳起来？"——"看到他出现在门口"），我们也常常在另外的意义上使用它。——里斯

20. "我们不能清除这种相似吗？"这么问非常好，但，我们不能。如果我们思考不快——原因，痛——痛很自然就成为原因。

21. 原因，在指向客体的意义上也是其他意义上的原因。一旦你消除它，不快消失了，就不再是了。

22. 如果有人说："我们能立刻觉察到原因吗？"最先进入脑海的不是统计，[（比如"失业率上升的原因"）——里斯]而是机制。经常听到的是如果某物由另一物引起，这不过是伴生事件。这很奇特吗？非常奇特。"这仅仅是伴生事件"表明你把它想成别的东西了。[①]它可能是个经验命题，然而我不知道它会是什么。谈论它表明你洞晓不同的事情，例如，联系。当他们说："没有必然联系"时他们在否定什么？

23. 你不断地谈论一些哲学事情如："人们说有超级机制（super-mechanism），实际没有。"但没人知道超级机制是什么。

24. （这儿并没有真正出现超级机制的观念，出现的是机制的观念。）

25. 我们谈论逻辑必然性的时候就用到超级机制的观念，比如，物理学试图把事物化约为机制或某物撞击他物这样的模型。[②]

26. 我们说人们诅咒某人去死，然后我们说法律判他死刑。"虽然陪审团可以赦免他[宣告无罪？]，但法律不能。"（这也许意味着法律不能受贿，等等。）比任何法官都严厉的观念[③]，超级严厉的观念，即超级刚性。要点是，你倾向于问："我们有更严厉的图画吗？"很难，只是我们喜欢用最高形式表述自己。

---

① 如果你说："谈论某个发展的原因仅仅是谈论共生事件"——"原因仅仅是一个共生问题而已"——那么如果你用了"仅仅"，就是承认它应该是别的什么东西。它的意思是你洞晓完全不同的东西。

② 你会说："当然这儿有关联。"但什么是关联？井、横杆、链子、齿轮。是有关联，我们看到它们，但应该解释的是什么是"超"。——里斯

③ 不能变动之物。——里斯

27.

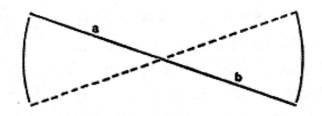

比如，杠杆支点。超级坚硬的观念。"几何杠杆比任何杠杆都坚硬，它不会弯曲。"这就是逻辑必然性的例子。"逻辑是由无限坚硬的物质构成的机制，逻辑不会弯曲。"①（好，就这样了。）这是我们达到超级之物的方式，某种最高形式呈现出来的方式，它们是怎么用的，比如无限。

28. 人们会说即便在寻找机制的例子里也有伴生现象，但那儿需要吗？我沿着绳子走到另一端的人那儿。

29. 设想有一种超级机制，在绳子里面藏着超级机制的意义上设想。即使有这种超级机制，也没有什么益处。你会认识到寻找机制就像寻找一种因果反应一样。

30. 你希望清除联结的观念，"这仅仅是伴生现象。"那就没什么可再说的了。②你必须分清楚哪个例子你不能称作伴生现象。"寻找一个机制仅仅是发现伴生现象，最后它就能够完全化约为伴生现象了。"这

---

① 假设我们论及运动学，从一点给出杠杆的距离，然后计算弧的距离。

然后我们说："如果杠杆是由金属制成的，无论多坚硬，它都会稍微弯曲，所以这个点不会到那儿。"这样我们就有了超刚性的观念：几何杠杆不会弯曲的观念。我们有了逻辑必然性的观念：无限坚硬的物质之机制。——里斯

如果某人说："你不能认为逻辑是由无限坚硬物质构成的"，你就要问："我不能认为什么？"——泰勒

② 我们称作"解释"的东西是一种联结形式。我们希望清除联结的观念，我们希望清除机制的说法，因此说："所有都是共生现象。"为什么是"所有"？——里斯

也许证明了除非人们有一大堆某类经验，否则他们决不会寻找机制的。它也能如此说："它完全化约为伴生现象了。"

31. 比如，"物理学不解释任何东西，它只描述伴生事例"。

32. "那儿没有超级机制"，这话的意思是"不要想象杠杆原子间的机制，那儿没有任何机制"。①（你当然赞同原子论图画。②结果怎样？我们如此地习惯这幅图画，就好像我们都看见过原子一样。每个读过书的八岁幼童都知道事物是由原子构成的，如果一个人认为绳子不是由原子构成的，我们甚至认为他没受过教育。）

33. （你可以把机制看作一系列伴生因果现象，你不会那样做，当然。）你说："哦，这个移动这个，这个这个，这个这个，等等。"

34. 寻找机制是发现原因的一种方式；在这种情况下我们谈论"原因"。但如果出现的情况经常是黄油做成的轮子，看上去像钢铁做的，我们会说："这（'这个轮子'）完全不是原因，它仅仅看起来像机制。"③

35. 人们常常说美学是心理学的分支，社会越进步，所有东西——所有艺术的神秘——将被理解为心理学实验。这种观念大致如此，愚蠢异常。

36. 美学问题与心理学实验毫无关系，它们用完全不同的方式解答。④

---

① 你把一个实际的机制还原为更复杂一些的原子机制，但不能继续还原。——泰勒
② 我们也许有原初机制，那么我们就有了一幅图画，它的一切都是殊相——原子构成，而且我们也许接着说："不要继续思考原子间的原子。"这儿我们当然赞同原子图画——这是一件很奇特的事。如果我们必须说超机制到底是什么，我们也许说它并不由原子组成：机制的构成单元是稳固的（solid）（它不会无限地细分下去——译注）。——里斯
③ 我们时常倾向于把事物推导为另外的事物，一旦某些时候发现它是共生的，就会异常兴奋，我们多想说它完全是共生的啊。——泰勒
④ 我希望说清楚心理学研究不能解决美学的重要问题。——泰勒
这些问题解答方式不同——更多的是以这样的形式："当我如此如此说时我的脑子想的是什么？"——里斯

37. "当我如此这般说的时候我脑子里想的是什么？"① 我写一个句子，有一个词儿不是我需要的，我找到正确的词儿。"什么是我想说？哦，对了，这是我想说的。"这些情况下的答案让你满意，比如，某人说（正如我们在哲学里常说的）："我会告诉你在你想法背后的意思是什么……"

"哦，对，就是这样。"

与你脑子里想法一致的标准是我告诉你，你同意。这不是所谓的心理学实验，心理学实验的例子是：你有12个实验对象，给每个人同样的问题，结果每个人都说出如此这般的东西，比如，结果是统计性的东西。②

38. 你会说："美学解释不是因果解释。"③

39. 比如，弗洛伊德：理智与无意识。弗洛伊德写到玩笑。你可以把弗洛伊德的解释称作因果解释。"如果不是因果解释，你怎么知道它是正确的？"你说："它就是正确的。"④ 弗洛伊德把玩笑转换成一种不同的形式，我们把它看作观念链条的表述，这些观念引导我们从玩笑的一端到另一端。一种正确解释的全新描述。不是与经验一致的表述，而是被接受的解释。你必须给出一个能够接受的解释。这是解释的全部要点。

40. 比如，"为什么我说'再高点儿！'？"与"为什么我说'我痛'？"⑤

---

① 比较："人们真正想说的是如此这般的东西。"——里斯
② 这是不是狭义上的心理学经验？——泰勒
③ 是的，"心理学"应用的方式非常不同，我们可以说美学解释不是因果解释，或者这一类的因果解释：同意你观点的人立刻就看到了原因。——里斯
④ 我们能说的是，如果它就是这样显现给你的，你说"是，就是这样。"——里斯
⑤ 你在这种情况下问"为什么"造成的震动与你寻找机制时问"为什么"造成的震动相仿。"解释"处在话语的层面上，在一层的某些方面。比如，"他痛"的两个游戏。——泰勒

解释就等于话语——这里话语（比如，你说你痛）是唯一的标准。解释就像另一个人使用话语——就像教他哭（知道了解释的要点就是接受这个事实，就不再惊讶了。与这些解释相应，存在相仿的话语，就像存在看似断言的话语一样）。——里斯

第三部分

1. 有人问了这样一个问题:"这让我记起了什么?"或者有人谈论一支曲子:"这就像某个乐句,但像哪个乐句呢?"① 各种东西都有可能;就像你说的一个东西咔嗒一声。这是什么意思?咔嗒一声?它做了什么让你把咔嗒的声音相比较呢?回荡的铃声吗?或其他的什么东西?②

2. 这就好像你需要某种标准,名之为咔嗒声,以便知道正确的东西出现了。③

3. 与之相对应的是某个特别的现象发生了,而不是单单判断"正确"。你说:"那个解释就是发出咔嗒一声的正确解释。"假设有人说:"那首歌的节奏完全正确,我可以清楚地听到这个和那个。"④ 我已经指出了让我满意的对象,如果例子合适的话。

4. 你可以说咔嗒声让我满意。把(钟表的)指针移到与另一个指针相反的位置,当两根指针方向相反时你就满意了。⑤ 你也可以事先这么说。⑥

5. 我们不断使用咔嗒或适合的比喻,但实际上并没有咔嗒一声或适合的东西。

6. 我更愿意谈论人们谈起审美印象时所期盼的那类解释。

---

① 这也许像以回答问题的方式做的"解释",如"这让我想起什么?"一支曲子也许是我说的主题……——里斯
② 在任何一种意义上都发出咔嗒一声吗?那么,比如你说:"现在它发出了那种声音?"当然不是,这里我们把咔嗒声与什么相比呢?"与感觉。""所以你有感觉吗?"你有一个落入那个位置的标示吗?——里斯
③ 这种出现有什么必要的标准吗?——泰勒
④ 如果它唱得很慢……——里斯。高音速弹奏……——泰勒
⑤ (某物沿圆周移动,到正确位置时发出咔嗒一声。)——泰勒
⑥ 但为什么不说咔嗒声就是我满意的呢?然而看起来咔嗒声就像是另外的东西,我等待的东西,它一来我就满意。某些情况下,你可以指那一现象。——里斯

7. 人们依然认为心理学有一天可以解释所有审美判断，他们指的是实验心理学。这非常有趣——的确相当有吸引力。看起来心理学家做的事儿与艺术品的判断没有任何联系。我们可以检验一下我们称为审美判断的解释到底是哪种东西。

8. 假设，我们发现所有判断都是从我们脑子里冒出来的，我们发现脑子里有某类机制，形成一般定律等等。在某人身上我们可以看到一系列的音符产生这一类的反应；让人微笑着说："啊，太棒了！"①（英语的语言机制，等等）②假设就是这样，它就能让我们预知某人喜欢什么、不喜欢什么。我们能计算这些东西。问题是，当我们对审美印象感到困惑时，特别是这样的困惑——"为什么这些乐谱线给我这样的印象？"这类解释是否就是我们愿意要的。显然，它不是的，我们要的是，计算，反应的说明等等。——除了不可能之物以外。

9. 我所谈论的困惑就人们所能看到的（程度）而言，只能通过某种特定的比较来治疗，比如，某些音符的排列，比较它们对我们产生的效果。③"如果我们加入这个和音就没有那个效果，如果我们加入这个就有。"你这儿有一个句子，你说："这个句子听起来有点怪"。你可以指出来是哪儿怪了。当你指出正确，标准是什么？假设一首诗听起来很老派，你在其中发现它老派的标准是什么？一个标准会是，当有些东西指出来时，你就满意了。另一个标准是："今天没人再用那个词儿"④；这儿你也许会借助辞典，问别人，等等。⑤我可以指出错误的东西，你也会满意的。

---

① 如果你知道分子的机制，那么就知道音乐里的音符序列，我们就能表现它……——里斯
② 他用英语说，不用法语说，这也可以这样解释为某物栩栩如生地浮现在脑子里：我们可以看到区别了……——里斯
③ 书写的音符与弹奏的音符展现出来，你说……——泰勒
④ "就是这个词儿。你看，今天没人再这样说话。"——里斯
⑤ 假设你问："这个句子怎么听起来像是美国的？"比如，你能找出这个词儿不是美国的；别的人会纠正它。——里斯

10. 假设一个人听到勃拉姆斯的切分音乐（syncopated music），然后问："让我摇动身体（wobble）的奇特节奏是什么？"①"四分之三拍。"你弹了一个乐句，他说："对，就是我说的这个节奏。"另一方面，如果他不同意，这就不是一个解释。

11. 当人们为审美印象而困惑时寻找的解释并不是因果解释，也不是用人们如何反应的经验或统计数字来证实的那类解释，②心理学经验的一个奇特之处[典型之处——里斯]在于它们不得不依赖于很多主体，史密斯、琼斯、罗宾逊的一致意见让你给出这样的解释——以下这种意义的解释，例如，在心理试验室里你测试了一段音乐，并且得出结论认为音乐有如此这般的效果是因为吸了如此这般的毒品。③这不是人们在进行美学研究时所意指的东西或用意所在。

12. 这与原因和动机间的差异紧密相联。在法庭上，问及你的动机时，是认为你应该知道它的。你应该能够说出你的行为的动机，除非你在说谎。当然，并不认为你应该知道制约你身心的自然规律。他们为什么假定你知道自己行为的动机？是因为你有很多关于自我的经验吗？人们有时会说："没人能看透你，但你能看透你自己。"就好像离你自己特别近，成为你自己，你知道你自己的机制。④但真是这样吗？"当然他必须知道他为什么做这个或为什么他如此说。"

13. 一种情况是，你给出了你的行为的理由（reason）。⑤"你为什么在这条线下写 6249 ？"你说你做的乘法。"我用乘法得出这个数的。"

---

① 摇动的感觉。——里斯
② 你无法通过心理学经验得到这个解释。——里斯
③ 或者在某个种族的人们中。——里斯
④ 显然，这与你经常观察自己毫不相干（看来我们常常假设这样的事情：因为你与自己靠得如此之近，所以你可以看到发生了什么，这就像知道你自己的机制）。——里斯
⑤ 这儿有一个东西可以与知道机制比较一下——"当然他必须知道他为什么做这个，或者他为什么如此说。"但你怎样知道你为什么做这个的呢？在某种情况下答案就是给出理由：你写下乘法，我问⋯⋯——里斯
（这不是"动机"的自然用法。）你可以说："他知道他所做的事，别人则无法知晓。"——泰勒

这就像给出一个机制。也许有人会把它称作写下数字的动机。这意味着，我经过（pass through）一个如此这般的推理过程。① 在这儿，"你为什么这样做？"意味着"你是如何到达那儿的？"你给出理由，你走过的路。

14. 如果他告诉我们他完成这件事情的特殊过程，我们倾向于说："只有他才知道完成这件事的过程。"

15. 给出理由有时意味着"我的确走的是这条路"，有时意味着"我本来应该走这条路的"，也就是说，有时我们说的话是一个辩护，而不是过去行为的报告，例如，我记得问题的答案；如果有人问我为什么给出这个答案，我就给出得出答案的过程，虽然我不再思索（go through）这个过程。②

16. "你为什么这样做？"回答："我如此这般对自己说……"很多情况下，动机就是回答问题时给出的东西。③

17. 你问："你为什么这样做？"人们给出答案——确证无疑——并且坚信不移，在绝大多数情况下我们都接受答案。在某些情况下人们说忘记了动机。也有另一些情况，你做了一些事情，立刻困惑不解，并且问自己："我为什么这样做？"④ 假设泰勒处在这样的状态，我说："看这儿，泰勒，沙发的分子吸引了你脑子里的分子，如此等等……因此……"

18. 假设泰勒和我沿着河边儿走，泰勒伸手把我推到河里。我问他为什么这样做，他说："我在指东西给你看"，然而心理分析学家会说，泰勒下意识地恨我。⑤ 假设，比如说，两个人沿着河边儿走下面的情

---

① 在这种意义上我给出理由……——里斯
② 我们给出以前推导过的过程，也可以是我们现在看到的东西会证明这个答案。
③ 因此"理由"并不总意味着同样的东西，"动机"也一样。"你为什么做这个？"有时可以这样回答：哦，我对自己说：'我必须看他，因为他病了。'"——事实上这是指记得对自己说的事情。或者，再说一句，"动机"是我们给出问题答案的证明——仅此而已。——里斯
④ 但人们为什么困惑呢？这清楚吗？——里斯
⑤ 很多东西证明这一点。同时心理分析学家却有别的解释——泰勒。我们也许有证据表明心理分析学家的解释是对的。

况经常发生：（1）他们亲切地交谈；（2）一个人显然指着什么东西，并把另一个人推进河里；（3）被推进河里的人很像另一个人的父亲；这儿我们有两个解释：（1）他下意识地恨另一个人。（2）他指着什么东西。

19. 两个解释可能都对。什么时候我们会说泰勒的解释是对的？当他没有表现出任何不友善的感情的时候，当教堂尖顶和我同在他的视野之中的时候，我们知道泰勒是诚实的时候。但是，同样情况下，心理分析学家的解释也可以是对的。① 这有两个动机——有意识的和无意识的。两种动机的游戏是截然不同的。② 各种解释在某种意义上是相反的，而且两者都对。（爱和恨）③

20. 这与弗洛伊德做的事情有联系。弗洛伊德做的一些事情在我看来完全是错误的。他做了所谓梦的解释的东西。在他的《梦的解析》一书里，他描绘了一个所谓的"美梦"［Ein schoener Traum——里斯］。④ 病人说她做了一个美梦，又描绘了一番梦境：从高处坠下，看见鲜花和灌木丛，折断了树枝，等等。弗洛伊德展示了所谓的梦的"意义"：最粗鄙下流的内容，最猥亵的那种——如果你愿意这样说它——彻头彻尾（from A to Z）都是猥亵的。我们都知道猥亵是什么意思，一句话在解释者听来无伤大雅，但陈述者却会闻之窃笑。弗洛伊德说这个梦是猥亵，真的如此吗？他给我们展示了梦境与某些性本能的关系，他建立的关系大略如此，通过一连串的处于各种语境下的联结，这个触

---

① 他恨我因为我让他想起某些事情，那么心理分析学家的诊断就得到了确证。如何确证？——里斯
② 有意识动机的陈述游戏与无意识动机的陈述游戏是截然不同的。——里斯
③ 一个解释可以是爱，另一个可以是恨。——里斯
④ 弗洛伊德的"Ein schoener Traum"（梦的解析，Frankfurt:Fisher Buecherei,1961,p.240）并不包括这里描绘的美梦的特征。但包括这些特征（花团锦簇的梦——p.289）的梦实际上是被描绘成"美丽的"或"柔美的"："美梦是有意义的空想，并不仅仅是喜欢而已。"——编者

发那个。① 但这就证明梦可以称作猥亵的吗？显然不行。如果一个人说脏话，他不是在说看来对他无害的东西，然后还可以对其进行精神分析。② 弗洛伊德将这个梦称之为"美"梦，把"美"加上括号。但梦就不美了吗？我会对病人说："这些联结让梦不美了吗？它就是美的。③ 为什么不是呢？"我要说弗洛伊德欺骗了病人。比如，香水是由气味难闻的东西做成的，我们能说："最'好'的香水实际上都是硫酸吗？"④ 弗洛伊德究竟是为什么这样解释？人们也许会从两个方面说：（1）他希望用肮脏的方式解释美好的东西，这几乎意味着他喜爱下流。显然不是这样。（2）他给出的关联极大地引起人们的兴趣，它们有一种魔力，能够吸引⑤人们摧毁偏见。

21. 比如，"如果我们把雷德帕斯煮沸至200度，那么，水蒸气散去后剩下的就是些灰烬，等等。⑥ 这就是雷德帕斯实际的样子"。这么说也许很诱人，但最容易导致误解。

22. 某些解释的吸引力无可抵挡。某种解释的吸引力在某段时间内超出你的想象。⑦ 特别是这类解释："它实际上只是这个。"

23. 人们非常喜欢说："我们无法回避这样的事实，梦的确就是如此这般的。"⑧ 但也许事实是，这个解释如此令人厌恶，你被迫接受了它。

24. 如果有人说："你为什么说它就是这个？很明显它根本不是这个。"事实上，把它看成别的东西更加困难。

---

① 花联系到这个上，树联系到那个上。——里斯
② 你不能说一个人在说脏话时还思想纯洁。——泰勒
③ 这就是所谓的美。——泰勒
④ 如果散发臭气的丁酸与最好的香水有关联，我们由此就把"最好的香水"放在括号里吗？（存疑的意思——译注）——泰勒
⑤ 对某些人来说。——里斯
⑥ "如果我们把这个人加热到200度，水蒸掉了……"——里斯
⑦ 如果你的脑子里没出现恰恰当当的例子的话。——泰勒
⑧ 如果我们看到像美梦与丑的东西这样的联系的话……——里斯

25. 一个极其有趣的心理现象：这个丑恶的解释使你说你的确有这个想法，虽然正常意义上你根本没有。（1）这儿有一个过程［"灵光一现"——里斯］把梦的某些部分与某些东西联系起来。（2）这儿有一个过程"因此这就是我的意思"。人们于此误入迷途。①

26. 假设你患有口吃去做心理分析。（1）你会说那个解释[分析——里斯］正确，因为口吃治好了。（2）如果口吃没治好，那么标准就是接受分析的人所说的："解释是正确的"，②或者同意给出的解释正确。（3）另外的标准是根据某些经验规则③说，给出的解释正确，无论给那个人的解释他接受不接受。④许多这样的解释都被接受了，因为它们有一种特殊魅力。人们拥有潜意识思想的这幅图画就有一种魅力。隐晦世界、隐秘之所（an underworld, a secret cellar）的观念。隐匿而神秘之物。凯勒的两个小男孩把一只活苍蝇放到玩具的脑袋里，埋葬玩具后跑掉了。⑤（我们为什么做这类事儿？我们恰恰就是做这类事儿。）很多事情人们都愿意相信，就是因为它们神秘。

27. 有关（物理学中 R，T）解释的最重要的一件事情是它能起作用，它能让我们[成功地——泰勒]预测些什么。物理学与工程学相联，桥梁绝不能坍塌。

28. 弗洛伊德说："想到一些例子（比如，法律）。"⑥很多这样的解

---

① 这两个不需要合到一块儿，一个起作用时另一个就不会。——里斯
② "哦，那就是我的意思。"——里斯。也许你会说接受分析的人同意的类比是正确的。——泰勒 这儿提出标准问题是为了说明我们到底是怎样判断精神分析的正确与错误的，我们本来倾向认为医师是对的，但维特根斯坦这儿告诉我们说，对或错实际上是由患者来判断的，这就瓦解了精神分析的方法。——译注
③ 解释如此现象的规则。——里斯
④ 或者你会说正确的类比是公认的类比，通常给出的那个。——泰勒
⑤ 哥特弗雷德·凯勒（1819—1890），瑞士诗人、小说家、短篇故事创作者。维特根斯坦所说的事件出现在《乡村里的罗密欧与朱丽叶》，《全集》第五—六卷，柏林，1889年，第84页。——编者
⑥ 如果你看看弗洛伊德在例子中说了什么就明白了——不是在他的诊治过程中，而是，比如，我们是怎样谈论心中不同的例子的（在这种意义上：在这些例子中我们谈论更高级的例子）——里斯

释（譬如精神分析的解释）与物理学解释不一样①，它们不产生自经验。它们的表达态度很重要，它们给我们一幅极具魅力的图画。②

29. 弗洛伊德的理论充满伟大的臆想和巨大的偏见，它们非常可能误导人们，对此，他当然有很聪明的理由。③

30. 假设有人像弗洛伊德一样极端强调性动机的重要性：（1）性动机极端重要。（2）对于隐藏性动机，人们通常颇有理据。④

31. 把性当作所有行为的动机不也是很好的理据吗？例如说："它的的确确是最底层的（理据）了。"特定的解释方式就会让你赞同另外的东西，这不是很清楚的吗？假设我给雷德帕斯看50个他赞同某种动机的例子，20个该动机起重要联结作用的例子，我就能让他同意在所有例子里都存在这个动机。⑤

32. 比如，达尔文革命。赞同的人说："当然。"另一些（敌对的——里斯）人说："当然不。"⑥ 一个人到底为什么会说"当然"？（理由是，单细胞生物变得越来越复杂，最终变成哺乳动物，变成人，等等。）有人看到这个进程了吗？没有。现在有人看到这个过程了吗？没有。繁衍的证据再多也不过是沧海一粟。但大量书籍却以此为理所当然的答案。确信的根据极端脆弱。为什么不这样说："我不知道，这是一个有趣的假定，终于一切变得秩序井然了？"⑦这就是你被说服相信某个东西的过程。最终你忘记了确证过程中的疑问，你现在相信它

---

① 常常是有不同意义的解释。它的吸引力很重要，比物理学中的解释重要得多。——泰勒
② 这并不能帮我们预测什么，但它有一种特殊的魅力。——里斯
③ 人们会根据你告诉他们的东西而相信很多事情。——里斯
④ 经常承认它（指性动机——译者）让人难以接受。——里斯
⑤ 如果你让他赞同这是所有行为的最底层的理据，那么它就是最底层的理据吗？你能做的不过是让人们认为就是如此。——泰勒
⑥ 这么说是什么意思？——泰勒。我们就此可以对前两者说相同的话反对他们。——里斯
⑦ 人们总是被统一的原理、单纯的原则吸引，它被当作理所当然的答案。确信（"当然"）就是由这种统一的无穷魅力建构出来的。人们可以说"……有时我们也许会发现根据"。但几乎没人这样说；他们或者确信是这样，或者确信不是这样。——里斯

一直就是这样的。

33. 如果你在精神分析的诱导下说你的确是如此想的，或者你的动机的确如此，这不是发现，而是说服。① 你也会以不同的方式相信不同的东西。当然，如果精神分析治好了你的口吃，它治好了它，这是一个成功。人们会认为精神分析的某些结果是弗洛伊德的发现，它与精神分析师说服你的东西不一样，那么我要说并非如此。

34. 这些句子都有说服的形式，特别是像"这就是这个"这样的句子。[这意味着——里斯]你被说服忽略一些不同之处。② 这让我想起那句绝妙的铭言："物即其自身，此外无它。"梦并非猥亵，它是别的。

35. 我时常让你们注意一些差异，例如，在课上我力图让你们看到无限并不像看起来那样神秘。我做的就是说服。如果有人说："这没什么差别"，那么我说："这有差别，"我是在说服，我说"我不希望你那样看它。"③ 假设我这是向你展示康托（Georg Cantor）的表述有多误导，你问："你是什么意思，它误导？导向哪里？"

36. 珍斯写了本书，叫《神奇的宇宙》，我极不喜欢，它就是误导的。看这个名字，就只这个名字我就可以说它是误导的。④ 比如，拇指戏者是否感到迷惑？⑤ 当珍斯说宇宙神奇的时候他感到迷惑吗？我会说这个名字包含一种偶像崇拜，偶像是科学和科学家。

37. 某种意义上，我在宣讲一种思考风格而反对另一种，我的确是反感另一种。我也试着陈述我的所思所想，不过我仍然说："看在上帝

---

① 我们更愿意思考人们通过分析达到的认同，他不是被心理分析师说服了，而是独立地思考一种发现。——里斯
② 这意味着你正忽略一些东西，而且是被说服忽略它们。——里斯
③ 我说的就是希望你用不同方式看它。——泰勒
④ 但在哪种方式是误导的？是神秘的吗？还是不是？——里斯
⑤ 我讲过拇指戏。那有什么问题吗？——里斯 "拇指戏"：左手抓住右手拇指，再用右手努力抓住它，拇指"神奇地"消失了，抓不住它。——编者

的份儿上别做这个。"① 例如，我把乌塞尔的证明撕成碎片，我做完后，他说这个证明很有吸引力，我只能说："但它对我没有，我讨厌它。"② 比如，一个"所有基数的基数"的说法。

38. 比如，康托记录下来数学家在他的想象[意识——泰勒]中超越所有界限时到底有多神奇。

39. 我会尽我所能展示出就是这种魅力使人行事的。③ 数学或物理学看起来就无可置疑，这使数学或物理学的魅力不断增大。如果我们解释了表述的环境，我们看到事情可以用完全不同的方式来表述。我可以某种方式解释它，它会对大多数人失去魅力，也一定对我失去魅力。④

40. 我们所能做的有多少是改变思维方式，我所能做的有多少是改变思维方式，我正在做的就是说服人们改变思维方式。

41. （我们正在做的大部分事情是改变思维方式的问题。）

第四部分（摘自里斯的笔记）

1. 美学难题——艺术影响我们的效果的难题。⑤ 科学的范型就是力学。如果人们想象一种心理学，范型就是灵魂的力学。⑥ 如果我们看看什么与那个相一致，我们就会看到物理实验和心理实验。物理定律和心理——如果你想礼貌一些——定律。但物理学中有太多的定律；

---

① 我不再迷惑，我说服你做其他的事。——泰勒
② 关于康托的证明——我要表明就是这种魅力使这个证明有吸引力。（我和乌塞尔讨论这些证明之后，他同意了，但是说："然而……"）——里斯
③ 我尽我所能展示出这种魅力的效果以及"数学"关联的效果。——泰勒
④ 如果我描述了证明的背景，你会看到事情是可以用完全不同的方式来表述的；然后你会看到阿列夫零与基数很少相似之处。关键是换了一种方式，它曾有的魅力丧失了。
⑤ 美学难题是艺术效果的难题，不是原因的难题。——斯麦瑟斯
⑥ 我假定机械力学是所有科学的范型，比如，牛顿力学。心理学：灵魂的三条定律。——斯麦瑟斯

心理学中却很少有。因此谈论灵魂的力学有点儿滑稽。

2. 但我们可以梦想我们预知人们对艺术品的反应。即使我们想象梦实现了，我们也不因此解决了所谓的美学难题，虽然我们可以预知诗意的某条轨迹如此这般地作用在某人身上。为了解决美学难题，①我们实际所希望的是，某种比较——把一些例子放在一起。人们倾向于谈论"艺术品的效果"——感情、意象等等。②很自然会有疑问："你为什么听小步舞曲？"你倾向于回答："获得这样那样的效果。"与小步舞曲无关吗？——听听这个：别人也是这样吗？你可以弹奏一曲小步舞曲，感触良多，别的时间弹了同样的一曲，却一无所动，但这并不代表你的感受与小步舞曲毫无关系。比如，错误地认为，意义或思想只是词的伴生物，并且与词无关。"命题的意义"与"艺术的鉴赏"非常接近。句子与对象有关联的观点，就是说，无论怎样具有这种效果就是句子意义的观点。"法语句子呢？——这是相同的伴生现象，换言之就是思想。"一个人可以充满感情或毫无感情地唱歌，那么为什么不把歌儿省略掉？——你还能有感情吗？如果一个法国人用法语说："下雨了"，一个英国人用英语说了同一句话，并没有什么下雨的真实感觉在两个人的心里产生。我们用影像想象，这是国际语言。实际上：（1）思考（或影像）并不是在说话或听话的时候伴生的；（2）意义——"下雨"的思想——更不是语词产生的某类影像的伴生物。"下雨"的思想只在汉语里出现。③

---

① 一幅图画，米开朗琪罗的"亚当被造"，进入脑海。我有一个奇特的想法："这幅图画背后有一种奇异的哲学。"——斯麦瑟斯
② 这是否意味着，如果你用这幅图画对某人产生这些效果然后把它拿走，效果还一样吗？当然，首要的事情是你看了这幅图画并逐字读了一首诗。牧笛产生的效果与这幅图画产生的效果一样吗？——斯麦瑟斯
③（你可以把音乐称作小提琴的摩擦，等等，效果是我们听到的声音，但听觉印象不是与视觉印象一样重要吗？）
　　思考也不是有一些伴生现象的说话，声音不管伴随什么，也更不是"下雨"之类的东西，它就在语言里。一个中国人说"下雨了"并且有一些伴生现象——他认为"下雨了"吗？——斯麦瑟斯

3. 如果你问:"这些词的特殊效果怎样?",某种意义上你就犯了错误。如果他们完全没有效果呢?他们不是特殊的词吗?"那么我们为什么赞美这个而不赞美那个呢?""我不知道。"假设我给你一粒药(1)它让你画了一幅画——也许就是"亚当的被造";(2)它让你胃里有些感觉。你会称哪个是更特殊的效果?当然是你刚画的那幅画,感觉相当简单。"看那张脸——重要的是表情——不是颜色、尺寸等等。""好,给我们一张没有脸的表情。"表情不是脸的效果——无论对我还是对别的人。你不能说如果别的东西有这个效果,那么脸上表情也得如此。① 我想让你难过,我给你看一幅画,你很难过,这就是脸的效果。

4. 记住脸的表情的重要性。你在不同时间给我看一些棍子—— 一根比另外的短,换个时间我也不会把它记作长的。但我把它们进行比较,这让我知道它们不一样。我给你画一张脸,另一个时间我画另一张脸。你说:"那不是同一张脸。"——但你不会说眼睛是否近了,嘴是否长了[眼睛大了或鼻子长了——斯麦瑟斯],或诸如此类的东西。"无论怎样,它看起来不一样。"② 这对所有的哲学都极端重要。

5. 你画一个无意义的曲线[波浪曲线——斯麦瑟斯]

然后过一会儿画了另一个,与那个很像,你不知道差别。但如果我画了我称为脸的东西,然后再画一张,与此微有不同,你也立刻知道有差别。识别表情。 建筑学:——画一扇门——"有点儿太大了。"你也许会说:"他目测精准。"不——他看出这扇门的外形不

---

① 脸不是产生表情的手段。——斯麦瑟斯
② 这就是记住面部表情的例子。——斯麦瑟斯

对，——它形状欠佳。① 如果你给我看一根棍子有不同长度，我就无法理解。这种情况下，我也不做特别的姿势，发出特别的声音；但一旦我看到门或看到一张脸，我就会做。比如，我谈论微笑："它不太真诚。""哦，胡说，嘴唇最多不过动了千分之一英寸，能看出来吗？""是的。""那这就是因为特定的顺序。"但不仅如此：每个人的反应是不同的。我们可以回复整件事的过程——我们如此反应，因为它是人的脸。但除了那个过程——我们对这些线的反应与对那些线的反应完全不同。两张脸可以有同样的表情，可以说它们都难过，但如果我说："就是这个表情……"②

6. 我用铅笔在纸上画了几笔，然后问："这是谁？"回答："拿破仑。"从来没人教过我们把这些记号称作拿破仑。这个现象与在天平

---

① 与测量无关。——斯麦瑟斯
② 波浪曲线与脸的图画有同样的效果吗？（1）亲兄弟有同样的难过表情；（2）照片和姿势有这个表情。——斯麦瑟斯

一篇关于描述的演讲里，维特根斯坦陈述了关于相似的另一个要点，在这可以引用一下——编者。"比如你注意到一个诗人诗作的独特之处。有时你在同一时代的音乐家风格和诗人风格或画家风格看到相似之处，比如 Brahms 和 Keller，我经常发现 Brahms 的某些主题几乎就是 Keller 的，这颇让人震撼。起初我告诉人们的时候，你会问：'这个说法的兴味（interest）何在？'它部分就在他们生活在同一时代。

如果我说他是莎士比亚式的或弥尔顿式的，那么就没什么特别的，或另一个完全不同的（兴味）。如果我不断地说：一个主题是'莎士比亚式的'，那么就很少或没有什么兴味，它与任何东西都没关系。'这个词（莎士比亚式）强加给我。'我脑海里出现什么场景吗？如果我说 Brahms 的主题几乎就是 Keller 的，首先的兴味就是他们处于同一时代。你也可以说他们有同类的东西——时代文化。如果我这么说，就成为客观的兴味，它可能是这样的兴味：我的话假定了一个隐蔽的联系。

如，的确有一个例子与那些脸的不同，在脸的例子里，你一般会很快发现一些东西说：'就是那个让他们很相似。'反之，我就不能说什么让 Brahms 与 Keller 很相似，不过，我发现言说兴味的那些话，它从他们生活［在同一时代］这一事实中抽取出主要的兴味。那是（不是）在瓦格纳之前写的。这个表述的兴味依赖于这样的事实：当我说这些话时它大体上是正确的。当一个人听到一首诗，通过风格他实际上能判断它的时代。1850 年的人像 1750 的人一样写作，你也许认为这不可能，但你依然可以想象人们说：'我确信这首诗写于 1850 年。'比如，［一个坐火车去利物浦旅行的人就这么说］'我确信埃克塞特（英国英格兰西南部城市，利物浦在西部）就在那个方向上。'"

上称东西很相似（weigh in a balance，一边砝码，一边物品，左右权衡，双关语，weigh in 有参加游戏的意思，参加权衡的游戏）。我很容易就能区分胡写乱画和一个人的肖像，没人会说："某种意义上两个一样"，而我们会说："那是拿破仑"。出于某个特别的 [具体的？] 衡量，我们说："两个一样。"观众很容易衡量出他看到的面孔哪张是演员的，哪张是角色 Lloyd George 的。人们都学过"="的用途，他们忽然很奇特地使用它，说，"这是 Lloyd George"，虽然从另一个意义上说两者无任何可比之处。我们可以称它"表情相同"。我们学过"相同"的用法。没有长度、重量或其他诸如此类的相似，我们却突然自动用了"相同"。① 此处对我的感觉最准确的描述就是我说："哦，那是 Lloyd George！"② 假设感觉最准确的描述是"胃痛"，但为什么感觉最重要的描述不是像你说的："哦，两者相同！"？

7. 这就是行为主义的要点。这并不是说他们否认感觉，而是说我们对行为的描述就是对感觉的描述。"当他说'Duncan 躺在坟墓里'时，他有什么感觉"？我能够描述他的感觉却不描述他说话的方式吗？③ 相对于他的姿势、他的声调来说，其他的描述都是粗糙的。到底什么是感觉的描述？什么是痛感的描述？④ 讨论一下喜剧演员模仿，逗乐儿。假设你想描述一下观众的经验——为什么不最先描述他们看到的？然后也许就是他们哈哈大笑，前仰后合，最后是他们说的话。⑤ "这不会是对他们感觉的描述。"一个人这么说是因为他想的是器官的感觉——

---

① 我们以另一种方式使用"一致"。这是相同，表情的相同，我们忽然自动地使用"相同"，但它不是长度、宽度等等的相同，虽然我们是在与这些的联系中学会"相同"的。
② 重要的是我说："对，这是 Drury。"如果你想描述感觉，最好的方式是描述反应。说"这是 Drury"就是我能够给出的感觉的最准确的描述。最准确描述的观念就是通过胃的感觉。
③ 我描述他的感觉比模仿他说话的方式更好些吗？这不是更令人印象深刻吗？
④ "他觉得这样"（摸着头）。——斯麦瑟斯
⑤ 假设我说："人们哄堂大笑。"没有描述他们笑什么；描述他们在笑什么而不是他们笑。为什么不首先描述他们看到的，然后做的或说的，然后才是感觉？——斯麦瑟斯

胸部肌肉的紧张，等等。很明显这是一个经验，但它看起来远不及如此这般陈述来得重要。人们并不把经验的描述当作行动的描述，而是当作痛感或机体感觉的描述。比如，我们谈论时尚流行的方式是这样的：他把大衣翻领剪大些的时候他是否有如此这般的感觉。但他这样裁剪领子的方式，等等①——这是经验里最重要的部分。

8. "一幅画产生视觉印象与否是不是最重要的印象？"[(1)]"不，因为你可以在视觉上改变画，但并不改变印象。"这听起来就像是人们希望说它不是眼睛的印象：一种效果，但不是纯粹的视觉效果。[(2)]"但它就是视觉印象。"恰恰这些才是视觉印象的特点，其他的不是。假设[某人]说："联想就是有关的东西——稍微改变它，它也不再是同样的联想了。"但你把联想跟图画分开，还能有相同吗？你不能说："那个和别的一样好：它给我同样的联想。"

9. 你可以在两首诗中选一首让你想起死亡的诗，但假设你读了一首，赞美它写得好，你能说："嗯，读读另一首吧，你也会有相同的感觉？"我们怎样使用诗歌？它的角色是这样的吗——我们像这样说："这里的东西就像……"？想象一种完全不同的文明。②那儿有一些东西你可以称之为音乐，因为它有音符。他们这样看待音乐：某些音乐让他们这样走路，做这件事要放唱片。某人说："我现在需要这个唱片，哦，不是，拿那个，这就对了。"如果我赞美一曲小步舞曲，我不能说："拿另一个，它一样。"你是什么意思？它并不是一样的。③如果某人胡说八道，想象一种并不胡说八道的情况，你想象它的时候，立刻会发现它与我们的情况不一样。我们读诗并不是为了获得联想，我们不

---

① ……他把翻领剪大，或者说："不，不，不？"——斯麦瑟斯
② 另一个文化中音乐做的事（与我们的）完全不同。比如，音乐在我们这里的角色与在另一些人那里的角色。我们不能说："弹奏莫扎特都是一样的。"
③ 比如，用语言促生画面是件很重要的事，你会看到我们的语言（的使用）和那个不一样。诗、大海、大海的画。问他，给他看差别，等等。

是碰巧这么做，而是可以这么做。

10. 两种派别：（1）"重要的是色块［和线条——斯麦瑟斯］。"（2）"重要的是脸上的表情。"某种意义上这两者并不互相抵触，但是（1）没有搞清楚不同色块有不同的用途 importance，不同调配 alteration 有完全不同的效果：其中一些产生世上所有的颜色。"即使你倒过来看一幅画，它依然是画。"但微笑（倒过来）却不容易看出来了。［假设你说：］"同样是微笑，你从亲切变为嘲讽，并不单纯是视觉上的不同，"（比如，一幅修士望着圣母玛利亚的图画。）［假设你说：］"这幅图改变了你整个态度。"这完全可能是真的。它怎样表达的？也许就是你做出的微笑。一幅画也许是渎神的；另一幅也许是在教堂里。在某种情况下你的态度可能是在祈祷，另一种情况下可能是斜睨（leering）。这是不同态度。"哦，就是的，就是这样的态度。"但没有画你也可以有这些态度。它们很重要——当然。

11. "你粗略地描述了这个态度，但你所要描述的更精微。"但如果我们更精确地描述这个态度，你怎么知道它就是这幅画的本质——所有的都一定总在眼前吗？别去想象（存在）一种你闻所未闻的描述，它毫发纤备地描述态度，但对这种态度你一无所知，毫无概念。态度已经被体势很好地描述了。它就是一个好描述，精准？某种程度上它不精准。"但如果你了解所有肌肉感觉，你就能指出那些指的什么意思。"① 我不知道它们，我也不知道对它们的描述应该什么样。② 这不是我说的描述的意思。别去想象（存在）一种臆想性的描述，而且你对它一无所知。如果你说"态度的描述"，告诉我们所谓态度的描述，你会看到整个态度。一些变化改变了态度——我们说：

---

① 谁会说他的这部分肌肉总是有这样的感觉？他能区别看图画和看这个（感觉），但他不能区分不同的肌肉感觉。——斯麦瑟斯
② 我能描述一个人如何站着，然后我能描述这幅图画。米开朗基罗雕刻中变换了十二个姿势的人。——斯麦瑟斯

"整件事改变了。"

12. 联想也［大量］起作用，它们首先通过我们说的东西表现出来。我们称一个是"天父"，另一个是"亚当"；我们接着说："圣经里这么说的，等等。"这就是所有的事情吗？对不同的画，我们可以有所有这些联想，但我们依然想看这幅画。"那意味着首要的印象是视觉印象。"是的，这幅画看起来最关键。联想会变动，态度也会变动（不会有影响），但即使轻微地改变图画，你也不会再看它。对单纯的渴求。［人们总是喜欢说：］"真正重要的是颜色。"你这样说更多是因为你希望如此。如果你的解释复杂一些，特别是如果你对颜色本身没有什么强烈的感觉，它就会不同。

参考文献

中文部分（按作者拼音排列）

陈嘉映：《语言哲学》，北京：北京大学出版社，2003年。

陈嘉映：《说理》，北京：华夏出版社，2011年。

陈嘉映：《哲学 科学 常识》，北京：东方出版社，2007年。

陈寅恪：《柳如是别传》，上海：上海三联书店，2001年。

伽达默尔：《真理与方法》，洪汉鼎译，上海：上海译文出版社，1999年。

黑格尔：《美学》第一卷，朱光潜译，北京：商务印书馆，1979年。

海德格尔：《林中路》，孙周兴译，上海：上海译文出版社，2008年。

海德格尔：《存在与时间》，陈嘉映、王庆节译，北京：三联书店，1999年。

红旗杂志编辑部文艺组编：《文学主体性论争集》，北京：红旗出版社，1986年。

莱辛：《拉奥孔》，朱光潜译，北京：人民文学出版社，1984年。

刘程：《语言批判：维特根斯坦美学思想研究》，武汉：华中师范大学出版社，2009年。

刘悦笛：《分析美学史》，北京：北京大学出版社，2009年。

雷·蒙克：《维特根斯坦传：天才之为责任》，王宇光译，杭州：浙江大学出版社，2011年。

列维-布留尔：《原始思维》，丁由译，北京：商务印书馆，1981年。

康德：《纯粹理性批判》，邓晓芒译，北京：人民出版社，2004年。

康德:《判断力批判》,邓晓芒译,北京:人民出版社,2004年。

卡尔文·霍尔等:《弗洛伊德心理学与西方文学》,包华富等编译,长沙:湖南文艺出版社,1986年。

乔纳森·卡勒:《文学理论入门》,李平译,沈阳:辽宁教育出版社,1998年。

纳博科夫:《文学讲稿》,申慧辉等译,上海:上海三联书店,2005年。

倪梁康:《胡塞尔现象学概念通释(修订版)》,北京:三联书店,2007年。

维特根斯坦:《哲学研究》,陈嘉映译,上海:上海人民出版社,2005年。

维特根斯坦:《维特根斯坦全集·第十一卷》,涂纪亮等译,石家庄:河北教育出版社,2003年。

威廉·詹姆斯:《心理学原理》,田平译,北京:中国城市出版社,2003年。

王峰:《意义诠释与未来时间维度》,上海:上海人民出版社,2007年。

希利斯·米勒:《文学死了吗?》,秦立彦译,桂林:广西师范大学出版社,2007年。

英伽登:《论文学作品》,张振辉译,开封:河南大学出版社,2008年。

赵敦华:《基督教哲学家1500年》,北京:人民出版社,1994年。

以下为论文:

戴登云:《论文论研究的范式转型》,《文艺理论研究》2013年第2期。

冯庆:《虚构之为以言行事:约翰·塞尔的虚构理论》,《文艺理论研究》2012年第4期。

约翰·R. 塞尔:《虚构话语的逻辑地位》,冯庆译,《南京社会科学》2012 年第 6 期。

王峰:《自我对话的悖论——茨威格〈象棋故事〉的一种解析》,《上海师范大学学报》2007 年第 6 期。

王峰:《"文学"的建构与重释文学史——兼论二十世纪早期"中国文学史"书写的意义》,《华东师范大学学报》2008 年第 2 期。

赵汀阳:《维特根斯坦美学:划界问题》,《哲学动态》1990 年第 8 期。

外文部分(按作者拼音排列)

Abrams, *A Glossary of Literary Terms*,北京:外语教学与研究出版社,2004 年。

Baker & Hacker, *Wittgenstein: Rule, Grammar and Necessity*, Basil Blackwell, 1985.

Baker & Hacker, *Wittgenstein: Meaning and Understanding (essays)*, Oxford: Blackwell Publishers, 1983.

Hacker, P. M. S.& Gordon P. Baker, *Wittgenstein, Understanding and Meaning: Essays on the Philosophical Investigations,* Chicago: University of Chicago Press, 1985.

George Dickie, *Art and the Aesthetic: An Institutional Analysis,* Cornell University Press, 1974.

Gordon Hacker, *Wittgenstein's method*, edited and introduced by Katherine J. Morris, Blackwell Publishing Ltd., 2004.

Hagberg G L., *Meaning and Interpretation: Wittgenstein, Henry James, and Literary Knowledge,* Cornell University Press,1994.

Hagberg G L., *Art as Language: Wittgenstein, Meaning, and Aesthetic Theory* [M]. Cornell University Press,1998.

Jacques Bouveresse, *Wittgenstein Reads Freud: the Myth of the Unconscious*, Princeton University Press, 1995.

Literary Wittgenstein, Ed. John Gibson & Wolfgang Huemer, London & New York: Routledge, 2004.

P. M. S. Hacker, *Wittgenstein: Meaning and Mind*, part Ⅰ, Oxford: Blackwell Publisher Ltd., 1993.

Rorty, Richard, ed. The *Linguistic Turn: Recent Essays in Philosophical Method,* Chicago and London.The University of Chicago Press, 1967.Rudolf Haller(ed.), Aethetik, Wien: Hoelder–Pichler–Tempsky, 1984.

T. W. Adorno, *Aesthetic Theory*, Chapter 1, London& New York: Athlone Press Ltd., 1997.

Wittgenstein, *Tractatus Logico–Philosophicus*, London: Routledge & Kegan Paul Ltd., 1955.

Wittgenstein, *Lectures and Conversations on Aesthetics, Psychology and Religious Belief*, Berkeley and Los Angeles: University of California Press, 1966.

Wittgenstein, *The Blue and Brown Books*, Blackwell Publishers Ltd., 1958.

以下为论文：

Gregory Currie, "What Is Fiction", *The Journal of Aesthetics and Art Criticism*, 1985,43(4).

Lycan W G, "Gombrich, Wittgenstein, and the Duck–Rabbit", *The Journal of Aesthetics and Art Criticism*, 1971, 30(2).

Oort R. V., "Three Models of Fiction: The Logical, the Phenomenological, and the Anthropological (Searle, Ingarden, Gans)", *New Literary History*, 1998, 29(3).

Perloff, M., "From Theory to Grammar: Wittgenstein and the Aesthetic of the Ordinary", *New Literary History*, 1994, 25(4).

Stanley Cavell, "The Availability of Wittgenstein's Later Philosophy", The Philosophical Review, 1962, 71(1).

Searle, John R., "The Logical Status of Fictional Discourse", *New Literary History*, 1975, 6(2).

后　记

　　步入后期维特根斯坦思想几乎是一个无意识的过程。那是2002年底，我在小区的路上偶遇陈嘉映先生，他跟我同年到华东师范大学工作，我在年中，他在年末。2003年，嘉映先生在华东师范大学开课，同时讲海德格尔和维特根斯坦，出于对语言哲学的畏惧，我没有听维特根斯坦的课，而是去听了海德格尔的课。后来在嘉映先生建议下，我抱着听完就走，决不给自己增加学术压力的想法参加了课程，没想到一来二去，我成了课上最爱提问的学生。以后几年，嘉映先生开的课我基本都参加了，还跟友人一起研读贝克和哈克的《哲学研究注疏》有两年多的时间。即使是这样，我依然没有设想过后期维特根斯坦会成为我的一个研究领域，因为我依然对语言哲学心存畏惧。忘记了是什么机缘，在2008年的某一天，我忽然发现自己再也无法回到博士期间思考问题的路径了，所有的学术问题都不断指向语言分析，博士阶段对主体性的思考慢慢被语言观念消解，摆在我面前的情况很简单：放弃后期维特根斯坦，虚假地进行思考，或者硬着头皮前行。我只好选择前行。从这时起，我才真正开始把后期维特根斯坦当作自己的一个研究领域来对待。2006—2009年，大约有三年的时间，我无法写出有质量的论文，终于在2009年，发表了第一篇研究维特根斯坦的美学论文，此后，随着相关论文不断写出，观念转型逐渐完成。回想起来，走上后期维特根斯坦美学的道路是有偶然性的，嘉映师的引领无疑具有至关重要的作用。

　　我经常跟朋友和学生说我是一个维特根斯坦主义者，这样的说法当然很容易引来误解。一般来说，当我们说自己是一个某某主义者的时候，往往包含着教条主义的含义，偶尔也包含着某种强制的意味在内。维特根斯坦于我并没有这样的强制关系，我自愿成为维特根斯坦主义者，但这是否包含着教条主义？我以为不是。比如在美学研究上，维特根斯坦本人并没有什么美学思想，我在这里所做的美学研究工作是在《哲学研究》的指引下进行的美学引申，在上篇里，主要进行的是思想解读，在下篇里，主要是基于解读之上的引申、建构，可以说，我是一边理解后期维特根斯坦的思想，一边建构后期维特根斯坦美学，有自己的"主观能动性"包含在内，这应该不是一种教条主义。另一方面，在我心中，康德和后期维特根斯坦一直处于对话关系中，在研读《哲学研究》的同时，我也跟学生一道研读《判断力批判》，时间持续得比《哲学研究》还长。我依赖维特根斯坦走出康德的先验泥淖，也许未来也会凭借康德走出语言分析？谁知道呢，也许未来走向哪里并不重要。我曾经追随过海德格尔、胡塞尔、伽达默尔、布洛赫的思想脚步，但现在主要逗留在康德和维特根斯坦之间，能够跟从两位大师思考，已经足够幸福了，我不愿意向自己提更多的任务。

维特根斯坦认为自己的思想是一个结晶体，一个部分完美地折射出其他部分。我在写作此书的时候不断感到表述的困窘，即不得不为了主题而把本来具有多个意义指向的论述处理成一个指向，这真是巨大的痛苦。维特根斯坦说要诚实，我不知道这样做是不是太不诚实，用主题研究的方式来研究维特根斯坦似乎少有不沦陷于失败的境地，而我只好把这失败接受下来，作为向先贤的最高敬意。我把他的哲学深思结合进美学陈述，希望这不是在完美辉映的晶体间糊上一些泥巴，而是（最好是）在上面画出一些小箭头，指出一些可能的方向。我亲爱的儿子小橡两岁的时候最喜欢做的事情就是画出各种形状的箭头，他善于在生活中发现各种小箭头，小石头的形状、钟表的指针，偶然扔在地上的纸片……甚至在书上，他也会指着"个"字说，小箭头。

或者，他会看着各种箭头兴奋地喊着"个，个"。希望他能够阅读并且能够自己思考以后，能够喜欢爸爸画的这些箭头。我甚至奢望某一天，由于无法容忍我的错误和浅陋，他夺过我的笔，重新画出新的箭头来。希望这仅仅停留在奢望上。对于我的今生最爱，希望他保持无限的可能性，只绘画他乐意画出的人生箭头，而我不过是在他还年幼的时候，扮演一个认真而耐心的守护者的角色，并从中得到极大的快乐，并且深深地感受到，再也没有其他的快乐与之相比了。

塞尔说过这样一段话，让人读来心有戚戚。他说："我相信哲学质量与参考文献的数目成反比，没有哲学巨著会包含很多注脚。"（塞尔：《心灵的再发现》，王巍译，北京：中国人民大学出版社，2005年，第4页）是为激励。

一部书最终成稿，总会承受很多熟悉的朋友和不太熟悉的朋友的帮助，年齿渐增，愈发感到这些帮助的可贵。华东师范大学丽娃沙龙的朋友、中国文艺理论学会青年论坛的朋友对我提交的相关论文做过相当深入的分析和批判，这对我是很好的促进，在此一并感谢。我的几位好友对本书的成型做出格外多的贡献，在此只能记述万一。朱国华教授总是不依不饶地追问我几乎所有的问题。刘旭光教授在最近几年跟我进行了激烈争论，极大地促进了我对相关问题的思考，对康德美学的批判就是其中的一部分。马大康老师、张瑜博士的一系列论文与我的思考存在很好的呼应，我们进行过非常深入的交流，对语言论美学思考也起到促进作用。查正贤博士的研究领域虽然是古代文学，但他具有非常好的现代理论视野，有很多理论问题都是在跟他交谈中得以萌发的。在我偶尔试图追逐热点问题的时候，魏泉博士温和地劝诫我，为什么要浪费时间。我的学生徐贤樑承担了繁重的校对任务，多次校对文稿，并提出诸多好的建议。远在波士顿的乔宁、冀荣伉俪虽然不是学术中人，但他们追求真信仰的精神时时给予我激励。书中章节基本都在学术期刊上发表了，感谢编辑朋友的辛勤劳动，有些朋友尚未谋面,希望有机会当面致谢。他们是:《文艺研究》陈剑澜、张颖,《清华大学学报》罗钢、王丰年,《学术论坛》戴庆瑄,《中国人民大学学报》张静,《汉语言文学研究》张清民,《文化与诗学》钱翰,《上海大学学报》曾军。还有些朋友的帮助不能一一具名,在此衷心感谢。内子王茜往往是我的思考的第一个聆听者,同时也承担了大部分家务,让我可以安心沉浸在玄思之中。人生经常能体会到幸福大约是难得的事情。

  最后还要感谢国家社科基金、教育部社科基金和上海市社科基金的资助。本书出版也得到华东师范大学中文系出版基金的资助。责任编辑张文礼先生的敬业、细致和耐心让人敬佩。